Uni-Taschenbücher 1301

Eine Arbeitsgemeinschaft der Verlage

Birkhäuser Verlag Basel · Boston · Stuttgart
Wilhelm Fink Verlag München
Gustav Fischer Verlag Stuttgart
Francke Verlag München
Harper & Row New York
Paul Haupt Verlag Bern und Stuttgart
Dr. Alfred Hüthig Verlag Heidelberg
Leske Verlag + Budrich GmbH Opladen
J. C. B. Mohr (Paul Siebeck) Tübingen
R. v. Decker & C. F. Müller Verlagsgesellschaft m. b. H. Heidelberg
Quelle & Meyer Heidelberg
Ernst Reinhardt Verlag München und Basel
K. G. Saur München · New York · London · Paris
F. K. Schattauer Verlag Stuttgart · New York
Ferdinand Schöningh Verlag Paderborn · München · Wien · Zürich
Eugen Ulmer Verlag Stuttgart
Vandenhoeck & Ruprecht in Göttingen und Zürich

Leo Kißler

Recht und Gesellschaft

Einführung in die Rechtssoziologie

Springer Fachmedien Wiesbaden GmbH 1984

CIP-Kurztitelaufnahme der Deutschen Bibliothek
Kissler, Leo:
Recht und Gesellschaft: Einf. in d. Rechtssozio-
logie/ Leo Kissler.

(UTB für Wissenschaft: Uni-Taschenbücher; 1301:
UTB Film)
ISBN 978-3-663-11249-5   ISBN 978-3-663-11248-8 (eBook)
DOI 10.1007/978-3-663-11248-8

NE: UTB für Wissenschaft/ Uni-Taschenbücher

© 1984 by Springer Fachmedien Wiesbaden
Ursprünglich erschienen bei Leske Verlag + Budrich GmbH, Leverkusen 1984

Vorwort

Einführung in *die* Rechtssoziologie?

Warenbezeichnungen pflegen in der Regel mehr zu versprechen, als sie halten (können). Gilt dies auch für den Titel dieses Buches? Ich denke nein, allerdings mit zwei Einschränkungen. Zum einen gilt — wie für die Soziologie im allgemeinen, so auch für die Rechtssoziologie im besonderen —, daß sie zerfällt in unterschiedliche Ansätze, Paradigmen, Theorien und Methoden, die ihrerseits Ausfluß unterschiedlicher Vorstellungen über Forschungsgegenstand und -interesse sind. In die Rechtssoziologie einführen zu wollen, kann demnach zweierlei heißen: einmal, sich auf die Darstellung einer Rechtssoziologie zu beschränken und damit implizit den als richtig erkannten rechtssoziologischen Ansatz zu *der* Rechtssoziologie aufzuwerten, oder aber die Tatsache, daß es unterschiedliche Soziologien des Rechts gibt, selbst zum Gegenstand der Darstellung zu machen. Dann führt allerdings kein Weg an grundlegenderen methodologischen und methodischen Überlegungen vorbei. Eine solchermaßen reflexive Einführung beabsichtigt das vorliegende Studienbuch.

Zum anderen handelt es sich bei der Rechtssoziologie, gleich welcher wissenschaftstheoretischen Couleur, auf den ersten Blick um einen bunten Warenkorb. Im Unterschied zur Jurisprudenz sind rechtssoziologische Erkenntnisse und Forschungsergebnisse kaum kanonisiert. Es gibt demnach keinen verbindlichen rechtssoziologischen „Stoff", den sich anzueignen hat, wer erfolgreich Rechtssoziologie studieren will. Ja, es wird zu Recht gefragt, ob diese überhaupt „lehrfähig" sei. Mit jedem Versuch, in die Rechtssoziologie einzuführen, geht deshalb eine vorab getroffene Entscheidung über die als relevant erachteten Inhalte und Themen einher. So bleibt selbstverständlich auch der vorliegende Text dem Verständnis des Autors davon verpflichtet, wie die soziologische Beschäftigung mit dem Recht zu betreiben ist und was ihr Gegenstand zu sein hat.

Was leistet das Recht für die Gegenwartsgesellschaft im Hinblick auf soziale Integration und Ordnungsstiftung, für die Rechtserziehung und die Teilnahme der Gesellschaftsmitglieder an der Rechtskultur?

Dies sind die Leitfragen, auf die dieses Buch Antworten formuliert und anhand derer in die gesellschaftlichen Funktionen des Rechts eingeführt wird.

Aber nicht nur das Recht, sondern auch die Soziologie des Rechts hat gesellschaftliche Aufgaben. Sie erwachsen ihr aus dem bislang prekären Verhältnis zur Rechtspraxis. Zum wissenschaftlichen Profil und Stellenwert der „Rechtssoziologie für die Rechtspraxis" legt der Autor unter gleichlautendem Buchtitel in der Reihe „Juristische Ausbildung und Beruf" des Luchterhand-Verlages eine eigene, die vorliegende Einführung weiterführende Studie vor.

Hagen, im Februar 1984 *Leo Kißler*

Inhalt

Zur Lage der Rechtssoziologie heute

1. Die Adressaten

Wer heute in die Rechtssoziologie einführen und sich nicht dem Vorwurf aussetzen will, die Quadratur des Kreises zu versuchen, hat sich vorweg zu fragen, für wen ein solcher Lehrtext geschrieben werden soll, wer seine potentiellen Adressaten sind. Die Antwort fällt nicht leicht; denn auf dem Markt für ein rechtssoziologisches Studienangebot finden unterschiedliche Abnehmerinteressen eine breite Palette von Produkten vor, die alle mit dem gleichen Markenzeichen belegt werden.

Die Interessen des Jura-Studenten, des Rechtspraktikers und des Soziologie-Studenten, sich mit der Rechtssoziologie einzulassen, sind kaum auf einen gemeinsamen Nenner zu bringen. Ersterem mag es um einen „Einblick in die Gesamtheit des Rechts" gehen, wie ihn Hugo Sinzheimer, der bedeutende Arbeitsrechtler und Rechtssoziologe der Weimarer Republik, dem Juristen an beruflicher Grundqualifikation abverlangt. Die einseitige rechtsdogmatische Beschäftigung vermittelt dem Studierenden den Eindruck, als sei das Recht die Summe seiner Normen und unterschlägt seine gesellschaftliche Wirklichkeit. Nach wie vor bleibt deshalb die rechtssoziologische Auffüllung des in der traditionellen Juristenausbildung vermittelten „halbierten" rechtlichen Weltbildes von „außergewöhnlicher Bedeutung" (H. Sinzheimer 1976 (1935), Bd. 2, S. 102).

Entspringt das rechtssoziologische Interesse für den einen aus den in der beruflichen Ausbildung vernachlässigten Problemen der politischen und sozialen Auswirkungen von Recht und Gesetz und damit aus der Frage nach der faktischen Kraft des Normativen, so stellt sich diese für den Rechtspraktiker eher umgekehrt, nämlich als aus der beruflichen Alltagserfahrung heraus geborene Frage nach der normativen Kraft des Faktischen. Bei der Rechtssoziologie werden deshalb von seiten der Praktiker weniger die Ergebnisse soziologischer Theoriearbeit am Recht nachgefragt, als vielmehr die Frage gestellt, was sie für die Rechtspraxis zu leisten vermag.

Dem Soziologiestudenten schließlich dürfte kaum die Relevanz der Rechtssoziologie für die Rechtstheorie(-dogmatik), noch ihre Fähigkeit zur Lösung von rechtspraktischen Problemen interessieren, als vielmehr ihr Beitrag für die Analyse der Gegenwartsgesellschaft, die sich durch einen hohen Grad an Verrechtlichung der Lebensverhältnisse auszeichnet.

2. Konturen einer Nicht-Disziplin

Das breite Erwartungsspektrum gegenüber der Rechtssoziologie ist zunächst einmal positiv zu werten. Wie andere Spezialsoziologien auch, zu denken ist hierbei vor allem an die Soziologien der Arbeit, der Familie, der Schule, kennt die Soziologie des Rechts heute einen hohen Grad an „Vergesellschaftung". Damit wird zum Ausdruck gebracht, daß die gesellschaftliche Nachfrage nach rechtssoziologischen Erkenntnissen beträchtlich ist. So verlangt beispielsweise der Gesetzgeber Aufschluß über die sozialen Auswirkungen bestimmter Gesetze, der Richter Entscheidungshilfe durch empirisch gesicherte Sachverhaltsermittlung und die Verwaltung nach organisatorischen Konzepten, die die Inanspruchnahme von Verwaltungsleistungen durch den Bürger erleichtern[1].

Wenn rechtssoziologische Erkenntnisse und Forschung vor allem in den siebziger Jahren Konjunktur hatten, dann erklärt sich das — wie die damalige Hausse der Sozialwissenschaften insgesamt — aus dem gestiegenen Nachfragebedarf einer zunehmend ver(sozial-)wissenschaftlichten Welt. In ihr sind Wissenschaft und Politik beherrscht von der Idee, die gesellschaftlichen Verhältnisse mit empirisch erprobten und theoretisch gesicherten Sozialtechnologien zu steuern und prospektiv zu planen. Der Stellenwert des Rechts als einem wesentlichen gesellschaftlichen Steuerungsinstrument begründet zum einen den enormen Bedarf an rechtswissenschaftlichen Erkenntnissen für das Funktionieren der politischen und gesellschaftlichen Institutionen und eine juristisch gefärbte politische Kultur. Nach wie vor ist deshalb das Juristenmonopol im höheren öffentlichen Dienst ungebrochen; Parlamente, politische Parteien und Verbände sind durchsetzt mit Juristen.

Die große Bedeutung des Rechts als sozialtechnologischem Instrument bringt zum anderen und vor allem in einer sich in Teilbereichen (wie z. B. dem Bildungssystem, der Arbeitswelt etc.) erneuernden Gesellschaft die soziologische Analyse und Erkenntnisgewinnung rechtlich induzierter sozialer Reform in Aufwind. Daß mit dem Ende des Reformzeitalters zugleich eine Wende in der gesellschaftlichen Nachfrageentwicklung nach rechtssoziologischen Erkenntnissen einhergeht, ist deshalb absehbar. Inwieweit sich dadurch auch das Ende der Rechtssoziologie oder aber nur ihre Konjunkturkrise ankündigt, hängt entscheidend von ihrem wissenschaftlichen Profil ab. Es geht um das Profil einer Disziplin, die sich zwischen Rechtswissenschaft und Soziologie, aber auch soziologischer theoretischer Rechtsanalyse und der praktischen Verwertbarkeit ihrer Ergebnisse einzurichten hat.

Vieles spricht dafür, daß der Profilierungsversuch von Rechtssoziologie als einer Wissenschaft „dazwischen" bislang gescheitert ist. Im Vergleich mit anderen Spezialsoziologien, wie z. B. der Familien- und Jugendsoziologie, der Industrie- und Betriebssoziologie, der Bildungssoziologie etc., gleicht Rechtssoziologie eher einem bunten Flickenteppich aus zusammengetragenen Versatzstücken der Kriminologie, Berufssoziologie, Eliteforschung, Organisationsanalyse, je nachdem, ob z. B. die gesellschaftlichen Ursachen abweichenden Verhaltens, die soziale Herkunft und berufliche Tätigkeit des Richters oder das Organisationshandeln von Justiz und Verwaltung untersucht werden.

3. Das Institutionalisierungsproblem

Ein eigenes unverwechselbares wissenschaftliches Profil gewinnt eine Disziplin durch ihre institutionelle Absicherung im Wissenschaftsgebäude und durch ein klares Selbstverständnis in bezug auf ihren Gegenstand und ihre Methoden. Jeglicher Profilierungsversuch der Rechtssoziologie hat deshalb anzusetzen am Problem ihrer Institutionalisierung durch Lehr- und Forschungseinrichtungen, Verankerung in juristischen Curricula der Hochschulen und sozialwissenschaftlichen Ausbildung. Er hat darüber hinaus Antworten zu formulieren auf die Frage, wie Rechtssoziologen heute ihre Disziplin selbst begreifen, auf welche Forschungsgegenstände sich ihr Erkenntnisinteresse richtet und mit welchen Methoden sie rechtssoziologische Erkenntnisse gewinnen[2].

Wenden wir uns zunächst der Frage nach den Orten rechtssoziologischer Erkenntnisgewinnung und Forschung zu. Die Entwicklung der letzten Jahre zeigt, daß rechtssoziologische Forschungseinrichtungen, noch Mitte der siebziger Jahre durch Drittmittelförderung und ministerielle Subventionierung aus der Taufe gehoben, nicht zu halten waren[3], daß die institutionelle Sicherung der Rechtssoziologie im Forschungsbereich zwischen der Übererwartung von Juristen, Rechtswissenschaft als Sozialwissenschaft betreiben zu können, und der Untererwartung an die Rechtssoziologie, sie könne als Rechtstatsachenforschung ohne sozialwissenschaftliches Theoriefundament auskommen, aufgerieben wurde. „Die Folge ist, daß Rechtssoziologie als Disziplin bis heute unzureichend institutionalisiert ist" (E. Blankenburg 1982, S. 206).

Nicht ganz so prekär steht es um ihre Verankerung in der universitären Juristenausbildung. Hier gehört die Rechtssoziologie zum Wahlfachgruppenkatalog, wie er von der Justizministerkonferenz beschlossen und in den Länderprüfungsordnungen für die Erste juristische Staatsprüfung festgeschrieben wurde. Auch im juristischen Vorbereitungsdienst sowie in der Richterfortbildung spielt inzwischen die Rechtssoziologie eine gewisse Rolle[4]. In der Praxis bleibt allerdings die Rechtssoziologie in der Juristenausbildung marginal. Sie ist die Domäne von wenigen sozialwissenschaftlich aufgeschlossenen Rechtslehrern. Häufiger wird sie von Rechtsphilosophen und Lehrbeauftragten miterledigt. Aus studentischer Sicht gilt die Rechtssoziologie als nicht praxisrelevant, als „exotisch". Die Prüfungsstatistiken belegen, daß nicht einmal 5 % eines Jahrgangs Rechtssoziologie zum Wahlfach nehmen (vgl. H. Rottleuthner 1978, S. 18f.).

Ein starker Impuls zur Etablierung der Rechtssoziologie in der universitären Ausbildung von Juristen ging zunächst von der reformierten einstufigen Juristenausbildung aus. Im Unterschied zum eher additiven Einbezug der Sozialwissenschaften in die einstufigen Ausbildungsmodelle an den Universitäten Augsburg und Hannover, wird an den Universitäten Hamburg[5] und Bremen[6] die Integration der Sozialwissenschaften in die rechtswissenschaftlichen Curricula angestrebt.

Die Rechtssoziologie als selbständige Disziplin hat jedoch in sämtlichen Reformmodellen, wenn auch aus unterschiedlichen Gründen, einen schweren Stand. Dort, wo die Sozialwissenschaften, wie z. B. in Hannover, additiv dem rechtsdogmatischen Stoff hinzugefügt werden, verlieren sie durch die seltene Prüferbestellung aus dem Kreis der Sozialwissenschaftler und die Struktur des Examens an Relevanz. Die soziologische Beschäftigung mit dem Recht ist in der Regel mit dem Grundstudium abgetan. Rechtssoziologie geht hier in einer „Soziologie für Juristen" auf. Diese trägt maßgeblich zu einem Verständnis der Sozialwissenschaft als Magd der Rechtswissenschaft bei. Rechtssoziologie wird von dem sozialwissenschaftlich vorgebildeten Juristen als Steinbruch begriffen, aus dem er sich die geeigneten

Stücke für seine Arbeit herausbricht. Eine dergestalt positivistisch verengte Sichtweise beläßt den Juristen zwar rechtsdogmatisch kompetent, aber im Grunde fördert sie seine Inkompetenz im Umgang mit sozialwissenschaftlichen Theorien und Methoden. Der von der traditionellen Juristenausbildung hervorgebrachte „Fachmann für das Allgemeine" (R. Dahrendorf) avanciert zum Dilettanten im Besonderen.

Aber auch dort, wo — wie im Bremer Modell — die Sozialwissenschaften in Projekten integriert und vermittelt werden sollen, hat Rechtssoziologie kaum die Chance, ein unverwechselbares Profil zu gewinnen. Hier werden die disziplinären Grenzen zwischen Rechtswissenschaft und Sozialwissenschaften verwischt zugunsten der gemeinsamen Lösung eines vorgegebenen Projektproblems. Keine der beteiligten Disziplinen kann dann ihre Paradigmen, Grundbegriffe und spezifischen Methoden ausreichend darstellen. Die in der begrüßenswerten Überwindung enger Fachgrenzen mitschwingende Idealvorstellung, Rechtswissenschaft als Sozialwissenschaft betreiben zu können, führt dann in der Praxis zu einem negativen Qualifikationsprofil: der Jurist als universaler, in mehreren sozialwissenschaftlichen Disziplinen Halbgebildeter und eher inkompetent im Umgang mit der Rechtsdogmatik.

Rechtssoziologische Wissensvermittlung in der Juristenausbildung, die nicht zur Ausbildung von Kryptosoziologen beitragen will, darf weder additiv noch adisziplinär betrieben werden. Ihre Chance liegt in der von Rechts- und Sozialwissenschaftlern gemeinsam getragenen Integrationsorientierung an einem neuen Qualifikationsprofil: dem sozialwissenschaftlich aufgeklärten Juristen und dem juristisch gebildeten Sozialwissenschaftler. Rechtssoziologie nimmt diese Chance als kommunikationsstiftende Instanz wahr, indem sie Kommunikation fördert auf zwei Ebenen: zwischen den Disziplinen durch interdisziplinäres Forschen und gemeinsames disziplinenübergreifendes Lehren und im Verhältnis von (Rechts-)Theorie und Praxis. Rechtssoziologie hat hier zum einen die Aufgabe zur sozialwissenschaftlich-empirischen Analyse der Rechtspraxis, z. B. auf dem Praxisfeld der Rechtsanwendung als Soziologie des Justizhandelns. Rechtssoziologie konzipiert als Soziologie *der* Rechtspraxis dient der universitären Vermittlung von Reflexionswissen über die gesellschaftlichen Praxisfelder der Rechtsetzung und -anwendung. Ihre kommunikationsstiftende Aufgabe umfaßt zum anderen aber auch die Ergebnislieferung für und die Unterstützung der Rechtspraxis. Als Soziologie *für*

die Rechtspraxis vermag sie zur Vermittlung von beruflichem Wissen
i. e. S. beizutragen.

Die hier angedeutete und weiter unten (vgl. 1.) ausgeführte Profilierungschance der Rechtssoziologie bedarf freilich universitärer
Experimentierfelder, wie sie – bei aller Kritik im einzelnen – in den
einstufigen Modellen der Juristenausbildung abgesteckt sind. Mit
ihrem absehbaren administrativen „Begräbnis" wird ein wichtiger
Zugang zur institutionellen Erprobung und Absicherung der Rechtssoziologie an den Universitäten aufgegeben und ihre krisenhafte
Entwicklung zu einer „Nicht-Disziplin" (E. Blankenburg) forciert.

4. Das Identitätsproblem und sein historisches Erbe:
Der Konflikt zwischen Jurisprudenz und Soziologie

Die gegenwärtige Lage der Rechtssoziologie birgt jedoch nicht nur
das institutionelle Problem ihrer mangelhaften Verankerung in Lehre
und Forschung und im Verhältnis zur Rechtspraxis. Die prekäre
institutionelle Situation ist zugleich Ausdruck eines ungeklärten
Selbstverständnisses der Rechtssoziologen von ihrer Wissenschaft.
Dies mag verwundern, kann doch scheinbar gerade die deutsche
Rechtssoziologie auf eine große Tradition zurückblicken und an das
Denken so namhafter Wissenschaftler wie Eugen Ehrlich, Max Weber,
Theodor Geiger, Hugo Sinzheimer u. a. m. anknüpfen. Schaut man
genauer hin, dann wird allerdings auch das schwere Erbe dieser
Tradition sichtbar. Im Vergleich zur benachbarten Rechtswissenschaft
handelt es sich bei der Rechtssoziologie um eine junge Wissenschaft.
An ihrer Wiege standen Gründungsväter einer alten, eher an der Stabilisierung der gesellschaftlichen Verhältnisse orientierten Wissenschaft, der Jurisprudenz, und einer neuen, aus der Kritik an der überkommenen vorbürgerlichen gesellschaftlichen Ordnung geborenen
Wissenschaft: der Soziologie. Sie legten der Rechtssoziologie einen
Konflikt in die Wiege, der sowohl das wissenschaftliche Selbstverständnis dieser Disziplin, aber auch ihre Institutionalisierungsversuche
bis in die Gegenwart belastet. Bis in die sechziger Jahre hinein hiel-
ten sich die juristischen Fakultäten der Universitäten weitgehend
frei von sozialwissenschaftlichen Einflüssen in der Juristenausbildung.
„Die Soziologie wurde als ‚Troyanisches Pferd in der Zitadelle des
Rechts' beargwöhnt (. . .)" (H. Rottleuthner 1978, S. 19).

Einen gewissen Durchbruch schienen die Deutschen Juristentage
von 1970, wo die Weichen für die einstufige Juristenausbildung gestellt wurden, und von 1972 zu bringen, wo Rechtssoziologen ihre

Forschungsergebnisse zur Diskussion stellten und es für einen Augenblick so schien, als wäre damit ein entscheidender Impuls für eine Reform der Justizstruktur ausgelöst. Dies hat sich ebenso als Trugschluß erwiesen wie die Hoffnungen, die von soziologisch aufgeschlossenen Juristen an eine reformierte Juristenausbildung unter Einbeziehung der Sozialwissenschaften geknüpft wurden. Die traditionelle Rechtswissenschaft hat sich gegenüber soziologischer Aufklärung weitgehend als resistent erwiesen. Mehr noch: „Die Auflösung der meisten Forschungskapazitäten der Rechtssoziologie muß (. . .) letztlich als Resultat der hinhaltenden Defensive seitens der juristischen Fakultäten gesehen werden" (E. Blankenburg 1982, S. 211).

Diese negative Bilanz im spannungsreichen Verhältnis zwischen Soziologie und Jurisprudenz markiert das vorläufige Ende eines weiteren historischen Versuchs, die alte Konfliktlinie zu überwinden und eine kommunikationsstiftende Disziplin „dazwischen" wirksam zu institutionalisieren. Sie steht am Ende der von Rasehorn (1981, S. 34) so bezeichneten „dritten Aufklärungswelle", die von Richtern (R. Wassermann, Th. Rasehorn u. a.) und von Soziologen in den sechziger und siebziger Jahren ausgelöst und getragen wurde. Zu ihren zwei historischen Vorläufern zählen die progressive romantische Richtung der Paulskirchen-Richter von 1848 (v. Kirchmann, Truchseß, Waldeck u.a.) und später, in der Weimarer Republik, der republikanische Richterbund (G. Radbruch, E. Fraenkel, O. Kirchheimer, F. Neumann). Die von ihnen geförderte Öffnung der Jurisprudenz gegenüber der Soziologie fand ihren stärksten wissenschaftlichen Niederschlag in der Freirechtsschule und Interessenjurisprudenz[7].

Sämtliche Öffnungsversuche der Jurisprudenz gegenüber der Soziologie tragen im Grunde einer simplen Tatsache Rechnung, daß es für die berufliche Grundausstattung des Juristen nicht genügt, sich in rechtsdogmatischen Fragen auszukennen und diese mit Gesetzeskenntnis und Subsumptionstechniken zu lösen. „Der Jurist braucht auch die Kenntnis sozialer Wirklichkeit, weil er aufgrund und mit Hilfe einer bestimmten Art sozialer Normen, nämlich von Rechtsnormen, soziale Sachverhalte beeinflussen soll und weil seine Tätigkeit selbst soziales Handeln ist. Die Erkenntnis sozialer Wirklichkeit kann aber heute nicht mehr dem biologischen Zufall der Lebens- und Alltagserfahrung überlassen bleiben. Die Komplexität der Verhältnisse, mit denen es der Jurist oft selbst bei scheinbar leichten Fällen zu tun hat, erfordert eine Reflexion auf wissenschaftlicher Grundlage" (R. Wassermann 1979, S. 14). Hugo Sinzheimer hat dieses Plädoyer für die Rechtssoziologie bereits vor einem halben Jahrhundert auf die knappe Formel gebracht: „Wenn der Jurist an das Recht denkt, muß er im Geist nicht nur die Norm und das Rechtsideal, sondern auch die Rechtswirklichkeit sehen" (H. Sinzheimer 1976 (1935), Bd. 2, S. 107).

Eine soziologisch aufgeschlossene Jurisprudenz ist jedoch nur die eine Quelle, aus der sich über den disziplinären Graben hinweg Rechtssoziologie speist, die zweite liegt auf dem Gebiet der Soziologie selbst. Von ihrem Gründer A. Comte (1789 - 1857) als „physique sociale" verstanden, wurde ihr die Aufgabe zugeschrieben, quasi mathematisch-exakt die Gesetze, nach denen die Gesellschaft funktioniert, zu entschlüsseln. Gegenüber diesem positivistischen Zweig der Soziologie erwuchs aus dem Humus der „sozialen Frage" des 19. Jahrhunderts eine Soziologie, der es vornehmlich, wie das Werk von Karl Marx (1818 - 1883) belegt, um die Kritik und Veränderung der gesellschaftlichen Verhältnisse geht. Beide historischen Wurzeln soziologischen Denkens bestimmen die Diskussion um Theoriebildung, Gegenstand und Methoden der Soziologie bis in die Gegenwart. Sie treten in unserem Zusammenhang zutage mit der aktuellen und für die Profilierung der Rechtssoziologie zu beantwortenden Frage, ob diese Wissenschaft empirisch-analytisch oder kritisch-dialektisch zu betreiben ist (vgl. dazu ausführlich weiter unten 1.).

5. Das Identitätsproblem und seine wissenschaftliche Hypothek: Rechtstheorie und soziologische Jurisprudenz

Im historischen Rückblick bleibt zu bilanzieren, daß zwar mit dem Aufkommen der Soziologie die objektiven Grundlagen für die Entstehung und Etablierung der Rechtssoziologie geschaffen waren; denn die Rechtswissenschaft selbst konnte sich nunmehr soziologisch orientieren. Im Ergebnis ist aber dieser Versuch bislang im wesentlichen nicht nur gescheitert, sondern darüber hinaus haben die beiden aufgezeigten wissenschaftsgeschichtlichen Entwicklungsstränge die Rechtssoziologie mit dem Erbe einer ungelösten wissenschaftlichen Profilierung belastet. Weil bis in die Gegenwart hinein eine Soziologie, die sich dem Recht als ihrem Gegenstand zuwendet, und eine Rechtswissenschaft, die sich gegenüber der sozialen Wirklichkeit öffnet, nicht zur Synthese gebracht sind, bleibt der historische Prozeß der wissenschaftlichen Identitätssuche für die Rechtssoziologie nicht nur unabgeschlossen, sondern er hat auch in zwei Sackgassen geführt: in die soziologische Theorie des Rechts und in die soziologische Jurisprudenz. Beide verhindern die Herausbildung einer Rechtssoziologie, die mehr ist als die soziologische Beschäftigung mit dem Recht auf der einen, und die Soziologisierung der Rechtswissenschaft auf der anderen Seite. Wer die gegenwärtige Lage der Rechtssoziologie verstehen will, und sich auf die Suche nach Wegen aus den Sackgassen zu einer Nicht-Disziplin begibt, muß sich zunächst dieser wissenschaftsgeschichtlichen Hypothek stellen.

Was beide Entwicklungslinien unterscheidet, ist das grundlegende Verständnis vom Recht als gesellschaftlichem Faktor und damit aber auch die Vorstellung davon, was der *Gegenstand* von Rechtssoziologie zu sein hat: das Recht als gesellschaftlich determinierte Größe (so überwiegend die soziologische Theorie des Rechts) oder aber als gesellschaftlicher Wirkungsfaktor (so die soziologische Jurisprudenz). Wie der Gegenstand, und damit die Grundperspektive von Rechtssoziologie definiert werden, entscheidet darüber, ob diese als spezielle Soziologie oder als Teil der Rechtswissenschaft betrieben wird. Dies soll verdeutlicht werden.

Die soziologische Theorie des Rechts nimmt, wissenschaftsgeschichtlich gesehen, ihren Ausgang im Werk von Eugen Ehrlich (1862 - 1922), der mitunter auch als Vater der Rechtssoziologie bezeichnet wird. Für ihn ist Rechtssoziologie die Wissenschaft des Rechts, „ein Teil der theoretischen Gesellschaftswissenschaft, der Soziologie" (E. Ehrlich 1967 (1913), S. 19). Ihre Aufgabe sei es, das Recht als gesellschaftliche Erscheinung zu erklären.

Noch entschiedener entwirft der Soziologe Max Weber (1864 - 1920) seine Rechtssoziologie als spezielle Soziologie des Rechts. Weber sieht den soziologischen Gehalt des Rechts in dessen Geltungschance; denn nur das geltende Recht ist handlungsorientiert und gewinnt damit die Qualität einer Sozialordnung. Diese grenzt er ab von anderen Sozialordnungen wie Brauch und Konvention, von denen sich das Recht maßgeblich durch den Zwang unterscheide, mit dem seine Geltung gesellschaftlich durchgesetzt werden kann. "Eine Ordnung soll heißen

a) *Konvention*, wenn ihre Geltung äußerlich garantiert ist durch die Chance, bei Abweichung innerhalb eines angebbaren Menschenkreises auf eine (relativ) allgemeine und praktisch fühlbare Mißbilligung zu stoßen;

b) *Recht*, wenn sie äußerlich garantiert ist durch die Chance physischen oder phsychischen Zwanges durch ein auf Erzwingung der

Innehaltung oder Ahndung der Verletzung gerichtetes Handeln eines eigens darauf eingestellten Stabes von Menschen" (M. Weber 1967 (1922), S. 80).

Der soziologische Rechtsbegriff Max Webers ist freilich nicht ohne Kritik geblieben. Seine formale Art leistet „einer gefährlichen Tendenz Vorschub, beliebigen Anordnungen staatlicher Machthaber ohne Rücksicht auf ihren Inhalt Rechtsqualität beizumessen" (Th. Raiser 1972, S. 60). Zugleich aber ermöglicht die scharfe Trennung von „Sein" und „Sollen" erst jene „kopernikanische Wende" im Verhältnis zur Jurisprudenz, die letztlich den Weg zu einer speziellen Soziologie des Rechts ebnet: „Die Soziologie des Rechts geht – im Gegensatz zur juristischen Dogmatik – nicht von der normativen Sinndeutung und Systematisierung der Normen (Sätze, Regeln, Ordnungen) aus, die den Anspruch auf Anerkennung ihrer Verbindlichkeit geltend machen, sondern von sozial *handelnden Menschen* und betrachtet daher die bestehenden Regeln und Ordnungen als einen Inbegriff von möglichen faktischen Bestimmungsgründen realen menschlichen Sozialverhaltens" (J. Winckelmann 1967, S. 33). Von dieser Definition der Rechtssoziologie als spezielle Soziologie des Rechts nimmt eine Entwicklungslinie ihren Ausgang, die sich nach dem zweiten Weltkrieg in den rechtssoziologischen Arbeiten von R. König und H. Schelsky fortsetzt. In ihr wurzelt aber zugleich auch eine soziologische Rechtstheorie, wie sie exemplarisch von N. Luhmann ausformuliert wird.

Luhmann versteht das Recht als „Struktur eines sozialen Systems, die auf konsequenter Generalisierung normativer Verhaltenserwartungen beruht" (N. Luhmann 1972, S. 111). Verhaltenserwartungen generalisieren sich gegenüber den Systemmitgliedern, nach Luhmann (1972, S. 94), in dreifacher Hinsicht: *zeitlich* dadurch, daß die Systemmitglieder über längere Zeit an vorhandenen normativen Erwartungen festhalten, was normabweichendes Verhalten (z. B. in Form strafbarer Handlungen) einzelner nicht ausschließt; *sachlich,* indem Verhaltenserwartungen situationsunabhängig, d. h. abstrakt formuliert werden, und in *sozialer* Hinsicht durch die Institutionalisierung der Erwartungsstrukturen.

Recht ist in der Luhmannschen Rechtstheorie aber nicht nur Strukturmerkmal eines sozialen Systems, sondern auch evolutionär zu verstehen. Die Entwicklung des Rechts ist – so Luhmann – gekoppelt an die Evolution gesellschaftlicher Komplexität (vgl. N. Luhmann 1972, S. 106 und Ders. 1976, S. 121-135). Daraus erklärt sich, daß die Theorie dieser Entwicklung und damit die Rechtstheorie immer auch soziologische Theorie sozialen Wandels ist. Die Theorie des Rechts von N. Luhmann ist soziologische Rechtstheorie und Element einer Systemtheorie der Gesellschaft.

In ihrer Indifferenz gegenüber unterschiedlichen Sozialordnungen macht die Luhmannsche Rechtstheorie keine Aussagen über die Qualität einer bestimmten Rechtsordnung oder eines sozialen Systems. Ob diese gerecht oder ungerecht, erhaltenswert oder reformbedürftig sind, bleibt unbefragt. Hier liegt ein maßgeblicher Unterschied zwischen der systemtheoretischen Variante, Rechtstheorie als Gesellschaftstheorie zu begreifen, und der marxistischen Rechtstheorie. Deren historische Quellen, nämlich der von Karl Marx (1818 - 1883) und Friedrich Engels (1820 - 1895) begründete historische und dialektische Materialismus, die Klassentheorie und darauf aufbauend der marxistische Rechtsbegriff, haben zwar keine umfassende, in sich geschlossene Theorie des Rechts hervorgebracht. Zwei deutliche Markierungen kennzeichnen jedoch die marxistische Rechtsauffassung: Der Klassencharakter des Rechts und seine Zuordnung zum gesellschaftlichen Überbau. Die späteren Versuche sowjetrussischer Rechtsgelehrter (wie z. B. Paschukanis 1969 (1924) und Stucka 1969 (1921)), diese essentials zu einer marxistischen Rechtstheorie fortzuschreiben, haben das Umbiegen des kritisch-dialektischen Anspruchs im marxistischen Rechtsbegriff zu einer Legitimationswissenschaft des realen Sozialismus nicht verhindert. Ihre Arbeiten werden geprägt vom Versuch, die klassenspezifische Form- und Inhaltsbestimmung des Rechts nachzuweisen und in den Dienst einer klassentheoretischen Kritik der kapitalistischen Gesellschaft zu stellen.

Im Ergebnis zeigt sich bei aller Unterschiedlichkeit in der Vorstellung darüber, wie Recht soziologisch zu definieren sei und worin demzufolge Gegenstand und Aufgabe der Rechtssoziologie bestehen, eine wesentliche unausgesprochene Gemeinsamkeit: Das Recht wird, gleich, ob noch relativ unspezifisch als gesellschaftliche Erscheinung, wie bei E. Ehrlich, als handlungsorientierende Sozialordnung, wie bei M. Weber, als generalisierte Verhaltenserwartung, wie bei N. Luhmann, oder als Herrschaftsinstrument der herrschenden Klasse und Überbauphänomen, wie bei Marx und Engels, definiert als Ergebnis seiner gesellschaftlichen Bedingungen. Diese werden aus dem Verstehenshorizont einer speziellen Soziologie des Rechts (so bei Ehrlich und Weber) oder Gesellschaftstheorie (so bei Luhmann und Marx/Engels) erklärt. Dabei bleibt allerdings das wissenschaftliche Interesse überwiegend an der Erkenntnis der gesellschaftlichen Grundlagen des Rechts und weniger an seiner gesellschaftlichen Wirkungsweise orientiert.

Weniger bei Ehrlich, deutlicher schon im Werk M. Webers, ganz explizit aber in der Systemtheorie des Rechts und in der marxistischen Rechtstheorie, wird die soziologische Beschäftigung mit dem Recht zur Arbeit an einem Baustein für eine allgemeine Theorie der Gesellschaft. Rechtssoziologie ist in der Tradition soziologischer Rechtstheorien immer schon ein Stück Gesellschaftstheorie. Sie bleibt dadurch aber nicht nur relativ praxisfern, weil häufig unsensibel gegenüber den Fragestellungen von Rechtsetzung und -anwendung, was die Verwertbarkeit ihrer Ergebnisse erschwert. Die theoretische Analyse und Kritik des Rechts und seiner gesellschaftlichen Grundlagen kapselt darüber hinaus auch die Rechtssoziologie als spezielle Soziologie des Rechts ab und trägt bis in die Gegenwart erheblich zu den wissenschaftlichen Kommunikationsschwierigkeiten zwischen Juristen und Soziologen bei.

Demgegenüber begreifen rechtssoziologische Ansätze, die in der Tradition von Öffnungsversuchen der Rechtswissenschaft gegenüber der Soziologie stehen, Rechtssoziologie nicht als soziologische Theorie des Rechts, sondern als soziologische Jurisprudenz. Rechtssoziologie ist hier Teil der Rechtswissenschaft und keine spezielle Soziologie. Die Vorstellung, Rechtswissenschaft sei Sozialwissenschaft, beherrscht die rechtssoziologischen Arbeiten so unterschiedlicher Denker wie Th. Geiger (1892 - 1952) und H. Sinzheimer (1875 - 1945). „Die Wirklichkeit der Norm", so Th. Geiger (1964, S. 68), „ist ihre Wirkungschance". Sie gründet in der Bereitschaft der Gesellschaftsmitglieder, sich normkonform zu verhalten, oder in der Erzwingbarkeit solchen Verhaltens. Hierin unterscheidet sich der Rechtsbegriff Th. Geigers nicht wesentlich von der Grundkonzeption bei E. Ehrlich und bei M. Weber. Den Wirkungsgrad und die Verbindlichkeitsquote von Normen bestimmt zu haben, bleibt jedoch das Verdienst Th. Geigers.

Kennzeichnend für diesen Entwicklungsstrang der modernen soziologischen Jurisprudenz ist das vorherrschende Interesse an der Erkenntnis der gesellschaftlichen Wirksamkeit des Rechts. Während Geiger jedoch auf der Suche nach dem Wirklichkeitsgehalt des Rechts ganz dem nordischen Rechtsrealismus der sog. Uppsala-Schule verpflichtet bleibt (vgl. Darstellung und Kritik bei H. Ryffel 1964,

S. 93ff.) und methodisch in der Tradition der positivistischen Soziologie steht, wie sie von A. Comte begründet wurde, gilt dies nicht für die soziologische Jurisprudenz H. Sinzheimers. Er definiert das Recht als Trias von Rechtsnorm, Rechtsideal und Rechtswirklichkeit. Das soziologische Interesse am Recht grenzt Sinzheimer (1976 (1935), Bd. 2, S. 88) vom juristisch-dogmatischen mit folgendem Vergleich ab: „Der dogmatische Jurist kann sich damit zufriedengeben, die Alkoholverbote zu kennen, die z. Zt. der Prohibition in Amerika bestanden. Für die Rechtssoziologie waren die Organisationen der Alkoholschmuggler, die sich um diese Verbote nicht kümmerten, ebenso wichtig." Rechtssoziologie ist für Sinzheimer keine besondere Soziologie, sondern Teil der Rechtswissenschaft. Durch sie erweitere sich nicht der Gegenstand der Rechtswissenschaft, sondern „nur seine Betrachtungsweise" (H. Sinzheimer 1976 (1922), Bd. 2, S. 37).

Die soziologische Jurisprudenz Sinzheimers geht an zwei wesentlichen Punkten über Geigers Entwurf einer Wirklichkeitswissenschaft des Rechts hinaus: sie setzt erstens an die Stelle des „Wertnihilismus" (Ryffel), der „Sein" und „Sollen" streng trennt, die Konfrontation von Norm und Wirklichkeit. Rechtssoziologie soll enthüllen, „ob ein Widerspruch zwischen Recht und Leben besteht" (H. Sinzheimer 1976 (1935), Bd. 2, S. 112). Sinzheimer steht mit diesem Erkenntnisinteresse in der Tradition der kritischen Sozialwissenschaft. Zweitens — und in unserem Zusammenhang wichtiger — ist die rechtspolitische Komponente seines Ansatzes zu nennen. Rechtswissenschaft als Sozialwissenschaft hat ein letztes Ziel, heißt es bei Sinzheimer (1976 (1922), Bd. 2, S. 38), nämlich „die Rechtspolitik". Sie wird in Erfüllung ihrer rechtspolitischen Aufgabe zur gesellschaftlichen Gestaltungswissenschaft. Damit ist zum einen der Weg gewiesen zu einem Verständnis der Rechtswissenschaft als Sozialwissenschaft und zum anderen zur Vervollkommnung der Jurisprudenz zur kritischen Rechtswissenschaft.

Die Rechtswissenschaft ist auf diesem Weg bis heute kaum vorangekommen. Dies mag daran liegen, daß Sinzheimer — nach Holland emigriert — von der westdeutschen Rechtssoziologie zu spät wiederentdeckt wurde. Die Nachkriegsgeschichte der Rechtssoziologie knüpfte zwar implizit an die Idee an, soziologische Jurisprudenz als Gestaltungswissenschaft zu betreiben. Die Antworten auf die Frage, wie Gesellschaftsgestaltung durch Recht wissenschaftlich in den Griff zu bekommen und damit Rechtssoziologie erkenntnistheoretisch und methodisch zu orientieren ist, suchte man jedoch bei der amerikanisch-behavioristischen und bei der empirisch-analytischen Sozialwissenschaft.

Insbesondere der legal realism von K. N. Llewellyn (1893 - 1962) bereitete den Boden für das aktuell vorherrschende sozialtechnologische Verständnis von Gesellschaftsgestaltung durch Recht. Die Rechtspraxis drückt sich nach Llewellyn im *Verhalten* derjenigen aus, die Recht setzen und anwenden, d. h. des Rechtsstabs. Rechtssoziologie habe die Aufgabe, die Wirklichkeit des Rechts und damit das Verhalten der Rechtsstabsmitglieder und die Reaktion der „Rechtsunterworfenen" auf dieses Verhalten zu untersuchen. Das Forschungsinteresse besteht darin, die Integrationsbedingungen der „Rechtsunterworfenen" in die Rechtsordnung auszuloten. Dieses Interesse an der Integrationsfähigkeit des Rechts gegenüber den Bürgern, die Llewellyn bezeichnenderweise die „Rechtsunterworfenen" nennt, bringt die sozialtechnologische Orientierung seines Ansatzes zum Vorschein[8].

Der Anspruch, die gesellschaftliche Wirkungsweise des Rechts zu beschreiben und dieses damit vornehmlich sozialtechnologisch als gesellschaftliches Steuerungsinstrument zu bestimmen, findet seine weitere theoretische Ausformulierung in den neueren Entwürfen von Soziotechniken des Rechts bei E. E. Hirsch bis K. A. Ziegert. Nach Auffassung Hirschs kommt dem Recht die Aufgabe zu, das „Sozialleben" zu regulieren (vgl. E. E. Hirsch 1971, S. 28). Auf dieser Grundlage hat sich die sozialtechnologische Definition des Rechts bis heute entwickelt. Ihr geht es nicht mehr, wie bei Ehrlich und Weber, um die Frage, wie aus der Gesellschaft heraus Recht entsteht, sondern wie es in die Gesellschaft hineinwirkt. Hinter Etiketten, wie z. B. die „Wirksamkeit des Rechts" (H. Ryffel 1974, S. 243ff.), die „Effektivität des Rechts" (M. Rehbinder 1977, S. 158) oder gar die „Rekontruktion der Gesellschaft durch Recht" (K. A. Ziegert 1975), steht das rechtssoziologische Konzept einer Soziotechnik. Es entspringt dem Bedarf moderner komplexer Industriegesellschaften an wissenschaftlich begründeten gesellschaftlichen Steuerungsverfahren. Rechtssoziologie gewinnt hier das Profil einer soziotechnischen Planungswissenschaft, die aus der Isolation der Rechtssoziologie gegenüber Soziologie und Rechtswissenschaft herausführen soll: „An der Nahtstelle zwischen gesellschaftlicher Wirklichkeitsbewältigung einerseits und rechtlicher Theorie andererseits soll sie (die Rechtssoziologie, Anm. L. K.) zur Vermittlung von Information in jeder Richtung beitragen – sie soll soziologisches Wissen rechtlich zugänglich machen, rechtliches Wissen soziologisch zugänglich machen, und beides für den gesellschaftlichen Entwicklungsprozeß verwertbar, aber auch über ihn bezogenes Wissen in Rechts- bzw. Gesellschaftstheorie umsetzbar machen. Danach bestimmt sich aber auch die Effektivität der Rechtssoziologie" (K̆. A. Ziegert 1975, S. 243).

Rechtssoziologie solchermaßen als „Kommunikationsmodell" (Ziegert) entworfen, führt durchaus aus der Sackgasse der soziologischen Jurisprudenz heraus und weist der Rechtssoziologie den Weg zur wissenschaftlichen Identitätsfindung – allerdings um den Preis ihrer methodischen und inhaltlichen Verkürzung; denn im soziotechnischen Ansatz funktioniert Rechtssoziologie als Kommunikationsmodell nur so lange, als sie sich auf das Erarbeiten von wissenschaftlichen Wirkungsprognosen des Rechts beschränkt. Hierzu greifen Rechtssoziologen auf methodisch-statistische Verfahren der traditionellen Sozialforschung zurück, mit den weiter unten auszuführenden Konsequenzen (vgl. 2.2). Entscheidend ist jedoch die inhaltliche Verkürzung des Problems der gesellschaftlichen Effektivitäts- und Wirkungssicherung des Rechts. Rechtssoziologie läuft Gefahr, das Recht dann als effektiv zu begreifen, wenn es von den Gesellschaftsmitgliedern akzeptiert wird, gleichviel worauf diese Akzeptanz beruht: auf rigider Sanktion oder freiwilliger Übernahme.

6. Das Profil der kommunikativen Rechtssoziologie

Soziotechnische Konzepte der Rechtssoziologie sind durchaus ambivalent. Sie fördern einerseits die Kommunikation zwischen Juristen und Soziologen; denn erstere werden nicht mit normativ befrachteten soziologischen Informationen und letztere nicht mit dem Anspruch konfrontiert, die Interessen- und damit Wertgebundenheit ihrer Informationsgewinnung und -bereitstellung mit zu bedenken. Andererseits besteht die Gefahr des Kommunikationsabbruchs, wenn der Geltungsanspruch von Recht selbst untersucht wird und damit das Problem seiner „fraglosen" oder „autonomen" Befolgung (vgl. H. Ryffel 1974, S. 325). Weil sich der Geltungsanspruch von Recht und damit dessen gesellschaftliche Wirkungschance in demokratisch verfaßten Gesellschaften danach bestimmt, inwieweit Recht „verhandelt", d. h. der öffentlichen Kommunikation zwischen Rechtsstab und Bürgern ausgesetzt wird, ist der Gegenstand von Rechtssoziologie neu zu bestimmen: als gesellschaftliche Kommunikation des Rechts. Sie entscheidet über dessen Öffentlichkeitscharakter und damit Wirkungschance. Soweit sie als Gegenstand der Rechtssoziologie begriffen wird, eröffnet sich die Chance, Rechtssoziologie – wie oben angedeutet – als kommunikative Soziologie des Rechts und als kritische Soziologie der gesellschaftlichen Rechtskommunikation zu betreiben. Rechtssoziologie gewinnt dann das Profil einer Kommunikationswissenschaft im doppelten Sinn: zum einen, indem sie Kommunikation zwischen Soziologie und Jurisprudenz stiftet, mit dem Ziel, die Bedingungen der gesellschaftlichen Kommunikations- und damit Öffentlichkeitsfunktion des Rechts anzugeben und zu bewerten, und zum anderen, indem sie das Recht selbst in seiner kommunikativen Dimension untersucht (vgl. dazu unten 3.6). Damit definiert sich der Gegenstandsbereich einer solchen Rechtssoziologie als das kommunikativ vermittelte, d. h. *öffentliche Verhältnis von Recht und Gesellschaft.* Die gesellschaftliche Kommunikation des Rechts schließt seine Wirkungsweise auf die Gesellschaft und damit die Frage nach seinen gesellschaftlichen Funktionen (vgl. 3) ebenso ein, wie die Bedingungen der Rechtsentwicklung aus der Gesellschaft.

Die Profilierungschance der Rechtssoziologie als „Kommunikationswissenschaft", d. h. als Disziplin, die interdisziplinär und zwischen Theorie und Rechtspraxis Kommunikation stiftet, liegt in dieser Neuorientierung in bezug auf ihren Gegenstand. Die im historischen Entwicklungsprozeß von soziologischer Rechtstheorie und soziologischer Jurisprudenz verfestigten unterschiedlichen Perspektiven und Zugriffsweisen auf das Recht als gesellschaftlich bedingter oder gesellschaftlich wirkender Größe, sind zu integrieren. Denn Rechtssoziologie greift zu kurz, wenn sie – wie die „Klassiker" – das Recht genetisch aus seinen gesellschaftlichen Bedingungen erklärt. Sie verfehlt ihre Aufgabe aber auch dann, wenn sie vornehmlich danach fragt, wie das Recht gesellschaftlich wirkt, d. h. wenn sie ausschließlich soziotechnisch – um mit Rehbinder (1977, S. 44) zu sprechen – operativ denkt. Die Integration der genetischen und der operativen Perspektive von Rechtssoziologie trägt der Tatsache Rechnung, daß die gesellschaftliche Wirkung des Rechts maßgeblich davon abhängt, wie dieses zustande kommt: ob als Ergebnis obrigkeitsstaatlichen Oktroys oder eines demokratischen Willensbildungs- und Entscheidungsprozesses.

Das Recht, nicht nur – wie die Soziologen – als gesellschaftliches Produkt, oder – wie die Juristen – in seiner Funktionalität für die

Gesellschaft zu begreifen, sondern in seiner gesellschaftlichen Kommunikationsfunktion, beinhaltet eine weitere Perspektive: daß sich Rechtssoziologie als kommunikative Wissenschaft zwischen Jurisprudenz und Soziologie eines Tages selbst überflüssig macht — wenn sie ihre originäre Aufgabe erfüllt hat, nämlich die Soziologie für die Praxisprobleme der Juristen zu sensibilisieren und die Jurisprudenz zur Sozialwissenschaft umzugestalten.

Fußnoten

1 Das Verhältnis von Rechtssoziologie und Rechtspraxis sowie die Leistungen einer „Rechtssoziologie für die Rechtspraxis" auf den Praxisfeldern der Gesetzgebung, Justiz und Verwaltung werden behandelt bei L. Kißler 1984.
2 Diese Selbstverständnisdiskussion der Rechtssoziologie im Hinblick auf Forschungsinteressen, Methoden und Verhältnis zu den Nachbardisziplinen ist Gegenstand des 1. Kapitels.
3 Vgl. die Darstellung der rechtssoziologischen Forschungseinrichtungen (am Max-Planck-Institut für internationales und vergleichendes Zivilrecht in Hamburg, am Wissenschaftszentrum Berlin) und von weiteren vergeblichen Institutionalisierungsversuchen bei E. Blankenburg 1982, S. 209ff.
4 Einen Überblick über die länderspezifischen Regelungen des Einbezuges der Sozialwissenschaften in die Juristenausbildung sowie sozialwissenschaftliche Unterrichtseinheiten für die Referendarausbildung enthält der folgende Band: Dästner, Ch./Patett, W./Wassermann, R. (Hrsg.), 1979.
5 Im Hamburger Reformmodell wird der rechtswissenschaftliche Stoff im Unterschied zur traditionellen Ausbildung auf sozialwissenschaftlicher Grundlage curricular neu geordnet und die Integration auch durch die gemeinsame Planung und Durchführung von Lehrveranstaltungen von Juristen und Sozialwissenschaftlern versucht. Vgl. zur (auch kritischen) Bilanz die Schrift „Das Hamburger Modell der einstufigen Juristenausbildung in der Bewährung", 1981, und darin besonders die Beiträge von N. Reich (S. 22-30) und H.-B. Schäfer (S. 46-54).
6 Der Bremer Studiengang sieht eine für alle Jurastudenten einheitliche sozialwissenschaftliche Studieneingangsphase vor und legt den Integrationsschwerpunkt auf das von Juristen und Sozialwissenschaftlern durch gemeinsame Projekte getragene Projektstudium (vgl. den Überblick in: Francke, R./Hart, D./Lautmann, R./Thoss, P. (Hrsg.), 1982.
7 Beide Einfallstore der Soziologie in die Jurisprudenz und ihre Bedeutung für die Rechtssoziologie werden ausführlich bei H. Ryffel 1974, S. 29ff. dargestellt.
8 Zum Studium des legal realism empfiehlt sich die Lektüre von K. N. Llewellyn 1971, S. 54-86, und die Rezeption dieses Ansatzes bei M. Rehbinder 1966, S. 532-556, sowie Ders. 1977, S. 71-81.

1 Erkenntnisinteresse und Wissenschaftsbegriff

1.1 Zur Notwendigkeit der Reflexion von Erkenntnisinteresse und Wissenschaftsbegriff der Rechtssoziologie

Die Geschichte der Rechtssoziologie ist auch die Geschichte der Soziologie. Beide tragen an der gleichen Hypothek, nämlich sich im Kreis etablierter, traditioneller Wissenschaften behaupten zu müssen. Soziologie wurde deshalb in ihren Anfängen als letztes Glied an die Kette der Naturwissenschaften Astronomie, Physik, Chemie und Biologie angehängt und als „physique sociale" (A. Comte), als soziale Physik begriffen.

Im Unterschied zum Naturwissenschaftler gehört der Sozialwissenschaftler als Gesellschaftsmitglied jedoch dem Gegenstand selbst an, den er untersucht. Er kann die Gesellschaft oder Ausschnitte von ihr nicht im Labor isolieren und dem Erkenntnisgegenstand in strenger Subjekt-Objekt-Trennung gegenübertreten, sondern ist ihm durch seine Erziehung, Ausbildung, berufliche Stellung, sozialen Status und Interessen verwachsen. Er ist als forschendes Subjekt selbst zugleich auch Gesellschaftsmitglied und deshalb Teil seines Forschungsobjekts. Die dadurch aufgeworfenen Probleme haben in der deutschen Soziologie zu einer breiten und kontroversen Diskussion geführt. Sie gipfelte im sog. Positivismus-Streit[1] und signalisierte, daß die oben angesprochene Hypothek bis heute noch nicht abgetragen ist, daß aber auch – positiv gewendet – die Soziologie, wie keine andere Sozialwissenschaft, das Nachdenken über sich selbst zum wissenschaftlichen Standardprogramm erhoben hat. Soziologie ist eine reflexive Wissenschaft.

Die Rechtssoziologie als spezielle Soziologie ist – wie Psychologie, Geschichte, Rechtswissenschaft, Ökonomie, Philosophie und Pädagogik als Nachbardisziplinen – davon nicht unbeeindruckt geblieben. Im Anschluß an den Positivismus-Streit dürfte kaum eine rechtssoziologische Einführung oder Grundorientierung veröffentlicht worden sein, die nicht auch über die spezifischen rechtssoziologischen Inhalte hinaus, wissenschaftstheoretische Reflexionen anstrengt. Im Rückgriff auf „wissenschaftstheoretische Ansätze der Soziologie"

(R. Zippelius 1980, S. 14ff.) werden „Bezugsrahmen der Rechtssoziologie" (H. Ryffel 1974, S. 202ff.) konstruiert, ihr „Erkenntnisinteresse" (M. Rehbinder 1977, S. 11f.) thematisiert, und es wird damit letztlich der Tatsache Rechnung getragen,

- daß es keine verbindliche Vorstellung darüber gibt, was die Aufgabe von (Rechts-)Soziologie ist und wie (mit welchen Methoden) diese zu lösen ist, weswegen es auch vermessen wäre, von *der* Rechtssoziologie zu sprechen, wo man angesichts der wissenschaftstheoretischen Situation von der Existenz unterschiedlicher Rechtssoziologien auszugehen hat,
- daß im Unterschied zum Naturwissenschaftler der Rechtssoziologe seinen Forschungsprozeß nicht aus seiner gesellschaftlichen und d. h. insbesondere interessenbestimmten Grundlage isolieren kann und
- daß die methodischen Konsequenzen, die daraus gezogen werden, nicht auf einen einheitlichen Nenner gebracht werden können. Es gibt keine verbindliche soziologische Methodenlehre.

Aus all dem folgt die Notwendigkeit, sich Gedanken zum wissenschaftstheoretischen Begriff, den Rechtssoziologie von sich selbst hat, zu machen. Dies schließt die Frage nach dem Erkenntnisinteresse bzw. Vorverständnis der Rechtssoziologen und ihrer unterschiedlichen Beantwortung auf der *methodologischen* und *methodischen* Ebene ein. Die im folgenden vorgestellten und in der Literatur gegebenen Antworten auf die Fragen warum, was und mit welchen Methoden rechtssoziologisch geforscht wird, erfüllen demnach eine doppelte Aufgabe: Im *interwissenschaftlichen*Terrain die Grenze zwischen naturwissenschaftlicher und soziologischer Vorgehensweise zu markieren (vgl. 1.2.1) und im *intrawissenschaftlichen* Bereich mit der „Lehre der (unterschiedlichen, Ergänzung L. K.) Mittel und Wege, wie man zu wissenschaftlichen Erkenntnissen kommt",[2] (vgl. 1.2.2 und 1.2.3) die zwei großen Lager, in die die Rechtssoziologie wissenschaftsbegrifflich gespalten ist, zu beleuchten.

Nicht zuletzt aber ist mit den folgenden Erläuterungen zum Wissenschaftsbegriff und Erkenntnisinteresse die Vorstellung verbunden, daß eine kommunikative Rechtssoziologie die Aufgabe hat, über die wissenschaftlichen Grenzen nach außen hin und über die wissenschaftstheoretischen Konfliktlinien nach innen hin Kommunikation zu stiften: Rechtssoziologie ist interdisziplinär und integrativ zu betreiben.

1.2 Methodologie: Was will die Rechtssoziologie als Wissenschaft?

1.2.1 Das Verhältnis von Wissenschaft und Alltagswissen, von Naturwissenschaft und Soziologie

Bevor wir uns der Frage zuwenden, was Rechtssoziologie gemäß ihrem Selbstverständnis leisten kann und will, bedarf es zunächst einiger Überlegungen zu dem vorgelagerten Problem der „Wissenschaftlichkeit" von Soziologie und damit auch von Rechtssoziologie. Die Leistungsfähigkeit und Aufgabenbewältigung von Rechtssoziologie gründen in ihrer wissenschaftlichen Existenz. Mit der Frage nach den Standards, die die Soziologie zur Wissenschaft machen, berühren wir einen Problemkreis, der sich spezifisch für die Sozialwissenschaften, weniger jedoch für die Naturwissenschaften stellt. Denn letztere sind als „exakte" Wissenschaften anerkannt. Sie bedienen sich einer schwierigen Sprache, der Mathematik, und produzieren Ergebnisse, die − soweit sie technisch umgesetzt werden − nahezu unbefragt von Nutzen zu sein scheinen. Anders jedoch die Soziologie: Sieht man einmal von Meinungsumfragen und anderen Formen angewandter Soziologie ab, deren Ergebnisse unmittelbar politisch umsetzbar sind, dann scheint es, als befasse sich Soziologie überwiegend mit Problemen und Sachverhalten, über die die meisten Mitglieder einer Gesellschaft bereits eine mehr oder weniger klare Vorstellung oder Meinung haben. Die Soziologen reden demnach nach allgemeiner Vorstellung über Dinge, zu denen jeder etwas zu sagen hat, weil wir sie aus unserem Alltag kennen. Dies ist eine große Chance für die Soziologie, aber auch ihr großes Problem. Chance deshalb, weil ihre Ergebnisse die Alltagsprobleme der Menschen betreffen und unter bestimmten Voraussetzungen, zu denen weiter unten noch etwas zu sagen sein wird, geeignet sein können, etwas zur Lösung dieser Probleme beizutragen. Das Problem dieser Alltagsrelevanz von Soziologie hat zwei Seiten: zum einen wird die Grenze zwischen soziologischem und Alltagswissen fließend mit der Folge, daß Soziologie, wie kaum eine andere Wissenschaft, diese Grenze deutlich markieren muß, jenseits derer sie den Anspruch auf Wissenschaftlichkeit aufgibt. Zum anderen bedeutet ihre Einbindung in den gesellschaftlichen Alltag der Menschen zugleich eine erhöhte Konfrontation mit deren unterschiedlichen Ansprüchen und Interessen. Daraus ergibt sich die Notwendigkeit, das eigene Vorverständnis vom Forschungsgegenstand und das Forschungs- und Erkenntnisinteresse offenzulegen und sich zu vergegenwärtigen.

Zunächst einige Anmerkungen zum ersten Problemkreis. Der Unterschied zwischen wissenschaftlichem Handeln und Alltagshandeln ist keineswegs so klar, wie auf der Basis naturwissenschaftlicher Denkweise oft angenommen wird. Wissenschaft zielt auf die Vermehrung von Wissen. P. Feyerabend[3] weist jedoch zurecht darauf hin, daß es neben der Wissenschaft noch andere Formen des Erkenntnisgewinns gibt, die nicht weniger effizient sind, gleichwohl sie sich — wie etwa Mythos und Magie — grundlegend vom vorherrschenden naturwissenschaftlich-technischen Denken unterscheiden. Wissenschaft ist das historische Ergebnis gesellschaftlicher Arbeitsteilung mit der Aufgabe, die Unsicherheit und Unvollständigkeit von Alltagshandeln und Alltagswissen zu kompensieren.

„Wissenschaftliches Handeln zeichnet sich vor dem Alltagshandeln dadurch aus, daß es an eine bestimmte Gemeinschaft von Wissenschaftlern gebunden ist, an eine gesellschaftliche Institution, die sich mit dem Problem der Wissensproduktion befaßt" (H. Moser 1977, S. 9).

Diese erfolgt nach bestimmten Regeln und Normen, d. h. wissenschaftlichen Standards, die historisch variabel, weil das Ergebnis von Konvention (Übereinkunft, Anerkennung) der Wissenschaftler sind. Je nachdem, wie diese Standards definiert werden, nimmt Wissenschaft andere Formen an. Th. Kuhn (1967) führt für diesen Sachverhalt den Begriff des Paradigmas ein. Wissenschaftliche Paradigmen benennen bestimmte Zugriffsweisen von Wissenschaft auf die Realität. Sie legen Vorgehensweisen und Methoden fest, die anerkanntermaßen wissenschaftliche sind. Sie verweisen auf ein Wahrheitskriterium, um wissenschaftliche von nichtwissenschaftlichen Erkenntnissen unterscheiden zu können, nicht zuletzt bezeichnen sie Modelle und Theorien, auf die sich die Wissenschaftler stützen können. Ohne auf die Frage eingehen zu wollen, ob nicht auch innerhalb der Naturwissenschaften verschiedene Paradigmen bestehen (vgl. Th. Kuhn 1967, S. 68ff.), ist die Unterschiedlichkeit von naturwissenschaftlicher und sozialwissenschaftlicher Erkenntnisgewinnung und die Existenz von verschiedenen Paradigmen innerhalb der Sozialwissenschaften festzuhalten und im folgenden zu verdeutlichen[4].

„Wenn ein Naturwissenschaftler, z. B. ein Chemiker, die Reaktionen verschiedener Stoffe in seinem Labor untersucht, muß er bestimmte Vorbereitungen treffen und sein Experiment planmäßig durchführen. Er muß die Geräte aufstellen, ohne die der Versuch nicht durchzuführen ist: Bunsenbrenner, Reagenzgläser, Kolben, Glasleitungen, die verschiedene Behälter verbinden usw. Er muß bei der Durchführung des Experiments auf ein bestimmtes Mengenverhältnis der Stoffe achten, unter Umständen eine bestimmte Temperatur konstant halten — usw. usw. Über eines braucht er sich jedenfalls nicht den Kopf zu zerbrechen: Ihm kann es gleichgültig sein, was seine Stoffe, die er untersucht, denken, planen, meinen. Niemand kommt auf die lächerliche Idee, zu sagen: Wenn ein Naturwissenschaftler nicht weiß, was seine *Gegenstände* denken, planen, meinen, kann er das oft nicht einordnen, was er gerade beobachtet. Auch Biologen, die Lebewesen in der Tierwelt untersuchen, brauchen nicht darüber nachzudenken, ob z. B. im Bienenstaat plötzlich etwas anderes als bisher geschieht, weil die Bienen neuerdings der Meinung sind, die Qualität des Honigs müsse verbessert werden. So etwas erscheint jedem ernsthaften Naturwissenschaftler als widersinnige, unwissenschaftliche Überlegung. Chemische Stoffe und Bienen haben keine Gedanken und Meinungen, deren Vorhandensein das beeinflussen könnte, was der Wissenschaftler beobachtet. Chemische Stoffe und Bienen unterliegen vielmehr Naturgesetzen bzw. Instinkten (als Naturgesetzen des Verhaltens), die vom Wissenschaftler aufgedeckt werden können (wenn seine Theorien etwas taugen).

Für den Soziologen liegen die Verhältnisse in diesem Punkt keineswegs so eindeutig. Er beschäftigt sich mit einer Gattung von Lebewesen, die denken, planen, Meinungen haben und danach meist ihr Handeln ausrichten. Wenn der ‚Gegenstand‘ des Soziologen, irgendein Mensch A in der Gesellschaft (zu dem wir im Folgenden meist — abkürzend — ‚Subjekt‘ sagen wollen) beispielsweise *glaubt* oder *der Meinung ist,* er könne den Bus dort an der Haltestelle noch erreichen, wird er rennen. Ein anderes Subjekt V, das ebenfalls den Bus erreichen will, meint hingegen, es würde ihn nicht mehr einholen; V bleibt stehen.

Obwohl beide die gleiche Absicht haben, nämlich mit einem städtischen Verkehrsmittel weiterzukommen, vollziehen sie auf dem *Hintergrund ihrer Meinung über diese Situation* (A: ‚Ich erreiche den Klapperkasten noch‘; V: ‚Aussichtslos, dafür reicht meine Spurtkraft nicht aus‘) zwei ganz verschiedene Handlungen (Rennen; Stehenbleiben).

Der beobachtende Soziologe S sieht *aufgrund des Planens und Meinens seiner ‚Gegenstände*‘ zwei deutlich voneinander unterschiedene Handlungen. Er macht zwei zu trennende Beobachtungen, die gewissermaßen aus den ‚Theorien‘ folgen, die nicht e r, sondern die Subjekte über die Situation haben, die S untersucht."

Welche Konsequenzen der Soziologe aus dieser Verschiedenartigkeit seiner Erkenntnis- und Forschungssituation zu der des Naturwissenschaftlers zieht, hängt entscheidend davon ab, welche Antworten er auf die Frage gibt, was, wie und wozu er forscht. Die Antwortmöglichkeiten bewegen sich im Rahmen zweier sozialwissenschaftlicher Paradigmen: dem normativen und dem interpretativen Paradigma[5].

Eine knappe idealtypische Gegenüberstellung von beiden Paradigmen zeigt, daß das Wahrheitskriterium des *normativen* Paradigmas die Objektivität ist. Objektiv ist Erkenntnis dann, wenn sie meinungsunabhängig („neutral"), situationsunabhängig und realitätshaltig ist (Reliabilität, Validität). Angestrebt werden hier die Reduktion von Wirklichkeitszusammenhängen auf die kausale Beziehung zwischen zwei Faktoren und Aussagen über allgemeine raum-zeitlich invariante Zusammenhänge. Methodische Kriterien für die Gewinnung solcher wissenschaftlicher Aussagen sind ihre Validität, Reproduzierbarkeit, Standardisierbarkeit und Meßbarkeit.

Sozialwissenschaftler, die dagegen dem *interpretativen* Paradigma verpflichtet sind, fragen nach dem gesellschaftlichen Gehalt (Sinn) von wissenschaftlicher Erkenntnis (Wahrheitskriterium). Sie kommen nicht zu nomothetischen, sondern hermeneutischen Aussagen durch die Interpretation von Sinnzusammenhängen und durch die Rekonstruktion von für diese Interpretation typischen sozialen Situationen. Ihre methodischen Kriterien sind die Möglichkeit der Nachvollziehbarkeit der Aussagen, der Feststellung, daß Forschungssituation und soziale Situation strukturell übereinstimmen und der Konsensbildung über die Stimmigkeit der Interpretation. „Objektivität" stellt sich als Ergebnis dieser Konsensbildung ein.

Diese Gegenüberstellung verdeutlicht, daß die Antworten auf die Fragen nach dem Forschungsgegenstand, nach seiner methodischen Bearbeitung und nach der Verwertung von gewonnenen Ergebnissen sehr unterschiedlich ausfallen[6]. In ihnen kommt nicht zuletzt aber ein unterschiedliches Vorverständnis und Forschungsinteresse zum Ausdruck, womit der zweite Problemkreis der oben skizzierten Einbindung des Soziologen in die Gesellschaft und ihrer Interessenlagen angesprochen ist. Sie bewirkt, daß der Sozialwissenschaftler nicht voraussetzungslos an seine Forschung geht, sondern immer schon eine bestimmte Vorstellung davon hat, was er erforschen, wie er den gewählten Gegenstand methodisch untersuchen will und wozu er dies tut, d. h., was mit den Ergebnissen geschehen soll. Mit anderen

Worten: Sowohl der Entdeckungszusammenhang als auch der Begründungs- und Verwertungszusammenhang[7] von soziologischer Forschung sind interessenbestimmt.

Unter *Entdeckungszusammenhang* versteht man den Anlaß, der zu einem Forschungsvorhaben führt. Besteht dieser in einem Forschungsauftrag durch Dritte, z. B. staatliche Einrichtungen, private Unternehmen etc., dann wird das Forschungsproblem i. d. R. aus dem Interessenshorizont des Auftraggebers definiert. Aber auch die sog. freie Forschung ist nicht frei von Interessen. Hier taucht im Entdeckungszusammenhang die Frage auf, was erforscht werden soll. Ob der Rechtssoziologe die Gründe untersucht, warum 80 % der Strafgefangenen rückfällig werden oder aber eher die Dauer des Zivilprozesses thematisiert, hängt von durchaus unterschiedlichen Interessen ab, mit denen er sich für ein Forschungsthema und gegen andere entscheidet.

Liegt die Entscheidung für einen Forschungsgegenstand fest, dann beginnt im *Begründungszusammenhang* der Untersuchung die Auswahl der Methoden, die Einordnung der Problemstellung in einen weiteren gesellschaftlichen Problembezug anhand von Theorien und Modellen sowie die eigentliche Untersuchung (Datenerhebung und Auswertung). Auch in dieser Phase kommt es entscheidend auf das Interesse an, mit welchem der Soziologe seinen Gegenstand untersuchen will, für welche Methoden und theoretischen Zugangsweisen er sich entscheidet und wie er die gewonnenen Ergebnisse interpretiert. Macht er lieber eine Aktenanalyse oder greift er auf kommunikative Methoden (wie z. B. Interview, Gruppendiskussion mit Angehörigen des Rechtsstabs und Strafgefangenen) zurück, wenn er die Gründe für die hohe Rückfallquote analysieren will? Nimmt er als teilnehmender Beobachter an Zivilprozessen teil oder befragt er Richter und Prozeßbeteiligte, um Aussagen über die Dauer von Zivilprozessen zu gewinnen?

Ganz evident ist die Interessenbestimmtheit des *Verwertungszusammenhangs* von soziologischen Ergebnissen. Die Frage, wer die gewonnenen Ergebnisse wozu verwendet, ist eine Interessenfrage. Wer (Politiker, Justizbürokratie u. a. m.) hat ein Interesse an soziologischen Forschungsergebnissen und zugleich die Macht, über sie zu verfügen? Und welches Interesse hat der Forscher selbst an der Verwertung seiner Ergebnisse? Daß mit dieser außerordentlich wichtigen, die Forschungsethik berührenden, aber letztlich sich als Problem der Definitions- und Verwertungsmacht über Forschungsergebnisse stellende Frage nicht nur die Soziologie, sondern gerade auch solche Wissenschaften konfrontiert sind, die sich als interessenfrei und neutral gerieren, zeigen die Gefahren einer naturwissenschaftlich-technischen Entwicklung von der Steinschleuder zur Atombombe. Erkenntnis, zumal soziologische, und Interesse sind nicht zu trennen.[8]

Zu der Frage, wie das Erkenntnisinteresse zu berücksichtigen ist und welche Folgen dieser Sachverhalt für das methodische Vorgehen und das Selbstverständnis von Soziologie hat, gehen die Meinungen jedoch auseinander. Im wesentlichen lassen sich zwei *Lager* unterscheiden. Das eine steht in der Tradition einer „physique sociale" (A. Comte), die dem naturwissenschaftlichen Ideal exakter und objektiver Erkenntnis der gesellschaftlichen Tatsachen verhaftet bleibt und sich jeder Bewertung dieser Tatsachen zu enthalten habe. Sie begnügt sich damit, ihren Gegenstand zu beschreiben, zu erklären und im Anschluß an die Soziologie M. Webers auch zu verstehen (vgl. dazu 1.2.2) und bleibt damit auf dem Boden eines empirisch-analytischen Wissenschaftsbegriffs (vgl. dazu 1.3.1).

Im anderen Lager wird dagegen geltend gemacht, daß Soziologie ihre Aufgabe verfehlt habe, wenn sie sich auf die bloße „Verdoppelung der Realität" (Adorno) einläßt. Vielmehr bestehe ihre Funktion im Anschluß an die Tradition einer „Oppositionswissenschaft" in der Konfrontation der gesellschaftlichen Tatsachen mit ihrem eigenen Anspruch, d. h. in der auf Veränderung abzielenden Kritik (vgl. dazu 1.2.3). Der Begriff einer solchermaßen kritisch-dialektischen Soziologie wird weiter unten vorgestellt (vgl. dazu 1.3.2) und abschließend der Frage nachgegangen, welcher Stellenwert beiden Wissenschaftsbegriffen für eine kommunikative Rechtssoziologie zukommt (vgl. 1.3.3).

1.2.2 Rechtssoziologische Erkenntnis durch:
Beschreiben, Erklären, Verstehen

Wissenschaft sucht den Zugang zur Wirklichkeit. Für die Soziologie ist diese Wirklichkeit die Gesellschaft oder Teile von ihr, wie z. B. gesellschaftliche Einrichtungen (Familie, Schule etc.) oder Systeme (Politik, Kultur, Recht etc.). Die Ansichten darüber, wie dieser Zugang zu finden ist, gehen auseinander. Es gibt weder eine verbindliche Methodenlehre noch eine Kanonisierung soziologischen Wissens. Soziologie produziert deshalb mehr neue Fragestellungen als sie Antworten gibt. Dies ist ein Ausweis für ihre theoretische Produktivität, aber auch für eine häufig mangelnde Verwertbarkeit von

34

soziologischen Ergebnissen. Zugang zur sozialen Wirklichkeit gewinnt der Soziologe durch Theorien. Bei einer Theorie handelt es sich um ein Bündel von Aussagen, die logisch miteinander verbunden und widerspruchsfrei sind (Hypothesen). Hypothesen kommen durch Verallgemeinerungen von Erfahrungswissen zustande, wie wir sie alltäglich vornehmen. Wissenschaftliche Erkenntnis setzt nun voraus, daß die Hypothesen überprüft werden, indem sie einem Falsifikationstest unterworfen werden. Hat sich die Hypothese anhand der empirischen Überprüfung[9] erhärtet, dann darf sie als vorläufig gesichert gelten. Dies mag dem nach „gesicherten Erkenntnissen" verlangenden Juristen ungenügend erscheinen. „Dieser Anspruch ist jedoch illusionär: was als gesichert gilt, ist ein immer nur vorläufiger Konsens der beteiligten Wissenschaftler – bis zu dem Tag, da eine überlegene Theorie den heutigen Erkenntnistand überholt" (E. Blankenburg 1975, S. 14). Die Frage, wie Theorien als Hypothesensysteme zustandekommen, gibt zugleich auch Aufschluß über die Aufgabe, die ihnen zugeschrieben wird, d. h. über das Interesse, welches auf Seiten des Soziologen mit ihnen verbunden ist.

Von Anfang an sah eine vornehmlich empirisch orientierte Soziologie ihre Aufgabe darin, die sozialen Tatsachen *zu beschreiben*. Ihre Absicht war es, die Gesetze, nach denen die Gesellschaft funktioniert, möglichst mit naturwissenschaftlicher Exaktheit zu dechiffrieren. Auf der Grundlage solchermaßen offengelegter sozialer Gesetzmäßigkeiten sollten zukünftige Ereignisse vorhersehbar und planbar sein. Das Erkenntnisinteresse, das mit der Beschreibung der sozialen Tatsachen einhergeht, ist demnach ein sozialtechnologisches: Savoir pour prevoir (A. Comte). Hierzu reicht jedoch die bloße Deskription von sozialen Tatsachen nicht aus. So vermag, um ein Beispiel von E. Blankenburg (1975, S. 10) zu zitieren, eine kriminologische Fallsammlung zwar die Vorgänge offenzulegen, die zu einem Eifersuchtsmord führen. Sie erklärt jedoch nicht, warum es zu einem Eifersuchtsmord gekommen ist. *Erklärende* Kraft und damit hypothetischen Charakter erhält die Beschreibung erst dann, wenn wir die beschriebenen Vorgänge „unter ein Gesetz bringen". Solche Erklärungen sind in der Beschreibung bereits angelegt, weil wir kraft unseres Erfahrungswissens „Beschreibungen im allgemeinen schon Erklärungen entnehmen, weil wir in der Beschreibung allgemeine Gesetze erkennen: Etwa, daß ein eifersüchtiger Ehemann, wenn er die Ehebrecher auf frischer Tat ertappt, in diesem Moment von solcher Wut gepackt wird, daß er zur Pistole greift und schießt.

Die Reaktion des Ehemannes erscheint uns verständlich und durch die Umstände erklärt, weil wir wissen: Eifersucht reißt zu besonders starken Affekten hin, und: im Affekt werden oft besonders harte Sanktionen vollzogen. Die Beschreibungen erregen also deshalb in uns den Eindruck, Vorgänge erklärt zu haben, weil wir in ihnen allgemeine Gesetzmäßigkeiten erkennen können" (ebd.).

Erklärungen werden als empirisch überprüfbare zu Hypothesen, wenn sie folgenden Erfordernissen genügen:

— Definitionen enthalten, die in Form von beschreibenden Aussagen den Forschungsgegenstand ordnen;
— Gesetze in Form von allgemeinen Aussagen offenlegen und
— empirisch prüfbare Prognosen aufstellen, die aus den Gesetzen abgeleitet und intersubjektiver Beurteilung zugänglich sind (vgl. E. Blankenburg 1975, S. 11).

Erklären kann der Soziologe i. d. R. aber nur dann, wenn er *„versteht"*, was in den Köpfen seiner Forschungsobjekte vorgeht. M. Weber[10] hat darauf hingewiesen, daß es gerade die Wert- und Sinnorientierung des menschlichen Handelns ist, das gesellschaftliche Vorgänge von Naturvorgängen unterscheidet. Soziologie sei deshalb nicht, wie Comte und im Anschluß das positivistische Lager der Soziologie meinten, als soziale Physik, sondern als „verstehende" Soziologie zu betreiben. Zugang zur sozialen Wirklichkeit gewinnt der Soziologe — wie mit den folgenden Beispielen belegt werden soll — durch Verstehen.

„Nehmen wir an, er beobachte die Vorgänge in einer Stadt. Angenommen auch, es fänden gleichzeitig zwei verschiedene Ereignisse ungefähr in der gleichen Gegend statt: an der einen Stelle brennt es, nicht weit entfernt davon hat eine Demonstration begonnen. Er sieht eine Menge von Leuten, die laut schreiend in eine bestimmte Richtung laufen. Mit welcher Art gesellschaftlichen Ereignisses, so fragt er sich, habe ich es hier zu tun? Wenn er weiß, daß die Leute der Meinung sind, es brenne in der Brembelgasse, wird er sich sagen: ‚Ich beobachte zur Zeit eine Masse von Sensationshungrigen'. Wenn er hingegen weiß, daß Leute die Absicht hatten zu demonstrieren, wird er die Vermutung äußern: ‚Es handelt sich um eine Flucht vor der Polizei'. Und diese Aussagen können sogar *richtig* sein, unabhängig davon, ob es *tatsächlich* brennt bzw. die Polizei *tatsächlich* hinter den Leuten her ist. Wenn die Menschen *meinen*, etwas sei der Fall, dann verhalten sie sich oft so, als sei es *tatsächlich* der Fall. Anders ausgedrückt: Selbst wenn es in *Wahrheit* gar nicht brennt, wenn die Leute *glauben*, es brenne irgendwo, vollziehen sie unter Umständen all die Handlungen, die sich auch beim tatsächlichen Ereignis vollzögen.

Beobachtet hat der Soziologe S in *beiden Fällen* das Gleiche: Eine Masse von Personen, die in eine bestimmte Richtung rennen. Aber was da *genau* vor sich geht, ob es ein Rennen zur Feuerstelle oder eine Flucht vor der Ordnungsmacht ist, das weiß er nicht ohne gewisse Vorkenntnis davon, was in den Köpfen der Leute vor sich geht. Um herauszubekommen, was sich vor seinen Augen abspielt, hätte S natürlich die Personen fragen können, was sie vorhaben. Aber selbst dann müßte ihm klarsein, *was für seinen ,Gegenstand'*, nicht bloß für ihn selbst, bedeutet, an einer Demonstration teilzunehmen. Andernfalls könnte er vielleicht über etwas reden, was gar keine Beziehung zu seinem ,,Objekt'' hat. S beobachtet beispielsweise, daß Menschen Zettel in eine Urne werfen. Wenn S nicht geklärt hat, daß die Leute selbst die Regeln einer Wahl in einem gewissen Grad bewußt anwenden, wüßte er nicht, was los ist. Es ginge *etwas anderes* vor sich, wenn die Beobachteten meinten, sie beteiligten sich an einer Lotterie. Ein letztes Beispiel: Angenommen, ein Soziologe untersuche menschliche Tätigkeiten und Beziehungen an einem Arbeitsplatz. Es soll uns gleichgültig sein, was ihn zu seiner Fragestellung veranlaßt hat, er wolle jedenfalls wissen, wie die Beziehungen des Betriebsmitgliedes A zu dessen Vorgesetzten V aussehen. In diesem Falle muß er schon etwas darüber wissen oder erahnen, *was* A und V *selbst von ihrer Beziehung halten.* Angenommen, sie seien der (für manche Soziologen irrigen) Meinung, ihre Beziehung sei eine ,partnerschaftliche', *dann geht im Betrieb* (wenigstens an dieser Stelle des Betriebs), *in der Wirklichkeit, etwas ganz anderes vor sich* als dann, wenn A und/oder V glauben, sie stünden in einem ,Ausbeutungsverhältnis' zueinander.'' (Arbeitsgruppe Soziologie 1978, S. 12f.).

Der Erkenntnisprozeß ,,verstehender'' Soziologie läßt sich mit folgendem Schema[11] verdeutlichen. Es stellt die Untersuchung eines gesellschaftlichen Einzelvorgangs dar: die Beziehung zwischen A und V (s. S. 38).

Wozu aber will Soziologie die sozialen Vorgänge überhaupt verstehen? Die Frage nach dem Erkenntnisinteresse stellt sich für die ,,verstehende'' Soziologie ebenso, wie für eine Soziologie, die sich mit der bloßen Beschreibung von sozialen Tatbeständen und ihrer Erklärung bescheidet. Sie stellt sich eher noch dringlicher; denn wel-

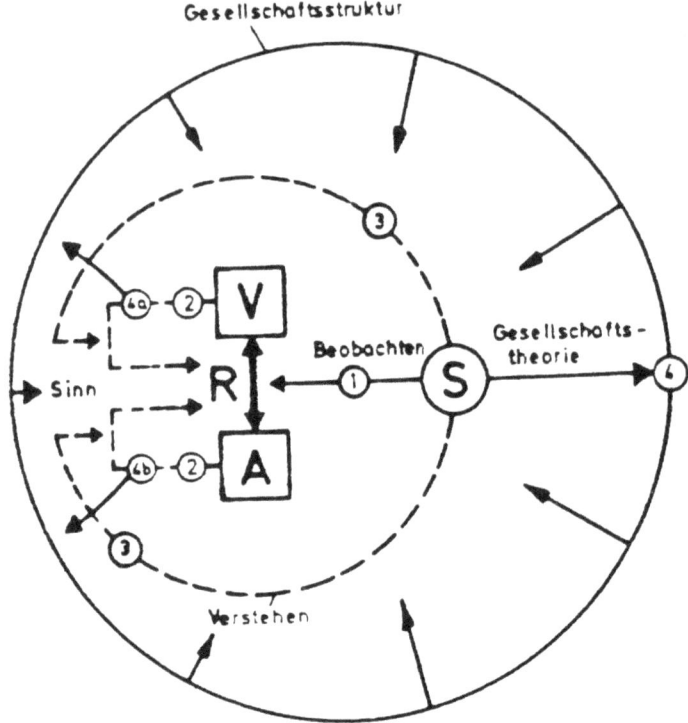

- Die Linie (1) bedeutet: Der Soziologe *beobachtet* einen Vorgang R. Er sieht, was A und V im Verhältnis zueinander (Relation R) tun (z. B. V kritisiert dauernd die Tätigkeit von A etc.).
- Die gestrichelte Linie (2) bedeutet: Die Personen A und V haben selbst Meinungen über ihre Beziehung R, darüber, was sie im Verhältnis zueinander tun und tun sollten. Für jeden von ihnen verbindet sich mit dem Tun des anderen ein bestimmter „Sinn", und diese Auffassung über den „Sinn", die Bedeutung, die tatsächliche und die wünschenswerte Art ihrer Beziehung haben einen Einfluß darauf, wie ihre Beziehung wirklich ausfällt.
- Die gestrichelte Linie (3) bedeutet: Der Soziologe muß etwas über 2 herausbekommen. Er muß „verstehen" können, was die Leute, die er untersucht, selbst vom Vorgang R halten, wissen, was sie in bezug auf diesen wollen usw.
- Die Linie (4) bedeutet die Information über breitere gesellschaftliche Zusammenhänge, auf die der Soziologe bei der Untersuchung des Vorgangs R zurückgreift. Allgemein-gesellschaftliche Prozesse können direkt oder indirekt auf die Beziehung R einwirken.
- (4a) und (4b) deuten an, daß es auch bei den Untersuchten in die Richtung auf Gesellschaft zielende Vermutungen geben kann.

38

chen Zweck hat Soziologie, wenn sie doch nur Aussagen über das macht, was ohnehin die Menschen wissen, wollen und tun?

Zum einen, so wird man antworten können, wird die Verhaltensorientierung an Normen und Werten genauer, weil wissenschaftlich begründet, feststellbar sein. Zum anderen aber kann solche Soziologie den gesellschaftlichen Zusammenhang, d. h. den Einfluß gesellschaftlicher Faktoren auf das konkrete Verhalten der Gesellschaftsmitglieder offenlegen.

Nicht zuletzt aber liegt das Interesse einer verstehenden Soziologie auch in der Feststellung von Widersprüchen, z. B. zwischen dem, was die Menschen von ihren sozialen Beziehungen wissen und meinen und den gesellschaftlichen Tatsachen. Aufgabe der Soziologie ist es dann, auf Vorurteile, „falsches" Bewußtsein und Ideologien zu verweisen. Damit wird bereits die Grenze zu einer Soziologie überschritten, die den Anspruch einlösen will, mit dem die Menschen überhaupt begonnen haben, über ihre gesellschaftlichen Verhältnisse nachzudenken: um sie im Gebrauch kritischer Vernunft selbst zu gestalten.

1.2.3 Rechtssoziologische Erkenntnis durch:
Kritisieren und Verändern

„Wofür arbeitet ihr? Ich halte dafür, daß das einzige Ziel der Wissenschaft darin besteht, die Mühseligkeit der menschlichen Existenz zu erleichtern. Wenn Wissenschaftler, eingeschüchtert durch selbstsüchtige Machthaber, sich damit begnügen, Wissen um des Wissens willen aufzuhäufen, kann die Wissenschaft zum Krüppel gemacht werden, und eure neuen Maschinen mögen nur neue Drangsale bedeuten. Ihr mögt mit der Zeit alles entdecken, was es zu entdecken gibt, und euer Fortschritt wird doch nur ein Fortschritt von der Menschheit weg sein" (Galileo)[12].

Die hier von Brecht kritisierte Anhäufung von Wissen um des Wissens willen und die geforderte Ausrichtung der wissenschaftlichen Erkenntnis auf die menschliche Existenz hin, bezeichnen die essentials einer Soziologie, die ihren Zugriff auf die gesellschaftliche Wirklichkeit in der auf Wirklichkeitsgestaltung fundierenden Kritik sucht. Sie will nicht nur „zeigen, was ohnehin geschieht" (Schelsky), sondern offenlegen, „was wir ohnehin machen, tun und handeln müssen, sei es bewußt oder unbewußt" (Habermas). Der geforderte Blick hinter die Fassade der gesellschaftlichen Tatsachen ist allerdings nur dann sinnvoll, wenn wir dort nicht sozio-kulturelle Invarianzen vermuten, die quasi naturgeschichtlich die gesellschaftlichen Verhältnisse bestimmen. „Denn an Naturgesetzen gibt es nichts zu kritisieren, man kann sie nur erkennen, und als gültig anerkennen, um sich ihrer Kräfte dienstbar zumachen und ihren Bedrohungen zu entgehen". (R. Kreckel 1976, S. 86)

An diesem Punkt scheiden sich die Vorstellungen einer soziologischen Aufgabenzuschreibung, die das Soziale aus dem Sozialen erklären will und hierzu lediglich das beschreibt, was ist und einer Soziologie, die zwar auch benennen will, „was das Getriebe insgeheim zusammenhält", (Th. W. Adorno 1965, S. 11) deren Absicht sich jedoch nicht darin erschöpft, Ungereimtheiten des gesellschaftlichen Systems, d. h. Sand im Getriebe aufzuzeigen, sondern, die auch fragt, „wozu das ganze Getriebe gut sei" (Th. W. Adorno). Solche Kritik macht geltend, daß sich Soziologie nicht bei der Auseinandersetzung über Mittel-Zweck-Relationen, d. h. bei der Suche nach geeigneten Mitteln zur Erreichung vorgegebener Zwecke stehenbleiben dürfe. Über der Problematisierung des „Wie" (der Mittelfrage) verdränge man mit „halbierter Rationalität" (Habermas) die Frage nach den Zwecken selbst. Das bloße Sammeln und Interpretieren von Daten und Fakten sowie das Festlegen von Begriffen und ihrer Interdependenz verhindere, daß sich der soziologische Blick vom „Sein" löst und auf das „Sollen" richtet. „Aber nur im Geiste der Kritik", so Adorno, „ist Wissenschaft mehr als die bloße Verdoppelung der Realität durch den Gedanken, und die Realität erklären heißt allemal auch den Bann der Verdoppelung brechen. Solche Kritik aber bedeutet nicht Subjektivismus, sondern die Konfrontation des Gegenstandes mit seinem eigenen Begriff". (Institut für Sozialforschung 1974 (1956), S. 18)

Von Comte bis Weber, Durkheim und die Renaissance des Positivismus in der modernen Soziologie („Kölner Schule") fand Soziologie ihren Stolz darin, sich nicht zu erheben über das, was ist. Sie beschied sich mit dem Beschreiben, Erklären und Verstehen der sozialen Tatsachen. Der Impuls der Philosophie, daß das Sollen das Sein verändern könnte, wich der nüchternen Akzeptation des Seins als Sollen. Die Frage danach, was Gesellschaft ihrem eigenen Anspruch gemäß sein sollte und könnte, wird in den Bereich vorwissenschaftlicher Spekulation oder nachwissenschaftlicher Bewertung der mit dem Anspruch wertneutraler Forschung gewonnenen Ergebnisse abgeschoben. Freilich: „Wann immer sich die Stimme der Wissenschaftlichkeit am pathetischsten erhebt, kann man sicher sein, daß sie etwas sich selbst verbietet, und zwar genau das, weswegen die

Menschen eigentlich über die Gesellschaft nachdachten" (Institut für Sozialforschung 1974 (1956), S. 14).

Demgegenüber gewinnt eine Soziologie, die sich ihre eigene historische Herkunft aus dem objektiven Zusammenhang von Interessen, Ideologien und Ideen bewußt macht, eine Dimension der Kritik als historische Soziologie.[13] Weitere Merkmale dieser Kritik sind ihre Reflexivität[14] und Praxisorientierung.

Solche Kritik, „welche über die unbegrenzte intellektuelle Redlichkeit hinaus auch in die politische Verantwortung und Praxis drängt, muß immer wieder an die Notwendigkeit kritischen Zweifels gegen sich selbst und an ihr Verhältnis zum Kreis der Adressaten erinnert werden, deren Emanzipation ihr Verpflichtung und Aufgabe ist. Wenn Kritik selbst an der politischen Entscheidung und Tat beteiligt sein will, wenn sie über ihre als sicher geglaubte Einsicht in die notwendigen Maßnahmen zur Realisierung der moralischen Werte auch die Macht beansprucht, ihre Einsichten durchzusetzen, dann genügt es nicht mehr, Fragwürdigkeiten und Unzulänglichkeiten aufzuzeigen, für deren Beseitigung man aus elitär einsamer Erkenntnis heraus sich einsetzt. Politisch-praktische Kritik korrumpiert sich selbst, wenn sie nicht auch daran denkt, das kritische Bewußtsein und die intellektuellen und sozialen Voraussetzungen dazu auch für diejenigen zu schaffen, deren sozialer Situation sie sich verantwortlich weiß. Kritik ist mehr als Verantwortung nur gegen den eigenen moralischen Maßstäben und Prinzipien. Sie ist immer auch Verantwortung gegenüber anderen, für die zu klären ist, ob und inwieweit sie es ertragen, mit der Kritik und insbesondere mit den aus der Kritik sich ergebenden praktisch-politischen Maßnahmen zu leben." (G. Hartfiel 1970, S. 12f.)

Rufen wir uns das einleitende Ziel von Brecht in Erinnerung. Kritik ist nicht als l'art pour l'art zu betreiben. Sie bleibt einem emanzipatorischen Erkenntnisinteresse[15] verpflichtet. Dies besagt, daß die kritische Durchleuchtung der gesellschaftlichen Verhältnisse auf deren praktische Gestaltung im Interesse von Aufklärung und Mündigkeit der Gesellschaftsmitglieder abzielt. Das Interesse an soziologischer Erkenntnis gerinnt zum Interesse an sozialer Emanzipation.

Was folgt daraus für den wissenschaftstheoretischen Begriff *der Rechtssoziologie?*

1.3 Wissenschaftsbegriff:
Wie versteht sich die Rechtssoziologie als Wissenschaft selbst?

Mit den Ausführungen zu den verschiedenen soziologischen Zugangsweisen zur Erschließung der sozialen Wirklichkeit ist bereits deutlich geworden, daß hiermit unterschiedliche Vorstellungen von Aufgabe, Vorgehensweise und Zielsetzung von Soziologie einhergehen, kurz, daß die Methodologie von Soziologie jeweils Ausdruck ihres Wissenschaftsbegriffs ist. Sowohl in ihrer wissenschaftsgeschichtlichen Entwicklung als auch aktuellen Ausprägung läßt sich eine empirisch-analytische von einer kritisch-dialektischen Soziologie unterscheiden.[16] Ihre folgende grobe Skizze verfolgt drei Ziele:

- auf der *theoretischen* Ebene will sie die wesentlichen Anleihen von Rechtssoziologie bei der soziologischen Theoriebildung verdeutlichen und erklären, warum E. Ehrlich, Th. Geiger, M. Weber, K. LLewellyn und M. Rehbinder in der Tradition einer empirisch-analytischen und K. Marx, H. Sinzheimer und H. Ryffel in der Tradition einer kritisch-dialektischen Soziologie stehen;
- in *methodologischer* Hinsicht sollen die aufgezeigten Vorgehensweisen, Erkenntnisinteressen, Paradigmen von Soziologie auf ihren wissenschaftstheoretischen Begriff gebracht werden.
- Nicht zuletzt aber wirft der Wissenschaftsbegriff *methodische* Folgeprobleme des unterschiedlichen Erkenntnisinteresses und Wissenschaftsverständnisses auf, die im folgenden Kapitel zu behandeln und hier in ihrer wissenschaftsbegrifflichen Begründung aufzuzeigen sind.

1.3.1 Die empirisch-analytische Rechtssoziologie

Der empirisch-analytische Ansatz in der Soziologie beruht auf der *Prämisse* einer unauflöslichen Verbindung von Theorie und Forschung. Theorien, heißt es bei K. R. Popper, einem der großen Vordenker dieser Richtung, sind Netze, die wir auswerfen, um die soziale Wirklichkeit einzufangen. Hierfür taugen sie allerdings nur dann, wenn sie ständig einer Erfolgskontrolle unterzogen werden, d. h. der wiederholbaren und nachprüfbaren Erfahrung. Eine Aussage läßt sich als falsch erweisen, sie ist falsifiziert, wenn sie an der Realität scheitert. (Vgl. H. Albert 1968, S. 33)

Das *Ziel* dieses Ansatzes ist es deshalb, die soziale Realität selbst so weit als möglich einzufangen, um durch eine solchermaßen erfahrungsgeleitete Theorie anhand von Erklärungen Prognosen aufstellen zu können. Hierzu bedarf es möglichst verallgemeinerungsfähiger Aussagen, d. h. Erklärungen sollen an allgemeine Gesetzmäßigkeiten gebunden werden. Dem liegt die Vorstellung zugrunde, daß die Gesellschaft wie die Natur nach allgemeinen und vom Forscher erkennbaren Gesetzen funktioniere: „Warum sollte das in den Sozialwissenschaften anders sein als in den Naturwissenschaften?" (H. Albert (Hrsg.) 1964, S. 41, Anm. 54) Bei solchen Erklärungen handelt es sich i. d. R. um Wenn-dann-Sätze. Wenn die Bedingungen X vorliegen, dann treten die Ereignisse Y ein. Ryffel macht darauf aufmerksam, daß solche erklärende Theorie in eine Technologie umgeformt werden kann. „Die Soziologie wird dann zur Sozialtechnologie" (H. Ryffel 1974, S. 184).

Die *Methodik* der empirisch-analytischen Soziologie wurde im wesentlichen oben (vgl. 1.2.2) skizziert. Ihr geht es um das Sammeln und Interpretieren von Fakten, die Deskription von Tatbeständen und ihre Erklärung anhand von Hypothesen, die Falsifikationstests unterworfen werden. Dabei wird die Frage nach dem Fundament der Erkenntnis gelöst durch Konvention. Objektiv ist, was intersubjektiv, d. h. in der Gemeinschaft der Forscher, anerkannt ist.

Der empirisch-analytische Ansatz in der Soziologie hat in der Rechtssoziologie Tradition und sich in der modernen Rechtssoziologie durchgesetzt. Die Tradition reicht zurück bis A. Comte. Sie setzt sich fort in der Rechtssoziologie Durkheims[17] und Ehrlichs. Sie kommt insbesondere zum Ausdruck in Th. Geigers Wertnihilismus und M. Webers Wertfreiheitspostulat. So läßt Geigers Konzeption erkennen, daß es ihm unter Absehung von den Bedürfnissen und Wertvorstellungen der Rechtsgenossen und von gesellschaftlichen Interessen, die die soziale Ordnung bedingen, lediglich darum geht, zu erkennen, *wie* das soziale Leben durch das Recht geregelt wird.[18]

Ebensowenig gibt die verstehende Soziologie M. Webers eine Antwort auf die Frage: „Was sollen wir tun? Wie sollen wir leben?" (M. Weber 1968 (1920), S. 598) Soziologische Aussagen bleiben rein instrumental. Sie geben an, welche Mittel geeignet sind, einen bestimmten Zweck zu erreichen. Der Zweck selbst entzieht sich jedoch wissenschaftlicher Fragestellung. Dabei übersieht Weber jedoch keineswegs, daß dem Forschungsgegenstand Wertungen und Normen zugrunde liegen. Die Sinnorientierung menschlichen Verhaltens gilt es ja gerade zu *verstehen*. Auch die Auswahl des Untersuchungsgegenstandes ist keineswegs wertfrei. Der Soziologe hat sich aber einer eigenen Wertung seiner wissenschaftlichen Aussagen zu enthalten.

In der neueren Rechtssoziologie findet sich der empirisch-analytische Ansatz in solchen Konzeptionen, die sich um die Brauchbarkeit der Soziologie für den Juristen bemühen[19], die die gesellschaftliche Effektivität von Rechtssoziologie von deren Fähigkeit abhängig machen, sozialtechnologisch verwertbare Aussagen zu produzieren[20] und die die Rechtssoziologie als reine Erfahrungswissenschaft begreifen.[21]

Daß sich der empirisch-analytische Ansatz in der Rechtssoziologie weitgehend durchgesetzt hat, mag zum einen mit der Faszination zusammenhängen, die eine empirisch fundierte Lösung von juristischen Erklärungsproblemen auf den sozialwissenschaftlich aufgeschlossenen Juristen ausübt. Zum anderen scheint aber die Brauchbarkeit dieser Rechtssoziologie für den Juristen gerade auch in ihrer Selbstbeschränkung auf die Untersuchung der Wirklichkeit des Rechts zu liegen, ohne dessen Sollensanspruch zu thematisieren. Als Wirklichkeits- oder Erfahrungswissenschaft des Rechts kommt Rechtssoziologie einer als Normwissenschaft begriffenen Jurisprudenz nicht ins Gehege. Die neukantianische Trennung von Sein und Sollen reproduziert sich auf der Ebene wissenschaftlicher Disziplinen und ermöglicht ihre gefahrlose aber auch kritikwürdige gegenseitige Ausgrenzung mit dem Ergebnis, daß Juristen von Fall zu Fall auf empirisch fundierte rechtssoziologische Erklärungen zurückgreifen und die Rechtssoziologie die Verwertung ihrer Ergebnisse „einem erkenntnisblinden Dezisionismus" (R. Zippelius 1980, S. 21) überläßt.

Kritisch ist gegen den empirisch-analytischen Ansatz in der Rechtssoziologie im besonderen und in der Soziologie im allgemeinen auch einzuwenden,

- daß er die Funktion des Rechts verkürzt auf ein Instrument des social engineering und seine anderen gesellschaftlichen Funktionen weitgehend außer acht läßt (vgl. 3.4 - 3.6) und
- daß diese Perspektivenverengung sich in der Tendenz dieser Soziologie fortsetzt, „die Wirklichkeit methodisch so zu verfremden, daß die Realphänomene, auf die es in unserer Lebenswelt und insbesondere in der sinnhaften Bewältigung und Gestaltung unseres Daseins ankommt, außer Sicht geraten" (H. Ryffel 1974, S. 185).

Dies ist der Preis, den empirisch-analytische Soziologie für den rein instrumentellen Gebrauch von wissenschaftlicher Vernunft zu zahlen hat. Damit ist die „positivistische Verengung des Erkenntnisfeldes auf die wahrnehmbaren Gegebenheiten und auf ein ‚instrumentelles‘, zu den verschiedensten Zwecken einsetzbares Erfahrungswissen" gemeint (R. Zippelius 1980, S 22), ohne daß die Zwecke selbst mit Vernunftgründen räsoniert werden.

1.3.2 Die kritisch-dialektische Rechtssoziologie

Im Unterschied zum empirisch-analytischen Ansatz geht die kritisch-dialektische Soziologie von der *Prämisse* aus, daß nicht die Faktizitätskontrolle, sondern ein historischer Begriff des gesellschaftlichen Ganzen – Adorno nennt ihn die „Totalität" – Ausgangspunkt des soziologischen Denkens zu sein hat.

Das *Ziel* dieses Denkens besteht in der Erstellung kritischer Gesellschaftsanalyse. Sie will „die Starrheit des hier und heute fixierten Gegenstands auflösen in ein Spannungsverhältnis des Möglichen und des Wirklichen: jedes von beiden ist, um nur sein zu können, aufs andere angewiesen", weshalb Theorie „unabdingbar kritisch‘, ist (Th. W. Adorno 1965, S. 512). Um das Wirkliche zu erkennen, muß man es mit dem in ihm angelegten Möglichen konfrontieren. Dies bezeichnet den Kerngehalt der Kritik. Hierbei können die Ergebnisse der empirisch-analytischen Soziologie durchaus eine wichtige Rolle spielen. Sie werden jedoch, worauf Ryffel hinweist, eingebaut in einen normativen Rahmen mit Orientierungsfunktion für die gesellschaftlich gestaltende Praxis dieser Theorie. „Es geht um das kritische Selbstverständnis des gesellschaftlich und politisch handelnden Menschen im Hinblick auf eine menschenwürdige Einrichtung des Daseins" (H. Ryffel 1974, S. 187). Die beanspruchte Einheit von Theorie und Praxis[22] muß letztlich methodisch eingelöst werden.

Die *Methode* der kritisch-dialektischen Soziologie, der Name besagt es bereits, ist die Dialektik. Damit ist ein Begriff eingeführt, der im Anschluß an Hegel und Marx in der Philosophie und Soziologie eine starke Konjunktur durchgemacht hat, inzwischen aber fast zum alltagssprachlichen Allgemeinplatz verkommen ist. Gelegentlich wird mit ihm nicht zu Unrecht auch ein gewisser Dogmatismus assoziiert, in dem dialektisches orthodox-marxistisches Denken erstarrt ist. „Wenn Dialektik irgendetwas ist, dann ist sie eine Methode", schreibt Bubner (1973, S. 129), und zwar die Methode, mit der die kritische Soziologie praktisch wird, denn: „Hier wird durch die Behauptung einer gegenstandsadäquaten Methode, die von der jeweiligen ‚Sache‘ selbst vorgeschrieben ist, die Grenze zwischen ‚Wirklichkeitselement‘ und ‚Theorieelement‘ von vornherein verwischt (...). Die Theorie ist, überspitzt ausgedrückt, kein Erkenntnisinstrument, sie ist nur die Wirklichkeit in einer anderen Form". (W. D. Narr 1972, S. 69) „Von der jeweiligen Sache selbst", d. h. von den gesellschaftlichen Verhältnissen „vorgeschrieben" ist diese Methode insoweit, als sie deren Widersprüche thematisiert. Hierzu konfrontiert sie die gesellschaftlichen Tatsachen, wie sie sind, mit dem, was sie zu sein vorgeben, z. B. die Verfassungswirklichkeit restriktiver Eingriffe in die Menschenwürde und in die freie Entfaltung der Persönlichkeit in der Arbeitswelt mit dem Verfassungsanspruch der Art. 1I GG und Art. 2I GG. Hierzu konfrontiert sie weiterhin die gesellschaftliche Wirklichkeit des Menschen mit dessen Bestimmung als eines von Unterdrückung und Bevormundung freien Wesens. D. h. aber: kritisch-dialektische Soziologie ist negative Kritik und positiver Gestaltungsentwurf zugleich. Sie bewahrt die bürgerliche Idee von einem menschenwürdigen Leben und einer guten Ordnung und kritisiert deren mangelnde Einlösung in der Gegenwartsgesellschaft. Sie arbeitet demnach – um mit Habermas zu sprechen – am „Projekt der Moderne".[2 3]

In diesem Projekt der gesellschaftlich-realen Einlösung eines Versprechens, das das bürgerlich-liberale Gesellschaftsideal gab, aber nur für eine begrenzte gesellschaftliche Gruppe verwirklichen konnte, kommt dem Recht eine vornehme Aufgabe zu: als rechtsstaatliches *Schutzinstrument* der Benachteiligten gegen die Folgekosten von „freier" Interessenwahrnehmung – eine Funktion, die gerade das Arbeitsrecht, entstanden als Arbeiterschutzrecht historisch erfüllen sollte – und als sozialstaatliches *Gestaltungsinstrument* für den Entwurf einer menschenwürdigen Gesellschaft.

Die kritisch-dialektische Rechtssoziologie nimmt ihren Ausgang in der Marxschen Kritik des Rechts als Herrschaftsinstrument der bürgerlichen Klasse. Sie erreicht eine erste Ausformulierung von hohem theoretischen Niveau im Werk von H. Sinzheimer. Dieser bleibt nicht bei der negativen Kritik des herrschenden Rechts stehen, sondern kommt von der soziologischen Kritik der Rechtswirklichkeit – genauer: durch die Analyse der sozialen und d. h. für ihn empirischen Funktion der Rechtsnorm (vgl. H. Sinzheimer 1976, (1935), S. 117) – zu einer positiven Bestimmung des Rechts als sozialpolitischem Gestaltungsinstrument. Theorie und Praxis, Rechtssoziologie und Rechtspolitik sind für Sinzheimer untrennbar miteinander verbunden. Dies wird insbesondere in seinen Arbeiten zum Arbeitsrecht, und damit zu jenem Rechtssystem deutlich, das auf kritisch-soziologischer Grundlage konstruiert werden sollte. So stellt Sinzheimer in seinem Beitrag „Die Demokratisierung des Arbeitsverhältnisses" (1928) unter der Überschrift „Vom Sachenrecht über das Schuldrecht zum Arbeitsrecht" fest: „Erst wenn die freiheitliche Entwicklung der Arbeit mit der gemeinheitsrechtlichen Entwicklung des Eigentums zusammentrifft, wird die Arbeit frei sein, d. h. frei von jeder privaten Ausbeutung, frei zum Dienste an einem Ganzen, frei für ein menschenwürdiges Dasein" (S. 127). In diesem Zitat finden wir gleich mehrere Kriterien der kritisch-dialektischen Theorie:

- Die Einheit von Theorie („gemeinheitsrechtliche Entwicklung des Eigentums") und Praxis („die freiheitliche Entwicklung der Arbeit"),
- die Kritik der herrschenden Verhältnisse („Private Ausbeutung") und
- die Vorstellung von einer besseren Gesellschaft („ein menschenwürdiges Dasein").

In der Tradition der kritisch-dialektischen Rechtssoziologie stehen neuere rechtstheoretische Arbeiten[24] und zahlreiche Studien der modernen Justizsoziologie. Sie haben Ende der 60er/Anfang der 70er Jahre zu einer öffentlichen Diskussion der Justizreform, Reform der Richterausbildung und des rechtswissenschaftlichen Studiums geführt.[25]

Inzwischen sind die von einer kritisch-dialektischen Rechtssoziologie aufgeworfenen Wogen geglättet. Die wissenschaftliche Funkstille aus dieser Richtung geht einher mit einer — wie einleitend skizziert — spürbaren Verknappung von Forschungsressourcen, Einschränkung von institutioneller Absicherung und einer Tendenzwende in der soziologischen Diskussion, die auch in der Rechtssoziologie ihre Auswirkungen zeitigt.

Zum guten Teil erklärt sich die Tatsache, daß die empirisch-analytische Rechtssoziologie zur herrschenden avancieren konnte jedoch auch aus den Mängeln des kritisch-dialektischen Ansatzes selbst. Zum einen krankt seine Methode am Dilemma der negativen Dialektik, wonach kritische Gesellschafts- und Rechtstheorie möglicherweise „den Augenblick ihrer Verwirklichung versäumt" (Th. W. Adorno 1966, S. 13) habe. Kritisch-dialektische Rechtstheorie verkümmert deshalb leicht zur rein negativen Rechtskritik, die praxislos bleibt und umgekehrt: die herrschende Rechtspraxis wird nicht mehr aufgearbeitet in einer soziologisch-kritischen Theorie. Zum anderen verschließt sich das Denken in Widersprüchen seiner glatten Einpassung in politisch-praktische Konzepte von kurzer Reichweite. Es läßt sich schwerlich instrumentalisieren. Dies ist in einer Zeit, wo eher instrumentaler Rat denn grundsätzliche Kritik gefordert wird, der praktischen Verwertbarkeit von Ergebnissen dieser Rechtssoziologie abträglich.[26]

Demgegenüber muß jedoch mit Ryffel festgehalten werden, daß allein dieser Ansatz der Rechtssoziologie — insbesondere dann, wenn er die verstehende Soziologie integriert — dem Phänomen des Rechts angemessen ist. „Die empirisch-analytische Theorie beschränkt sich darauf, das nun einmal Gegebene zu zergliedern und paßt sich so dem Gegebenen an, obwohl dieses in einem weiteren Gesamtzusammenhang von Theorie und Praxis steht, der über das Gegebene hinausgreift, auf den aber nicht reflektiert wird. Eine kritische Theorie greift über das Gegebene hinaus, das sie freilich auch feststellen muß, aber immer schon im Hinblick auf die mögliche Kritik, die an jeweils obersten, wenn auch stets revisionsfähigen Maßstäben orientiert ist" (H. Ryffel 1974, S. 201). Kurz: Soziologische Rechtsanalyse, will sie nicht nur affirmativ sein, darf unter Wahrung des kritischen Potentials dieses Ansatzes nicht mehr hinter seinen gesellschaftskritischen Anspruch und hinter die Forderung nach seiner praktischen Einlösung zurückfallen. Gerade letztere aber verlangt, die von einer negativen Dialektik blockierte Kommunikation in gesellschaftliche Praxisfelder der Rechtsetzungs- und Rechtsanwendungsinstanzen hinein aufzunehmen. Mit anderen Worten: kritisch-dialektische als kommunikative Rechtssoziologie zu betreiben.

1.3.3 Die kommunikative Rechtssoziologie

Kommunikative Rechtssoziologie läßt sich von der *Prämisse* leiten, daß „keine wissenschaftliche Theorie ohne letzte Fundamentalaussagen auskommen (kann), die ihrerseits im Rahmen dieser Theorie nicht prüfbar sind." (G. Patzig 1966, S. 120) Deshalb darf sich Soziologie und erst recht Rechtssoziologie nicht in jene gegenseitige polemische Isolation begeben, in der die unterschiedlichen Ansätze bislang häufig noch diskutiert werden und deren Fruchtlosigkeit evident ist (vgl. W.-D. Narr 1972, S. 83ff.). Vielmehr steht fest, daß die kritisch-dialektische Theorie ihre „konservative Aufgabe" (J.

Habermas), nämlich die zeitgemäße Einlösung bürgerlich-liberaler Emanzipationsversprechen anzumahnen (z. B. Freiheit, Gleichheit, Brüderlichkeit, Identität von Herrschenden und Beherrschten und nicht zuletzt gesellschaftliche und politische Öffentlichkeit), nur durch den Rückgriff auf die Tradition erfüllen kann. Und weiterhin, daß „die dialektische Methode, um Gesellschaft in ihren Widersprüchen feststellen zu können, des methodischen Apparats bedarf, den die empirische Sozialforschung zur Verfügung stellt" (W.-D. Narr 1972, S. 78).

Von daher definiert sich das *Ziel* einer kommunikativen Rechtssoziologie in zweifacher Hinsicht: innerhalb der Soziologie, die wissenschaftliche Kommunikation zwischen den verschiedenen Ansätzen zu fördern und diese zu einem Paradigmenverbund zu integrieren. Dabei fungiert der kritisch-dialektische Ansatz als Leitparadigma. Damit ist auf der weiter unten zu besprechenden Ebene der Forschungs*methoden* zugleich die Option für einen Methodenpluralismus begründet. Keine Methode hat Auschließlichkeitscharakter.

Gleichwohl kommt im Rahmen einer kommunikativen Rechtssoziologie denjenigen Methoden Vorrang zu, die Kommunikation zwischen den Forschungsbeteiligten stiften (wie z. B. die Gruppendiskussion) (vgl. dazu 2.2.3).

Nach außen hin, nämlich gegenüber den Nachbardisziplinen, den wissenschaftlichen Diskurs in Gang zu setzen und aufrechtzuerhalten, ist die zweite Zielfunktion von kommunikativer Rechtssoziologie. Sie bildet das Scharnier zwischen Soziologie und Rechtswissenschaft. Damit ist zugleich die Aussage getroffen, daß sie mit keiner von beiden deckungsgleich ist. Von ersterer holt sie sich die kritisch-theoretische Absicherung ihres emanzipatorischen Erkenntnisinteresses an Aufklärung und menschenwürdiger Gestaltung der gesellschaftlichen Verhältnisse durch das Recht. Mit der Rechtswissenschaft teilt sie ihren Gegenstand. Allerdings mit unterschiedlichen Perspektiven. Während die Rechtswissenschaft das Verhältnis von Rechtsideal und Rechtsnorm thematisiert und ihre Sichtweise auf die Normativität des Rechts unter Einbezug seiner Wirklichkeit legt, besteht der Bezugspunkt von Rechtssoziologie im Verhältnis von Rechtswirklichkeit und Rechtsnorm. Dabei nimmt sie vor allem die Rechtswirklichkeit methodisch in den Griff. Rechtswissenschaft gewinnt demnach ihre kritische Dimension aus der Diskrepanz von Rechtsideal und Rechtsnorm. Rechtssoziologie dagegen verweist mit ihrer Kritik auf die Widersprüche zwischen normativem Anspruch und gesellschaftlicher

Wirklichkeit des Rechts. Soweit die Grundlage beider ein emanzipatorisches Erkenntnisinteresse ist, eröffnet kommunikative Rechtssoziologie die Chance, über interdisziplinäre Kooperation zu einer Integration von kritisch-soziologischer und soziologisch-juristischer Denkweise beizutragen.

Die wissenschaftliche Arbeitsteilung von *Soziologie,* die die Gesellschaft als Totalität thematisiert, von *Rechtssoziologie,* die diesen gesellschaftlichen Gesamtzusammenhang aufgreift und Recht in seiner Entstehungs- und Wirkungsweise einordnet und von *Jurisprudenz,* die nach wie vor unter weitgehender Vernachlässigung dieses Gesamtzusammenhangs die positive Norm zu ihrem Gegenstand erklärt, wird erst dann überflüssig und aufhebbar, „sobald an jede Wissenschaft die Forderung herantritt, über ihre Stellung im Gesamtzusammenhang der Dinge und der Kenntnis von den Dingen sich klarzuwerden" (F. Engels 1973 (MEW 19), S. 207). Erst dann besteht kein Bedarf mehr für eine von Rechtswissenschaft unterscheidbare Soziologie als einer besonderen Wissenschaft vom Gesamtzusammenhang.

Solange diese wissenschaftstheoretische Utopie nicht Wirklichkeit ist, geht Rechtssoziologie nicht in Rechtswissenschaft auf, sondern bleibt ein ausdifferenzierter und kritischer Bezugspunkt juristischen Denkens und zugleich eine Herausforderung an eine sich als bloße Normwissenschaft verstehende Jurisprudenz.

Die kommunikativen Aufgaben der Rechtssoziologie stellen erhebliche Methodenprobleme. Im intrawissenschaftlichen Bereich sind Antworten auf die Frage zu suchen, welche sozialwissenschaftlichen Methoden zum einen dem emanzipatorischen Erkenntnisinteresse und zum anderen dem Interesse an integrierender Kommunikation angemessen sind. Wie die Kooperation zwischen am Recht interessierten Soziologen und an der Rechtswirklichkeit interessierten Juristen gefördert werden kann, wirft dagegen methodische Probleme im interwissenschaftlichen Bereich auf. Beide Problemfelder sind Gegenstand der folgenden Ausführungen.

Anmerkungen

1 Grundlagenliteratur, deren Lektüre für jeden Studenten der Sozialwissenschaften verpflichtend sein sollte: Th. W. Adorno/R. Dahrendorf/H. Pilot/ H. Albert/J. Habermas/K. R. Popper (Hrsg.), Positivismusstreit in der deutschen Soziologie. Darmstadt und Neuwied 2. Aufl. 1972 (1969).

2 So die Definition von Blankenburg für „Methodologie", vgl. E. Blankenburg, Einführung. In: Ders. (Hrsg.), 1975, S. 7-21 (S. 20).

3 In einer (natur-)wissenschaftsgläubigen Welt mutet Feyerabends Frage fast ketzerisch an: „Hat die Wissenschaft immer die gewünschten Resultate? Und gelingt es nicht umgekehrt dem Praktiker des Woodoo und der chinesischen Medizin, den Tod eines Feindes oder die Heilung funktioneller Erkrankungen herbeizuführen?" (P. Feyerabend 1976, S. 22).

4 Das folgende längere Zitat stammt aus dem Einführungsband der Arbeitsgruppe Soziologie, Denkweisen und Grundbegriffe der Soziologie. Frankfurt/New York 1978, S. 10f. Dieses Buch verzichtet weitgehend auf das „Soziologenchinesisch" und eignet sich auch für den Nichtsoziologen zum ersten Einstieg in Problemstellungen und Vorgehensweisen der Soziologie.

5 Zur näheren Erläuterung dieser Begriffe und zum folgenden vgl. U. Volmerg, Kritik und Perspektiven des Gruppendiskussionsverfahrens in der Forschungspraxis. In: Th. Leithäuser et. al., 1977, S. 184-217 (S. 209ff.).

6 Die methodischen Konsequenzen dieser Feststellung werden weiter unten vorgestellt. Vgl. 2.2.

7 Zur näheren Unterscheidung dieser Forschungsphasen vgl. J. Friedrichs, 1973, S. 50ff.

8 Grundlegend zur Theorie des Erkenntnisinteresses das Werk von J. Habermas, 1973, S. 393ff.

9 Die Einzelheiten dieses Falsifikationsprozesses können hier nicht dargestellt werden. Wer sich eingehender mit diesem Problemkreis der empirischen Sozialforschung beschäftigen will, dem sei die Einführung von J. Friedrichs, 1973, S. 69ff. empfohlen.

10 Zu den Grundbegriffen der verstehenden Soziologie M. Webers vgl. das Lehrbuch von V. M. Bader/J. Berger/H. Gaußmann/J. v. d. Knesebeck, 1980, S. 65ff.

11 Die Skizze und die Zeichenerklärung stammen aus dem Einführungswerk der Arbeitsgruppe Soziologie, 1978, S. 13ff.

12 B. Brecht, Leben des Galilei. In: Ders., 1973, S. 1229-1345 (S. 1340).

13 „Kritische Soziologie ist nur als historische möglich" (J. Habermas, 1969, S. 229).

14 Dies meint, daß Kritik sich selbst der Kritik nicht entziehen darf. „Vielmehr müsse eine wahrhaft kritische Methode sich stets im Zusammenhang mit ihren eigenen historischen Entstehungs- und Anwendungsbedingungen sehen und insofern ‚reflexiv' bzw. selbstkritisch sein" (R. Kreckel 1975, S. 86).

15 Zur Abgrenzung dieses Erkenntnisinteresses vom technischen der Naturwissenschaften und praktischen der Human- und Geisteswissenschaften vgl. J. Habermas, 1969, S. 27ff.

16 Es handelt sich hierbei um eine recht grobe Differenzierung, die dem fortgeschrittenen wissenschaftstheoretischen Diskussionsstand nicht voll gerecht wird, aber für unsere Zwecke hinreicht. Sie findet sich z. B. auch bei Ryffel und Zippelius. Ersterer unterscheidet zwischen einer empirisch-analytischen und verstehend-nachkonstruierenden Richtung in der wissenschaftstheoretischen Situation der Rechtssoziologie (vgl. H. Ryffel 1974, S. 181ff.). Zippelius grenzt die empirisch-analytische Soziologie von der kritischen Soziologie ab. (Vgl. R. Zippelius 1980, S. 14ff.)

17 So ist Durkheim der Ansicht, das Erklären von sozialen Tatbeständen bestehe „ausschließlich darin (. . .), Kausalitätsbeziehungen aufzustellen, handele es sich nun darum, ein Phänomen mit seinen Ursachen zu verknüpfen oder im Gegenteil eine Ursache mit ihren entsprechenden Wirkungen" (E. Durkheim, 1961 (1895), S. 205).

18 Th. Geiger, 1962 (1928), S. 358. Zur Darstellung und Kritik des im Grunde empirisch-analytischen Ansatzes von Geiger vgl. Th. Bickel 1970, S. 29ff. (hier S. 35f.).

19 Vgl. hierzu insbes. K.-D. Opp, 1973.

20 So die weiter oben bereits zitierte Arbeit von K. A. Ziegert, 1975.

21 Vgl. hierzu inbes. M. Rehbinder, 1977, S. 9ff., der sich ausdrücklich auf Durkheim beruft (S. 100).

22 Vgl. zu diesem komplizierten Verhältnis von Theorie und Praxis die folgenden „klassischen" Schriften: K. Marx, Thesen über Feuerbach (2. These). In: MEW 3, 1969, S. 5-7 (S. 5); J. Habermas 1969, S. 289, 299.

23 Empfohlene Literatur dazu: J. Habermas, Die Moderne – ein unvollendetes Projekt. In: Dezernent Kultur und Freizeit der Stadt Frankfurt (Hrsg.), 1981, S. 14-24.

24 Vgl. den Sammelband: Rottleuthner, H. (Hrsg.), 1975 und die in der Zeitschrift Kritische Justiz 1968ff. erschienenen Artikel.

25 Hier sind insbes. die Beiträge von Wassermann, Rasehorn, Kaupen und Rottleuthner zu nennen. Zur Reform des rechtswissenschaftlichen Studiums vgl. den Literaturüberblick bei Th. Ramm, 1975, S. 10ff.

26 Zum Theorie-/Praxisproblem der Rechtssoziologie und zu Möglichkeiten seiner Lösung vgl. L. Kißler 1984, Kap. 3.1.

2. Rechtssoziologische Methoden und ihre Anwendungsgebiete

2.1 Juristische und soziologische Methoden

Die Methodenlehre der Rechtsdogmatik (vgl. z. B. K. Larenz 1969) auf der einen und die Methoden der empirischen Sozialwissenschaften auf der anderen Seite stehen auf den ersten Blick unvermittelt nebeneinander. Allzu verschieden sind Zielsetzungen und Vorgehensweisen, um ohne weiteres ihre mögliche Integration in Aussicht stellen zu können. Erstere bemüht sich auf der Grundlage von rechtsimmanenter Rationalität und semantischer Bestimmtheit der Rechtsnorm, Entscheidungsregeln für praktisch-juristische Problemlösungen zur Verfügung zu stellen. Mit den Methoden der empirischen Sozialforschung sollen dagegen objektive Aussagen (Erklärungen) über die gesellschaftliche Wirklichkeit des Rechts und damit auch über die soziale Wirkungsweise rechtlicher Entscheidungen getroffen werden. Auf den zweiten Blick zeigt sich jedoch, daß juristische und soziologische Methoden korrespondieren können: auf der Ebene der Rechtssetzung, z. B. indem sozialwissenschaftliche Ergebnisse zu den sozialen Folgen oder zur generalpräventiven Wirkung eines Gesetzes in der Festlegung des Norminhalts berücksichtigt werden; auf der Ebene der Rechtsanwendung, z. B. indem durch Hinzuziehung von sozialwissenschaftlichen Gutachten die „Ursachen" einer strafbaren Handlung offengelegt werden.[1]

Über den Einbezug von rechtssoziologischen Ergebnissen in die Rechtsdogmatik hinaus ist auf Seiten der Rechtswissenschaft, da wo sie sich als soziologische Jurisprudenz versteht, bereits ein tiefgreifender qualitativer Wandel der juristischen Methoden in Gang gesetzt.[2] Er ist am weitesten in denjenigen Rechtsgebieten fortgeschritten, die, wie das Arbeitsrecht, am wenigsten durchdogmatisiert sind. Die in Ansätzen feststellbare Neuorientierung der juristischen Methodenlehre wird gekennzeichnet durch drei Kriterien (vgl. H. Ryffel 1974, S. 226):

53

- ein neues Selbstverständnis des Rechtsanwenders;
- eine Neuorientierung der Auslegungslehre und
- eine kritische Reflexivität der Rechtswissenschaft.

Das *neue Selbstverständnis des Rechtsanwenders* meint ein gesteigertes Bewußtsein von der Problematik des Richtigen. „Die geforderte neue Grundhaltung ergibt sich daraus, daß die Rechtsdogmatik (. . .) stets bestimmte Politik ist, wirklich-maßgebliche Gestaltung der gesellschaftlichen Wirklichkeit, die die Mitmenschen betrifft und sie in ihrer menschlichen Selbstentfaltung beeinträchtigt oder begünstigt, gleichwohl aber anders sein könnte und nicht endgültig ausgewiesen werden kann. Davon muß sich die Rechtsdogmatik Rechenschaft geben, was ihre Arbeit im Ganzen bestimmt" (H. Ryffel 1974, S. 227). Gleich, ob man diese Grundhaltung ‚desengagiertes Engagement" (Ryffel) oder besser soziologisch reflektiertes Engagement nennt: sie erfordert sowohl kritische Distanz gegenüber der Rechtsnorm als auch engagiertes Eintreten für ihre Verwirklichung. Erstere ermöglicht die Reflexion des Geltungsanspruchs der Norm im Lichte soziologischer Aufklärung, die ein begründetes Engagement erst erlaubt. Letzteres bringt die Respektierung der geltenden Ordnung unter Wahrung der Vorstellung von einer möglichen besseren zum Ausdruck.

Die Bezugnahme auf die gesellschaftliche Normwirklichkeit gibt der Auslegungslehre ein festeres Fundament. Die herrschende Methodenlehre ist blind für die gesellschaftliche Wirklichkeit, die hinter der Rechtsordnung steht. Da, wo sie ein Auge riskiert, heftet sie den Blick auf die „sozialen Wertungen" (J. Esser), auf die die Rechtsanwendung bezogen sei, ohne daß diese Wertungen allerdings auf ihre gesellschaftlichen Träger zurückgeführt würden. Bleibt man jedoch nicht auf halbem Wege stehen, sondern fragt auch nach den gesellschaftlichen Gruppen, die ein *Interesse* an solchen Wertungen haben, dann ist an das soziologische Denken der Interessenjurisprudenz, wie es in der Einleitung skizziert wurde, anzuknüpfen. „Rechtsnormen liegen (. . .) natürlicherweise nicht im gleichartigen Interesse aller jeweils Beteiligten, sondern bevorzugen oder benachteiligen bestimmte Gruppen und zuweilen sogar bestimmte Einzelne. Da die Maßstäbe, nach denen solche Benachteiligungen und Bevorzugungen erfolgen, kontrovers sind, sind die Rechtsnormen selber kontrovers" (H. Ryffel 1974, S. 231).

Da, wo diese Maßstäbe und der Interessenkonflikt, den sie ausdrücken und rechtlich normieren, methodisch eingefangen werden, wird entweder naiv Interessenharmonie unterstellt oder darauf gebaut, daß sich eine soziale Vernünftigkeit in der Rechtsanwendung naturwüchsig duchsetzt. Auf jeden Fall wird verkannt, daß erstens der unterstellte gesellschaftliche Konsens auf weite Strecken abhanden gekommen ist und daß zweitens „der Rechtsanwender stets seine politische Position zur Geltung (bringt), sofern die Rechtsordnung hierfür Raum läßt, weil der Konflikt nicht eindeutig geregelt worden ist. In Generalklauseln gibt der Gesetzgeber vielfach den unerledigten Konflikt an den Rechtsanwender weiter" (H. Ryffel 1974, S. 235).

Damit drängt sich eine *Neuorientierung der Rechtsauslegung* auf, soweit sie subjektiv-historisch verfährt. Versteht man mit Ryffel „unter subjektiv-historischer Auslegung die Berücksichtigung des inmitten der Interessengegensätze der Zeit nun einmal so und nicht anders Gesetzten," (H. Ryffel 1974, S. 234) dann meint diese Orientierung, Auslegung „für alle Rechtsfragen zu fordern, die kontrovers sind und für die die positive Ordnung eine bestimmte erkennbare Lösung bereithält (...). Besteht dagegen ein breiter Konsens darüber, daß und in welcher Weise eine Norm abweichend von ihrem effektiv gesetzten Sinn auszulegen sei, bestehen keine Bedenken, in dieser Weise zu verfahren und sog. objektiv auszulegen" (H. Ryffel 1974, S. 235).

Der Rekurs auf den sozialen Standort der gesellschaftlichen Interessenträger greift jedoch zu kurz. Er gibt nur dann „ein Indiz für die Unrichtigkeit einer bestimmten Lösung (...) und einen Anstoß zum Suchen der richtigen Lösung" (ebda.), wenn die Interessenauseinandersetzung offen geführt und d. h. gesellschaftlicher Kommunikation unterzogen wird. Dabei ist jedoch die stehende Ordnung, soweit sie Konflikte eindeutig regelt, grundsätzlich zu respektieren, „andernfalls beginnt der Dschungelkrieg inmitten des geltenden Rechts" (H. Ryffel 1974, S. 236). Die Respektierung hat allerdings ihre Grenzen: da, wo die Unrichtigkeit der Rechtsnorm evident ist und dort, wo Widersprüche zwischen Norm und Wirklichkeit den Geltungsanspruch der Norm außer Kraft setzen oder zumindest so in Frage stellen, daß er gesellschaftlich kommunikativ neu zu verhandeln ist. Ryffel beschreibt die folgenden Bruchzonen, wo sich „Abweichungen von der stehenden Ordnung" (Ryffel 1974, S. 237ff.) ergeben können, nämlich die

— Diskrepanz von Norm und implizierter Wirklichkeit,
— Diskrepanz von Norm und Gesellschaftsstrukturen,
— Diskrepanz von Norm und Rechtsbewußtsein (abweichende

Richtigkeitsvorstellungen; dissidentes Rechtsbewußtsein),
– Diskrepanz von Norm und Normbefolgung sowie -durchsetzung; mangelnde Wirksamkeit und
– durch gesellschaftliche Faktoren bedingte Rechtsverzerrung.

Mit diesen Diskrepanzen sind die Forschungsfelder bezeichnet, auf denen mit den Methoden der empirischen Sozialforschung die Rechtswirklichkeit, die Gesellschaftswirklichkeit, das Rechtsbewußtsein, die Effektivität des Rechts und die gesellschaftlichen Faktoren seiner Entstehung empirisch überprüft werden können.

Der Zweck von empirischen Aussagen sowie die zur Anwendung kommenden Methoden differieren – wie wir oben gesehen haben (vgl. 1.3) – je nach wissenschaftstheoretischem Selbstverständnis und damit einhergehendem Erkenntnisinteresse. Allerdings lassen sich keineswegs spezifische Methoden bestimmten Ansätzen zuordnen. Jede Systematisierung der rechtssoziologischen Methoden steht deshalb nicht nur vor dem Problem, daß es keine einheitliche soziologische Methodenlehre gibt, sie wird zusätzlich durch den Umstand erschwert, daß nicht ohne weiteres vom Erkenntnisinteresse auf die Wissenschaftsmethode zu schließen ist. So arbeiten z. B. kritische Soziologen auch mit dem Arsenal der traditionellen empirischen Sozialforschung. Umgekehrt ist auch das Methodenverständnis des empirisch-analytischen Ansatzes durch das Eindringen von interaktionistischem und ethnomethodologischem Denken, (grundlegend dazu Arbeitsgruppe: Bielefelder Soziologen 1973) wie es an amerikanischen Universitäten zur Blüte kam, weitgehend aufgeweicht. Davon ist auch die rechtssoziologische Forschung nicht unberührt geblieben, wie z. B. Untersuchungen zur Interaktion im Gerichtssaal belegen.

Allerdings läßt sich feststellen, daß, wenn Soziologen, die mit emanzipatorischem, d. h. an soziologischer Aufklärung zur Beförderung der Mündigkeit des Bürgers orientiertem Erkenntnisinteresse forschen, Methoden zum Einsatz bringen, die die Forschungsbeteiligten zu erforschten Objekten degradieren, auf ein zentrales methodisches Problem aufmerksam gemacht wird. Es besteht in der Kluft zwischen progressivem theoretischem Anspruch und regressivem methodischem Instrumentarium. Diese Kluft zu schließen, d. h. das emanzipatorische Forschungsinteresse auch methodisch im Forschungsprozeß selbst einzulösen, verlangt nach einer grundlegenden *Neuorientierung des soziologischen Methodenverständnisses.* Diese ist bereits, wie wir weiter unten sehen werden, in vollem Gange.

Wer die soziologische Methodendiskussion in ihrer ganzen Breite für die Rechtssoziologie fruchtbar machen will (vgl. dazu 2.2), darf sich nicht mehr auf den traditionellen Methodenapparat der empirischen Sozialforschung beschränken. Gleichwohl spielt dieser nach wie vor in der rechtssoziologischen Forschung die zentrale Rolle (vgl. dazu 2.2.1). Er muß sich auch auf die methodischen Alternativen der Aktionsforschung einlassen (vgl. dazu 2.2.2). Aus der Perspektive kommunikativer Rechtssoziologie stellt sich zudem die Frage nach dem Beitrag von empirischer Sozialforschung einerseits und von Aktionsforschung andererseits für die methodische Lösung der kommunikativen Aufgaben der Rechtssoziologie (vgl. dazu 2.2.3).

2.2 Rechtssoziologische Methoden

2.2.1 Die Dokumentenanalyse, die Befragung, die Beobachtung: Rechtssoziologie als traditionelle Sozialforschung

Mit der Absicht, die soziale Wirklichkeit des Rechts beschreiben, erklären und verstehen zu wollen (vgl. oben 1.2.2) wird Rechtssoziologie überwiegend als empirische Sozialforschung betrieben,[3] die einem empirisch-analytischen Wissenschaftsbegriff verpflichtet bleibt (vgl. oben 1.3.1). Dabei greift sie vornehmlich auf die folgenden Methoden zurück:

- Dokumentenanalyse,
- Befragung und
- Beobachtung.

Im Rechtsleben spielen Dokumente eine große Rolle. Sowohl die Prozesse der Rechtsetzung (Gesetzgebung) als auch der Rechtsanwendung durch Justiz und Verwaltung sind bürokratisch organisiert. Kennzeichnend für jede bürokratische Organisation ist die aktenmäßige Festlegung der Entscheidungsprozesse. Die Bindung solcher Prozesse an feste Regeln und ihre Aktenmäßigkeit sind für Max Weber (1964, S. 738) die Voraussetzungen für ihre Rationalität: „Die Bürokratie ist ‚rationalen‘ Charakters: Regel, Zweck, Mittel ‚sachliche‘ Unpersönlichkeit beherrschen ihr Gebaren. Ihre Entstehung und Ausbreitung hat daher überall in jenem besonderen (...) Sinne ‚revolutionär‘ gewirkt, wie dies der Vormarsch des *Rationalismus* überhaupt auf allen Gebieten zu tun pflegt. Sie vernichtete dabei Strukturformen der Herrschaft, welche einen, in diesem speziellen Sinne, rationalen Charakter nicht hatten".

Die aktenmäßige Dokumentation von Entscheidungsprozessen dient ihrer Kontrolle. Sie ist deshalb geeignet, legale Herrschaft, die in Rechtsetzungs- und -anwendungsprozessen zum Ausdruck kommt, zu legitimieren. Das Rechtsleben kennt zahlreiche, eigens zu diesem Legitimationszweck hergestellte Typen von Dokumenten, wie z. B. Ergebnisprotokolle, Aktenvermerke u. a. m.[4] Entscheidende Bedeutung kommt der Aktenmäßigkeit der Rechtsanwendung durch Justiz und Verwaltung zu. Ohne Prozeßakten müßte der gesamte Prozeß bei der nächst höheren Instanz von vorne aufgenommen werden. Erst die Aktenmäßigkeit garantiert der unterlegenen Partei die Möglichkeit eines Rechtsmittels. In der Verwaltung erlaubt erst die aktenmäßige Erfassung von Verwaltungsentscheidungen ihre Überprüfung durch Aufsichtsbehörden, Justiz und betroffene Bürger. Die Akte ist somit ein wichtiges *Kommunikationsmedium* im Rechtsleben.

Für den Rechtssoziologen ist die Akte deshalb von großem Interesse,

– weil die Aktenordnung Einblick in die Organisationsstruktur von Rechtsetzungs- und -anwendungsprozessen gibt,
– weil sich in den Akten i. d. R. nicht nur das Endprodukt von rechtserheblichen Entscheidungen, sondern auch Entscheidungsverlauf und unterschiedliche Interessenlagen der Beteiligten niederschlagen und sich analytisch nachkonstruieren lassen und
– weil sie, insbesondere wenn es sich um Prozeßakten handelt, eine formale Entscheidung enthalten, die einen Bezug zu den angewandten Rechtsnormen herstellt und deshalb ein Stück Rechtswirklichkeit abbildet.

Dokumentenanalyse ist in der Rechtssoziologie vor allem Aktenanalyse. Sie wird in Form der quantitativen und qualitativen Inhaltsanalyse durchgeführt.[5]

Bei der Inhaltsanalyse handelt es sich um die Systematisierung eines Vorgangs, den wir aus unserem alltäglichen Umgang mit sprachlichem Material in Form von Zeitungsartikeln, Plakaten etc. kennen. An die Stelle der impressionistischen Interpretation solcher Dokumente setzt die Inhaltsanalyse ihre systematische inhaltliche Erfassung nach zuvor festgelegten Merkmalen. Dabei geht sie nach der Leitfrage vor: wer sagt was zu wem, wie, warum und mit welchem Effekt? Ausgehend von der Erstellung eines Hypothesenkatalogs wird im nächsten Schritt ein Kategoriensystem erarbeitet, anhand dessen das zu analysierende Dokument codiert wird. Ziel ist es sodann, durch Häufigkeitserrechnung Aussagen über die Struktur des Materials machen zu können.

Die Schwierigkeiten tauchen bei der Inhaltsanalyse im Bereich der Kategorienbildung auf; denn es „müssen Merkmale des Textes als ‚Indikatoren' definiert werden, die von verschiedenen Auswertern in gleicher Weise interpretiert werden. Nur wenn diese Indikatoren eindeutig festgelegt sind, kann die Analyse ‚zuverlässig' sein, d. h., daß alle Coder in der Subsumtion der Texte auf die Indikatoren in gleicher Weise vorgehen" (E. Blankenburg 1975, S. 197). Oft wird diese Schwierigkeit durch Eingrenzung des Coderkreises auf einen Forscher umgangen. Diese Vorgehensweise ist dem dogmatisch arbeitenden Juristen vertraut. Dies mag neben der relativ leichten Zugänglichkeit von Akten und der Tatsache, daß sich Rechtsvorgänge meist in Dokumenten niederschlagen, der Grund dafür sein, warum die Dokumentenanalyse zu einer häufig angewandten Methode in der rechtssoziologischen Forschung avancieren konnte.

Ihre methodische Reichweite ist jedoch begrenzt. Zum einen konstituieren Rechtsdokumente eine „Realität eigener Art" (E. Blankenburg 1975, S. 195), nämlich die zum Legitimationszweck von Entscheidungen dokumentierte Version des Entscheidungsprozesses durch die Beteiligten. Zum anderen folgt daraus, daß die Wirklichkeit keineswegs getreu abgebildet wird. Rechtsdokumente sind vielmehr mit einem Spiegel vergleichbar, der die sozialen und zeitlichen Zusammenhänge, in denen ein Entscheidungsgegenstand steht, verzerrt wiedergibt. Rehbinder unterscheidet „Verzerrungen der Wirklichkeit" auf drei Ebenen:

„Bereits in der Auswahl der Entscheidungen zur Veröffentlichung in der Entscheidungssammlung liegt eine Verzerrung; denn diese Auswahl wird durch juristisch-dogmatische Überlegungen bestimmt. Sodann endet nicht jeder Rechtskonflikt in einer rechtskräftigen Gerichtsentscheidung (außergerichtliche Erledigung, Schiedsgerichte). Schließlich endet nicht jedes Rechtsverhältnis in einem Rechtskonflikt. (. . .) Rechtsprechungsanalysen, die auf die zugrunde liegenden streitigen Rechtsverhältnisse gerichtet sind, eignen sich daher schwerpunktmäßig nur für Untersuchungen der sog. Rechtspathologie. Die gelebte Ordnung kommt in ihnen nur sehr unvollkommen zum Vorschein" (M. Rehbinder 1977, S. 116).

Einen besseren Zugang zur gelebten Rechtsordnung versprechen deshalb solche Methoden, die auf die Interpretation und Sinngebung der Akteure selbst durchgreifen, wie die Befragung und die Beobachtung.

Bei der *Befragung* handelt es sich um die in der empirischen Sozialforschung wohl am häufigsten eingesetzte Methode. Man hat das Interview den „Königsweg der praktischen Sozialforschung" (R. König) genannt.[6]

Die Befragung erfolgt anhand eines Fragebogens. Sie kann mündlich oder schriftlich durchgeführt werden. Je nachdem, ob die Fragen und ihre Reihenfolge vorgegeben und die Antwortmöglichkeiten vorformuliert oder aber ganz oder teilweise offen sind, unterscheidet man zwischen standardisierten und nichtstandardisierten Interviews. Ob eine Befragung schriftlich oder mündlich standardisiert oder als offenes Interview geführt wird, hängt entscheidend von der Population (Grundgesamtheit) und dem Befragungsziel ab. Bei der Grundgesamtheit handelt es sich um sämtliche Mitglieder einer Gesellschaft oder aber auch um eine spezifische Gruppe (z. B. Richter, Hausfrauen, Studenten etc.), aus der zum Zwecke der Befragung eine Stichprobe (Sample) gezogen wird. Aus forschungspraktischen Gründen (Vereinfachung der Datengewinnung und der Auswertung) wird i. d. R. bei großen Samples auf die schriftliche Befragung mit hochstandardisierten Fragebogen zurückgegriffen. Das offene Interview bietet sich dagegen bei kleinen Stichproben an. Es dient häufig einer ersten Erkundung des Forschungsfeldes, der dann eine repräsentative Befragung folgt.

Die methodische Reichweite der Befragungsformen ist allerdings sehr unterschiedlich. Die Befragung eignet sich zwar insgesamt weniger zur Erhebung von Fakten als vielmehr von Meinungen der Befragten. Nicht von ungefähr spricht man deshalb von Meinungsumfragen. Während jedoch standardisierte Befragungsformen das Antwortspektrum der Befragten stark einengen und ganz auf das Forschungsinteresse des Fragenden zugeschnitten sind und auch ausschießlich aus seiner Perspektive geführt werden, erweitert das nichtstandardisierte Interview den Antwortspielraum. Es gibt dem Interviewten die Möglichkeit, seine eigene Sichtweise näher zu erläutern und entläßt ihn damit aus der Rolle des bloß Reagierenden. Aus der Forscherperspektive ist mit der nichtstandardisierten Befragung die Erwartung verbunden, nicht nur Oberflächenmeinungen abzufragen, sondern durch die Thematisierung der eigenen Bedürfnislage des Befragten und des sozialen Kontextes des Befragungsgegenstandes tiefere Bewußtseinsschichten offenzulegen. Häufig spricht man

deshalb auch von qualitativen oder Tiefeninterviews, wenn nichtstandardisierte Befragungen gemeint sind.[7]

Um die Möglichkeiten von erheblichen Verzerrungen der Wirklichkeit im Prozeß der Befragung zu reduzieren, wird viel Aufmerksamkeit auf die Formulierung der Fragen und ihre Anordnung auf dem
Fragenbogen verwendet. Wissenschaftliche Fragestellungen in alltags-
sprachlich verständliche Formulierungen zu bringen, Suggestivfragen
zu vermeiden, Kontrollfragen einzubauen, offene und geschlossene
Fragen und damit die Vorgabe von Antwortalternativen geschickt zu
kombinieren ist eine Kunst. Sie wird inzwischen auf hohem Niveau
betrieben, so daß rechtssoziologische Forschung auf ein Set von
bewährten Techniken der Befragungsdurchführung zurückgreifen
kann.

Schwieriger gestaltet sich i. d. R. die Auswertung von Befragungser-
gebnissen. Probleme ergeben sich hier u. a.:

— im Bereich der Validität des Fragebogens: „Genau genommen
geht es dabei um drei Probeme: 1. Versteht der Befragte das gleiche unter der Frage/den Antwortvorgaben wie der Forscher?
2. Sagt der Befragte, was er denkt? 3. Handelt der Befragte so, wie
er sagt?" (J. Friedrichs 1973, S. 224).
— in der Reichweite von interpretativen Aussagen und zwar
  — in zeitlicher Hinsicht: erfaßt wird mit der Momentaufnahme
  einer einmaligen Befragung lediglich ein ad hoc Ausschnitt aus
  dem Meinungsbild des Befragten.[8]
  — in inhaltlicher Hinsicht, durch die Unverbindlichkeit der
  Meinungsäußerung auf Seiten des Befragten. Blankenburg (1975,
  S. 98) gibt dazu folgendes Beispiel, aus dem die unzulässige ple-
  biszitäre Interpretation von Antworten deutlich wird. „So ist die
  belegte Aussage: ‚Die Mehrheit der Bevölkerung ist für die Todesstrafe' insofern irrelevant, als hier eine völlig unverbindliche Frage
  gestellt worden ist: ‚Sind Sie für oder gegen die Todesstrafe?'
  Die Antwort: ‚ja' bleibt folgenlos. Der Befragte weiß, daß aus
  seiner Antwort keineswegs die Einführung der Todesstrafe folgen
  wird. Er steht nicht vor einer Entscheidung, sondern er reagiert
  auf den Stimulus einer Frage mit einer unverbindlichen Antwort".
— durch die Filterwirkung der Methode:
  Bei der Auswertung von Antworten handelt es sich um die For-
  scherinterpretation der Befragteninterpretation der Wirklichkeit.
  Die letztlich getroffenen Aussagen enthalten demnach eine durch

die Methode bedingte doppelte interpretative Filterung der sozialen Realität: einmal in der Einschätzung des Befragten und zum anderen in der Beurteilung dieser Einschätzung durch den Forscher.

In der Forschungspraxis wird versucht, diese Probleme durch die Verfeinerung der einzelnen Methoden und insbesondere durch ihre kombinierte Anwendung auszuräumen.

Die Befragung hat in der rechtssoziologischen Forschung Tradition. Sie lebt einmal aus dem Spannungsverhältnis von rechtlichen Verhaltensanforderungen und tatsächlichem Verhalten und zum anderen in der forensischen Verwertbarkeit von Umfrageergebnissen. In der Tradition des ersten Problemkontextes stehen Untersuchungen zum „allgemeinen Rechtsbewußtsein" − „eine Denkfigur, die zur Untersuchung durch ‚Meinungsbefragung' geradezu herausfordert" (E. Blankenburg 1975, S. 99). Anhand von Befragungen, um die Verkehrsgeltung von Markenzeichen empirisch zu ergründen, hat sich im Bereich von Wettbewerbsstreitigkeiten eine „forensische Soziologie" entwickelt, die dem Richter methodische Standards an die Hand gibt, mit deren Hilfe er die beigebrachte Evidenz sachlich beurteilen kann" (ebd.). Insbesondere die Justizsoziologie hat sich der Befragung bedient, um Aussagen über das soziale Rekrutierungsfeld, Einstellungsmuster und Sozialprofil von Juristen treffen zu können.

Die Kontroversen, welche sich um die für die Justiz nicht schmeichelhaften Ergebnisse solcher Untersuchungen entzündet haben, legten gerade auch die methodischen Grenzen von Befragungen offen. Befragungen bekommen insbesondere das Problem, inwieweit von rechtlichen Verhaltensanforderungen auf das tatsächliche Verhalten geschlossen werden darf, nicht in den Griff. Fest steht, daß die für die Rechtssoziologen spannenden und deshalb im Mittelpunkt ihres Interesses stehenden Situationen und Verhaltensweisen solche sind, die von den Beteiligten aus ihrem Verstehenshorizont heraus normativ interpretiert werden. Genau dies erschwert aber Aussagen über die tatsächliche Situation oder das tatsächliche Verhalten: „Bei Befragungen zu normativen Situationen weiß man oft nicht, ob die Interviewten angeben, wie sie sich tatsächlich verhalten, oder so, wie sie meinen, daß man sich verhalten solle" (E. Blankenburg 1975, S. 23).

Tatsächliche Informationen über normativ geregeltes Verhalten verspricht man sich durch eine andere Methode: *die Beobachtung.* Nach Rehbinder handelt es sich hierbei um „die zuverlässigste Methode, die eine unmittelbare Datenermittlung ermöglicht (. . .). Lediglich die Beobachtung dringt unmittelbar zum tatsächlichen Verhalten vor" (M. Rehbinder 1977 S. 120). Die Beobachtung kann je nachdem, ob der Beobachter als solcher erkennbar ist, verdeckt oder offen durchgeführt werden, je nachdem, ob er als Forscher an den zu beobachtenden Interaktionen beteiligt ist, nichtteilnehmende oder teilnehmende Beobachtung sein und je nachdem, ob die Beobachtung nach einem standardisierten Schema erfolgt, systematisch oder unsystematisch sein (vgl. J. Friedrichs 1973, S. 273).

Die durch die Beobachtung gewonnenen Informationen unterliegen einem dreifachen Selektionsprozeß durch die Selektivität der Aufmerksamkeit (wir beobachten nur das, was uns interessiert), durch die Selektivität der Wahrnehmung (wir nehmen überwiegend nur das wahr, was wir einordnen, interpretieren können) und durch die Selektivität der Gedächtnisleistung (wir erinnern uns nur an einen Teil dessen, was wir wahrgenommen haben). „Die methodischen Regeln der Beobachtung sind ein Versuch, Selektivität und Verzerrung alltäglichen Beobachtungsverhaltens zu reduzieren" (E. Blankenburg 1975, S. 24).[9]

Dieser Versuch hat freilich auch seine Grenzen. Zum einen kann nur gegenwärtiges Verhalten beobachtet werden. Was in der Vergangenheit geschehen ist oder zukünftig geschehen wird, entzieht sich der Beobachtung. Zum andern konfrontiert i. d. R. die beobachtete Handlung den Forscher mit der subjektiven Bedeutung (Sinn) und dem objektiven sozialen Kontext des Handlungszusammenhangs und stellt ihn damit vor die Schwierigkeit, Beobachtungsfehler (Fehlinterpretationen) durch Verstehen zu vermeiden. Dabei können jedoch die subjektive Interpretation des Forschers und die Bedeutung, die der Beobachter seinem Verhalten zuschreibt, voneinander abweichen. Die Fähigkeit und Möglichkeit von Situationsinterpretationen aus dem Verstehenshorizont der Beteiligten heraus hängen stark davon ab, inwieweit der Forscher sich selbst aus der zu beobachtenden Situation herausnimmt oder teilnimmt. Ersteres ist im Unterschied zur Laborsituation nur dort möglich, wo es um „öffentliche" Situationen geht. Der Forscher begibt sich in den Gerichtssaal und beobachtet – ohne selbst das soziale Geschehen zu beeinflussen – Prozeßverlauf, Angeklagten- und Richterverhalten u. a. m. Im zweiten Fall wird dagegen der Forscher als teilnehmender Beobachter in die Rolle des Richters schlüpfen müssen, um Einblick in das forschungsrelevante Geschehen hinter den Kulissen gewinnen zu können.

„Dies hängt mit der ritualisierten Darstellungsform des Geschehens vor Gericht zusammen: Der Gerichtssaal ist wie beim Theater die ‚Vorderbühne‘, bei der das Geschehen in einer offiziellen und legitimierten Form abläuft, während auf der ‚Hinterbühne‘ die Rollen geprobt und die Masken fallengelassen werden. Das ausgeprägte Darstellungsbedürfnis richterlicher Tätigkeit ist eine Folge der Legitimationsschwierigkeiten, da in jedem Prozeß ja über konfligierende Interessen und Standpunkte entschieden wird. Die Kontrolle über die richterliche Verhandlung, die durch das Prinzip der Öffentlichkeit geschützt ist, bietet auf der einen Seite eine legitimierte Beobachtungsmöglichkeit ohne Teilnahmezwang im Gerichtssaal – der hier beobachtete Ausschnitt verdeckt aber durch Darstellung und Ritualisierung Entscheidungsprozesse, die auf der ‚Hinterbühne‘ vor sich gehen. Die Protokolle und Analysen der Richterberatungen ergänzen also Beobachtungsstudien, wie wir sie aus dem Gerichtssaal kennen" (E. Blankenburg 1975, S. 26).

Aus diesem Kommentar zur Untersuchung von R. Lautmann[10] ersehen wir das Dilemma, vor dem jede Beobachtung steht. Geht der Beobachter auf Distanz, nimmt er nur einen kleinen und gerade bei Verfahrens- und Entscheidungsprozessen, wie sie Rechtsetzung und -anwendung zugrundeliegen, recht unerheblichen Ausschnitt wahr. Zudem bleibt ihm i. d. R. die von den Akteuren vorgenommene Bedeutungszuschreibung und Sinngebung ihres Verhaltens verschlossen. Geht er dagegen selbst in die Situation hinein, nimmt er teil, dann unterliegt er häufig nicht nur Geheimhaltungsvorschriften und Konventionen, wie sie in einem Richterkollegium vorhanden sind und dem Forschungsinteresse entgegenstehen können. Er nimmt auch selbst an der Situationsdefinition teil, beeinflußt damit die zu beobachtende Situation und überschreitet damit – sofern er dies bewußt und zielgerichtet tut – die Grenze zur Aktionsforschung.

2.2.2 Der Diskurs: Rechtssoziologie als Aktionsforschung.

Bei der Aktionsforschung handelt es sich um einen Forschungsansatz, der nach dem Zweiten Weltkrieg in den USA entwickelt wurde und in den letzten Jahren starken Einfluß auf die sozialwissenschaftliche Methodendiskussion ausübte. Im Unterschied zur traditionellen Sozialforschung will Aktionsforschung die soziale Wirklichkeit nicht nur beschreiben und erklären, sondern auch Handlungsmöglichkeiten ausloten und handelnd die Wirklichkeit verändern: „Die Aktionsforschung zielt nicht auf die Erstellung einer grundlegenden Theorie sozialer Prozesse als Basis einer Theorie soziologischer Daten; sie nimmt vielmehr die subjektive Dimension des soziologischen Forschungsprozesses und die wie immer auch gegebene Beeinflussung des Forschungsgegenstandes als Anknüpfungspunkt für *gezielte Veränderung des Feldes* (Hervorhebung vom Verfasser) (. . .). Die Situationsdeutungen oder Einschätzungen der sozialen Lage, über die Forscher und Untersuchter gleichermaßen verfügen, sollen im Untersuchungsprozeß bewußt gemacht und in einem gemeinsamen Lernprozeß gezielt verändert werden. Ziel ist die Sensibilisierung für und die letztliche Abschaffung von sozialen Unterdrückungszusammenhängen". (U. Müller 1979, S. 93)

Dem hier skizzierten Forschungsanspruch entnehmen wir zweierlei: erstens in methodischer Hinsicht die implizite Kritik an der traditionellen Sozialforschung. Dieser wird vorgeworfen, ihren Objektivitätsanspruch gerade dadurch zu sichern, daß sie das Forschungsfeld nicht verändert und Lernen der „Erforschten" möglichst methodisch auszuschließen versucht. Und zweitens entnehmen wir diesem Forschungsansatz in seiner Zielsetzung, daß er explizit an die kritisch-dialektische Soziologie anknüpft und ihrem emanzipatorischen Interesse an Aufklärung und Abschaffung von nichtlegitimierter Herrschaft Rechnung tragen will.

„Die empirische Sozialforschung ist eine Geheimwissenschaft", wendet W. Fuchs (1970/71, S. 1) gegen die Methoden der Sozialforschung ein, da diese nur solange „funktionieren", wie die Versuchspersonen unaufgeklärt bleiben. „Jeder Untersuchungsplan, jede Forschungstechnik, jede Befragungs- und Beobachtungssituation könnte von den Versuchspersonen beliebig unterlaufen werden. Alle Anstrengungen zur Sicherung wissenschaftlicher Objektivität wären hinfällig. Die Sozialforschung wäre dann auf die freiwillige und einsichtige Kooperation der Versuchspersonen im Forschungsprozeß angewiesen" (ebd.). Aber genau dieses ist die Bedingung für den Ausbau des Forschungsprozesses zum Lernprozeß aller Beteiligten, wie ihn die Aktionsforschung anstrebt. Hierzu entwickelt dieser Forschungsansatz Strategien subjekthaften Agierens der Untersuchungspersonen, die die traditionelle Trennung von forschendem Subjekt und erforschtem Objekt tendenziell aufheben sollen.

Die zentrale methodische Instanz dieses Lern- und Handlungsprozesses ist der *Diskurs,* d. h. „die argumentierende Bemühung um Absicherung und Begründung von Handlungsorientierung" (H. Moser 1977, S. 11). Der Diskurs steht im Mittelpunkt einer Vorgehensweise, die gekennzeichnet ist durch einen methodischen Zyklus von

- Informationssammlung (wozu durchaus auch traditionelle Methoden des Interviews, der Beobachtung etc. eingesetzt werden),
- Erarbeitung von Handlungsorientierungen (wozu im Rahmen des Diskurses die gesammelten Informationen mit andern konfrontiert, problematisiert und auf ihre Eignung, das Handeln im sozialen Feld anzuleiten, befragt werden) und
- Handeln im sozialen Feld (wobei die Motive, Bedürfnisse und Handlungsinteressen der Beteiligten berücksichtigt werden).

Die Bedeutung des Diskurses besteht darin, daß er den Wahrheitsanspruch dieses Forschungsansatzes sichert und somit eine positive Antwort auf die Frage gibt, ob man es bei der Aktionsforschung überhaupt noch mit wissenschaftlicher Forschung zu tun hat. Dabei ist es allerdings „nicht möglich, die Wahrheit von Diskursergebnissen ein für alle Mal zu verbürgen. Vielmehr handelt es sich immer um vorläufige Wahrheiten, die durch den weiteren Forschungs- und Diskussionsverlauf in Frage gestellt werden können. Es ist mithin aus guten Gründen immer möglich, Wahrheit argumentativ zu bestreiten, ja vielleicht wird eine ‚Wahrheit' auch in der Praxis der Unwahrheit überführt" (H. Moser 1977, S. 13). Welche Bedingungen müssen nun erfüllt sein, damit ein Gespräch unter den Forschungsbeteiligten Diskurs genannt werden darf?

Diskurse sind Diskussionen, bei denen es inhaltlich um die *Problematisierung von Argumenten*[11] geht und die methodisch möglichst *herrschaftfrei*[12] geführt werden. Die Bedingungen der Möglichkeit des herrschaftsfreien Diskurses sind die Bedingungen politischer und gesellschaftlicher Demokratie. Der gesellschaftlich zugestandene und realisierbare Handlungsspielraum entscheidet über die Verwirklichungschancen des herrschaftsfreien Diskurses. Mit diesen eher methodologischen Erwägungen schließt die Aktionsforschung an die kritisch-dialektische Soziologie an, der es um die Einlösung des gesellschaftlichen Demokratiepostulats geht.

Die kritisch-dialektische Rechtssoziologie – soweit sie überhaupt die Ebene rechtstheoretischer Untersuchungen verläßt – hat bislang die Kluft zwischen auf Herrschaftsabbau abzielendem Erkenntnisinteresse und herrschaftsstabilisierenden Forschungsmethoden noch nicht überwunden, vor allem auch deshalb nicht, weil der Aktionsforschungsansatz rechtssoziologisch bislang kaum rezipiert wurde. Die Gründe hierfür liegen auf der Hand. Rechtssoziologie hatte als junge Wissenschaft zunächst einmal den Nachweis ihrer Wissenschaftlichkeit zu erbringen. Damit war die Orientierung am Objektivitätsanspruch der traditionellen empirischen Sozialforschung und ihrer Methodenlehre vorgegeben oder — wo dieser Anspruch kritisch auf sein Erkenntnisinteresse hin befragt wurde — war die Alternative der Rückzug auf die „reine" rechtssoziologische Theorie. Die „Empiriefeindlichkeit" und das sich Heraushalten aus der empirischen Forschungspraxis hat gerade in der deutschen Rechtssoziologie Tradition. Es ist die Tradition der soziologischen Theorie des Rechts von E. Ehrlich über M. Weber bis N. Luhmann auf der einen und von K. Marx über E. Paschukanis bis zur kritischen Rechtssoziologie von H. Ryffel auf der anderen Seite.

Der weitgehend im kritischen Lager der Rechtssoziologie unterbliebene Auszug aus dem Elfenbeinturm reinen Theoretisierens ist jedoch nicht unbegründet. Er kann sich auf die Erkenntnis stützen, daß Aktionsforschung ein zweischneidiges Schwert ist: Ihre Ambivalenz liegt darin, daß die von ihr geforderte Beanspruchung des „ganzen" Menschen auch in dessen ganze Vereinnahmung für beliebige und von den Forschungsbeteiligten nicht definierbare Zwecke umschlagen kann. Kurz: daß sie Herrschaft nicht auflöst, sondern subtil verfestigt. Die Indienstnahme von gruppendynamischen Verfahren, therapeutischen Methoden und anderen Formen der „offenen" Forschungskommunikation für die Sicherung von Leistungsmotivation und für die Verhinderung von betriebsklimatischen Störungen verweist auf die soziotechnische Verwendbarkeit von Aktionsforschung. Ihre Methoden entpuppen sich in solchen Fällen durchaus als mit der Aura von „Pseudo-Partizipation" (Naschold) versehene subtile Formen der Instrumentalisierung der Untersuchungspersonen und damit als Herrschaftsinstrumente.

Der mögliche Herrschaftscharakter von Aktionsforschung kann aber auch im Forschungsprozeß selbst liegen und zwar immer dann, wenn die Möglichkeit zu symmetrischer und herrschaftsfreier Kommunikation bloß unterstellt, aber nicht einlösbar ist. Diskursfähigkeit setzt nämlich vergleichbare Alltagssituationen der Forschungsbeteiligten voraus. Ein Indiz für die Richtigkeit dieser Annahme ist die Tatsache, daß Aktionsforschung in jenen Forschungsfeldern am ehesten durchführbar ist, wo die Fähigkeit zum herrschaftsfreien Diskurs zumindest partiell ausgeprägt und das Forschungsprojekt in ähnlich strukturierte soziale Alltagskontexte eingebettet ist (wie z. B. im studentischen Milieu). Die aufklärerische und emanzipatorische Potenz von Aktionsforschung als gemeinsamen Lernprozeß aller Forschungsbeteiligten muß aber insbesondere in solchen Forschungskontexten in Frage gestellt werden, in denen das Informationsgefälle und die Differenzen in der Kommunikationskompetenz zwischen professionellen und nichtprofessionellen Forschungsbeteiligten außerordentlich groß sind (wie z. B. zwischen akademisch vorgebildeten Rechtssoziologen und Strafgefangenen) und deshalb ein Rückgriff auf eine gemeinsame Alltagserfahrung nicht möglich ist. Dies schließt jedoch nicht aus, – und hierin liegt der maßgebliche Unterschied zur traditionellen Sozialforschung – daß sich aufklärerisches, herrschaftskritisches (Lern-)Potential in Aktionsforschungsprozessen entfalten kann, während Lernen im traditionellen Forschungskontext von vornherein dysfunktional wirkt.

2.2.3 Die Gruppendiskussion: Rechtssoziologie als handlungsorientierte Forschung

In kritischer Auseinandersetzung mit einer der empirisch-analytischen Soziologie verpflichteten traditionellen Sozialforschung einerseits und einer Aktionsforschung, die häufig die beteiligten Personen und Institutionen überfordert andererseits, zeichnet sich das Konzept einer handlungsorientierten Forschung ab.[13] Die Zielsetzung, die Methoden und die Beschaffenheit des Forschungsprozesses von handlungsorientierter Forschung soll kurz im zusammenfassenden Vergleich mit den beiden oben vorgestellten Forschungsansätzen skizziert werden.

Zunächst, was die *Ziel*dimension anbelangt: Handlungsorientierter Forschung geht es im Unterschied zur traditionellen Sozialforschung nicht nur um die „objektive" Erkenntnis der sozialen Wirklichkeit. Sie verfolgt auch nicht – wie Aktionsforschung – primär den Anspruch, selbst ändernd in die soziale Wirklichkeit eingreifen zu wollen. Vielmehr beschränkt sie sich auf die Gestaltung der Forschungswirklichkeit i. S. eines auf vergleichbarer Informationslage der Beteiligten aufbauenden Prozesses möglichst symmetrischer Kommunikation. Handeln heißt hier: Teilnahme am Forschungsprozeß und damit dessen Ausbau zum Kommunikations- und Lernprozeß zwischen den Forschern und Forschungsbeteiligten. Handlungsorientiert heißt dieser Ansatz, weil sich die Kommunikationsinhalte auf die Handlungsbedingungen und damit Beteiligungschancen der Forschungsteilnehmer im sozialen Kontext des Forschungsprozesses beziehen.

Die kommunikative Teilnahme am Forschungsprozeß verlangt in *methodischer* Hinsicht den Einsatz von solchen Methoden, die einerseits die Erfassung dieses Kontextes, d. h. der sozialen Wirklichkeit zulassen, die andererseits aber auch Forschung kommunikativ gestalten. Wenn wir uns das oben vorgestellte Methodenarsenal der traditionellen Sozialforschung nochmals vergegenwärtigen (vgl. oben 2.2.1), dann stellen wir fest, daß die Beobachtung und die Dokumentenanalyse überhaupt keine und die Befragung lediglich eine asymmetrische Kommunikation herstellen. Asymmetrisch ist die Befragungskommunikation deshalb, weil ihre Themenwahl und ihr Ablauf in der ausschließlichen Entscheidungsgewalt des Forschers liegen. Die Informationsbeantwortung der Untersuchungspersonen bleibt reflexhaft auf die Informationsvorgaben des Forschers bezogen. Symmetrische Kommunikation würde dagegen einen möglichst herrschaftsfreien gegenseitigen Informationsaustausch voraussetzen.

Diesem Anspruch wird am ehesten die Gruppendiskussion gerecht. Von der herrschenden traditionellen Sozialforschung vornehmlich als explorative Methode für die Entwicklung von Forschungshypothesen sowie für die Gestaltung des Fragebogens (W. Mangold 1967, S. 210) eingesetzt, führt sie immer noch ein „Schattendasein" (H. Krüger 1983, S. 90) im Vergleich zu anderen kommunikativen Verfahren, wie z. B. dem qualitativen Interview etc. Die Gruppendiskussion bildet jenen Prozeß der Meinungsbildung ab, dessen Medium „das alltägliche informelle Gespräch zwischen Menschen wesentlich gleicher Situation (ist), die sich miteinander zu identifizieren vermögen" (W. Mangold 1967, S. 223). Die Gruppendiskussion stellt demnach ein Forum dar zur Einübung von symmetrisch kommunikativem Verhalten und damit für die Herstellung von forschungsgestützter Kommunikation über die soziale Wirklichkeit[14].

Als gemeinsamer Lernprozeß von Forschern und Forschungsbeteiligten kann handlungsorientierte Forschung im *Ergebnis* jenes kritische Potential freisetzen, wie es zum Abbau irrationaler, unbefragter und damit illegitimer Herrschaft erforderlich ist. Der Forschungsprozeß ist als Lernprozeß für den Erwerb von Teilnahme- und Kritikfähigkeit verschieden vom Datenerhebungsprozeß der traditionellen Sozialforschung, aber auch vom Handlungsprozeß der Aktionsforschung.

Das Konzept der handlungsorientierten Forschung findet sein theoretisches und methodologisches Äquivalent in der *kommunikativen Rechtssoziologie*. Es verfolgt das Ziel, das Forschungsinteresse an Aufklärung über den normativen Anspruch des Rechts und die Bedingungen seiner gesellschaftlichen Einlösung *methodisch* einzulösen. Im Verfahren der Gruppendiskussion offeriert dieser Forschungsansatz eine Methode zur forschungsgestützten Kommunikation des Rechts. Dabei greift der Forschungsprozeß als Analyse- und als Lernprozeß das Erkenntnisinteresse der kommunikativen Rechtssoziologie in doppelter Weise auf. Er will

— durch die *Analyse der sozialen Wirklichkeit* des Rechts die Barrieren und Bedingungen seiner gesellschaftlichen Kommunikation und Widersprüche zwischen normativem Anspruch und gesellschaftlicher Wirklichkeit offenlegen (vgl. dazu oben 1.3.3) und

— durch die forschungsgestützte, methodenvermittelte Kommunikation des Rechts in seiner idealen, normativen und empirischen Dimension den Angleichungsprozeß von (Rechts-)Bewußtsein und (Rechts-)Wirklichkeit und damit kritisches *Rechtslernen* fördern.

Abschließend bleibt zusammenfassend festzuhalten: Mit der Tatsache, daß sich der empirisch-analytische Ansatz in der Rechtssoziologie durchgesetzt hat, ging notwendigerweise deren methodologische Beschränkung auf das normative Paradigma der Sozialwissenschaften und auf das Methodenarsenal der traditionellen Sozialforschung einher. Die soziologische Diskussion, wie sie im Anschluß an den Positivismusstreit auch auf der Ebene der Forschungsmethoden ausgebrochen ist und in Aktionsforschungs- und handlungsorientierten Forschungsprojekten ansatzweise forschungspraktisch umgesetzt wird, hat in der Rechtssoziologie kaum Früchte getragen — ein Defizit, das sich auch in den Anwendungsgebieten rechtssoziologischer Methoden, d. h. den Forschungsfeldern dokumentiert.

2.3 Anwendungsgebiete rechtssoziologischer Methoden (Forschungsfelder der Rechtssoziologie)

2.3.1 Theoretische und empirische Rechtssoziologie

Fragt man nach den Hauptanwendungsgebieten rechtssoziologischer Methoden, so muß zunächst auf die Unterscheidung von theoretischer und empirischer Rechtssoziologie eingegangen werden. Beide weisen nämlich den Forschungsmethoden für die rechtssoziologische Forschung einen verschiedenen Stellenwert zu, mit der Folge, daß die Forschungsschwerpunkte von theoretischer und empirischer Rechtssoziologie auseinandergehen.

Die Unterscheidung von theoretischer und empirischer Rechtssoziologie ist nicht deckungsgleich mit der Unterscheidung von soziologischer Theorie des Rechts und soziologischer Jurisprudenz, wie sie einleitend vorgenommen wurde. Die soziologische Theorie des Rechts von Ehrlich, Weber, Luhmann u. a. verfolgt ein *gesellschaftstheoretisches* Interesse. Hier ist die soziologische Theorie des Rechts letztlich ein Versatzstück der eigentlich angestrebten allgemeinen Gesellschaftstheorie. Die soziologische Jurisprudenz von Geiger über Llewellyn bis Hirsch hat dagegen ein *praktisches* Interesse an der Verwertung von wissenschaftlicher Erkenntnis in der Rechtsetzung und -anwendung. Sie will soziologisch begründete Entscheidungshilfe anbieten (vgl. M Rehbinder 1977, S. 12).

Der Gegensatz aber, um den es hier geht, liegt auf einer anderen Ebene. Er äußert sich methodologisch im Unterschied von empirisch-analytischem und kritisch-dialektischem Ansatz in der Rechtssoziologie, ohne daß allerdings empirische Rechtssoziologie mit dem empirisch-analytischen Ansatz zusammenfällt und theoretische Rechtssoziologie ausschließlich kritisch-dialektisch zu betreiben wäre. Allerdings bleibt festzuhalten, daß *empirische Rechtssoziologie* dort, wo sie methodologisch reflektiert betrieben wird, einem empirisch-analytischen Wissenschaftsverständnis verpflichtet bleibt; denn sie „erfolgt im Wege der Verifizierung und Falsifizierung von Hypothesen durch systematisch, methodisch kontrolliert erhobene Tatsachen" (M. Rehbinder 1977, S. 13). Sie wird deswegen auch als Rechtstatsachenforschung etikettiert.[15] Ihre Methoden sind jene der traditionellen empirischen Sozialforschung, wie sie oben vorgestellt wurden.

Die Grenzen der empirischen Rechtssoziologie werden auf der methodologischen Ebene vom sozialtechnologischen Erkenntnisinteresse des empirisch-analytischen Ansatzes (vgl. dazu oben 1.3.1) und auf der methodischen Ebene von der begrenzten Reichweite der traditionellen empirischen Methoden gezogen (vgl. dazu oben 2.2.1). „Das Dilemma der Rechtstatsachenforschung"[16] besteht zudem auf der praktischen Ebene in der Diskrepanz zwischen aufwendigen zeit- und kostenintensiven Forschungsvorhaben einerseits und der Notwendigkeit zur kurzfristigen Integration ihrer Ergebnisse in juristische Einzelfallentscheidungen andererseits. Aus Praktikabilitätsgründen werden deshalb in der Forschungspraxis nur kleine Wirklichkeitsausschnitte untersucht, mit denen sich die Hypothesen bestenfalls illustrieren, keineswegs aber empirisch fundieren lassen.

Blankenburg kritisiert die Rechtstatsachenforschung als „eine Zulieferforschung für die aus juristischer Entscheidungsnot geborenen Fragestellungen. Der Übererwartung, Rechtswissenschaft ‚als Sozialwissenschaft' betreiben zu können, folgt hier nur zu schnell die Untererwartung: als könne Rechtstatsachenforschung ohne sozialwissenschaftliche Theorie betrieben werden" (E. Blankenburg 1981, S. 12).

Die *theoretische Rechtssoziologie* dagegen definiert ihre Arbeitsweise anders. Sie will „im Wege der Verallgemeinerung durch Konstruktion von Fakten, sozialen Gesetzmäßigkeiten und Hypothesen (Forschungsannahmen) zu einem System (kommen), aus dem neue Hypothesen abgeleitet werden können" (M. Rehbinder 1977, S. 13). Solcher Theoriebildung wird im empirisch-analytischen Lager der Rechtssoziologie Wissenschaftlichkeit nur zuerkannt, wenn ihre Aussagen der empirischen Überprüfung unterzogen werden und standhalten. Theoretische Rechtssoziologie ist hier integriert in eine empirische Rechtssoziologie mit Theorieanspruch.

Einen anderen Stellenwert schreibt dagegen die kritisch-dialektische Richtung in der theoretischen Rechtssoziologie der Rechtstatsachenforschung zu. Deren Ergebnisse dienen hier nicht der empirischen Begründung von soziologischen Theorien des Rechts, sondern der Aufdeckung von Widersprüchen zwischen dem empirisch grundsätzlich nicht überprüfbaren Sollensanspruch des Rechts und seiner, den empirischen Methoden zugänglichen, gesellschaftlichen Wirklichkeit. Empirische Forschung wird hier zum Kritikinstrument von rechtssoziologischer Theorie.

2.3.2 Themenschwerpunkte und Fragestellungen der theoretischen Rechtssoziologie

Die grundlegenden Fragestellungen der theoretischen Rechtssoziologie

— wie das Recht aus den gesellschaftlichen Tatsachen entsteht (genetische Rechtssoziologie) und
— wie Recht auf die gesellschaftlichen Verhältnisse einwirkt (operative Rechtssoziologie)

begründen eine „verwirrende Fülle von Themen" (Raiser), mit denen sich die theoretische Rechtssoziologie bislang auseinandersetzt.

Raiser (1972, S. 88) listet exemplarisch die folgenden Themenschwerpunkte auf. Danach kümmert sich die theoretische Rechtssoziologie um:

„a) die Begriffe der Norm und des Rechts sowie die Geltung und Legitimation von Rechtsvorschriften;

b) das Verhältnis des Rechts zu anderen sozialen Ordnungen wie Sitte, Brauch, Konvention usw.;

c) die Sanktionen und ihren Wirkungsmechanismus;

d) die Stellung, Arbeitsweise und Funktion der Juristen;

e) den Einfluß sozialer Realitäten auf das Recht und die Frage der Abhängigkeit des Rechts von diesen Realfaktoren (die normative Kraft des Faktischen);

f) die Rückwirkung des Rechts auf die soziale Realität;

g) die Bedingungen und den Grad der Effektivität des Rechts;

h) das Recht als Faktor zur Stabilisierung und/oder zur Änderung der Gesellschaft;

i) Rationalität und Irrationalität des Rechts;

j) die Bedeutung von Rechtskenntnis, Rechtsbewußtsein und Rechtsgefühl;

k) Volksrecht, Juristenrecht und gesetzliches Recht;

l) Individuum und Gemeinschaft, subjektives und objektives Recht, Systemtheorie und Institutionenlehre;

m) das Recht als Struktur sozialer Systeme und als Mechanismus zur Lösung von Konflikten;

n) das Verhältnis von Wirtschaft und Recht;

o) das Verhältnis von Macht, Herrschaft und Recht;

p) Rechtsidee, Naturrecht, Rechtsideologie und positives Recht;

q) dogmatische Rechtswissenschaft und kritische Rechtssoziologie;

r) den Wissenschaftscharakter der Jurisprudenz."

Die Frage, ob die Vielfalt der aufgezeigten Themenschwerpunkte strukturiert werden kann und wie gegebenenfalls die Strukturierungskriterien aussehen, kann nicht mit dem Hinweis auf eine gemeinsame, in der positivistischen Richtung der Soziologie des 19. Jahrhunderts und ihrem naturwissenschaftlich geprägten Verständnis von in der Gesellschaft wurzelnden methodischen Grundlagen beantwortet werden. Das von Raiser angebotene Koordinatensystem zur Standortbestimmung der theoretischen Rechtssoziologie greift deshalb zu kurz. Es zieht seine Koordinaten aus einer soziologischen Tradition, die gekennzeichnet ist durch die „Abwendung von der Sozialphilosophie der Aufklärung und des Idealismus" (Th. Raiser 1972, S. 88). Die aufklärerische Wurzel der Soziologie, die in der kritisch-dialektischen Rechtssoziologie ihre Früchte trägt, bleibt unberücksichtigt, wenn das „einigende Band" (Raiser) der Themenvielfalt theoretischer Rechtssoziologie lediglich auf die drei folgenden Strukturmerkmale gebracht wird:

— das Interesse, Recht als empirisch meß- und überprüfbare Tatsache zu fassen, die sich in Falsifikationsverfahren unterworfenen Hypothesen zum Ausdruck bringen läßt;
— die Überzeugung, dadurch soziale Gesetzmäßigkeiten aufdecken, auf ihre Ursachen rückführen und Prognosen für die zukünftige Entwicklung abgeben zu können und
— die Ablehnung sämtlicher Ideale, Gerechtigkeitsvorstellungen und Ideen, die mit empirischen Methoden nicht in den Griff zu bekommen sind.

Das Koordinatensystem für die Strukturierung von Themenschwerpunkten der theoretischen Rechtssoziologie ist um mindestens die folgenden drei Koordinaten zu erweitern:

— das Interesse, Recht als Ausdruck gesellschaftlicher Wert- und individueller Verhaltensorientierung in seinem sozialen Wirkungszusammenhang als Bedingung der Möglichkeit für die Verhinderung, aber auch Verwirklichung gesellschaftlicher Entwicklung und individueller Mündigkeit zu verstehen;
— die Überzeugung, hierzu die Widersprüche zwischen gesellschaftlichem Sollensanspruch und individueller Verhaltensorientierung einerseits und gesellschaftlicher Wirklichkeit und tatsächlichem Verhalten andererseits aufzudecken und zu kritisieren, wobei
— der Rückgriff auf den Werthorizont des Rechtsideals (Sinzheimer) Maßstab für diese Kritik und Orientierung für die gesellschaftliche, rechtlich gesteuerte Entwicklung zu sein hat.

2.3.3 Forschungsfelder und Fragestellungen der empirischen Rechtssoziologie

Die empirische Rechtssoziologie zeichnet sich durch drei Schwerpunkte aus (vgl. M. Rehbinder 1977, S. 173). Untersucht werden vornehmlich

— die Differenz zwischen dem geltenden Recht, der Rechtsetzungs- und -anwendungspraxis und dem tatsächlich gelebten Recht

(Rechtswirklichkeit) in verschiedenen Bereichen;
— das Rechtsbewußtsein der Rechtsgenossen und
— das Verhalten des Rechtsstabs.

Die Tätigkeit des Rechtsstabs — die Rechtsetzung und Rechtsanwendung in Parlamenten, Justiz und Verwaltung — stecken die wichtigsten Forschungsfelder der empirischen Rechtssoziologie ab. So werden im Rechtsetzungsprozeß die Tätigkeit der Parlamente, der Einfluß von pressure groups auf diesen Prozeß und die Bedingungen seiner reformerischen Effektivierung untersucht. Die Rechtsanwendung in der Verwaltung ist Gegenstand der Bürokratieforschung und neuerdings von Interesse für Forschungsvorhaben zum Einfluß neuer Technologien (wie z. B. EDV) auf den Verwaltungsprozeß. Die Justiz ist das Forschungsfeld jenes Kernbereichs der empirischen Rechtssoziologie, der seit den Untersuchungen von Adolf Wach in den 80er Jahren des letzten Jahrhunderts zur Effektivierung der am 1.10.1879 in Kraft getretenen ZPO und insbesondere zum Mündlichkeitsgrundsatz auf eine große deutsche Tradition der Justizforschung zurückblicken kann (vgl. M. Rehbinder 1977, S. 174)[17].

Die empirische Rechtssoziologie teilt ihre Forschungsfelder mit anderen Wissenschaften und Spezialsoziologien: den Rechtsetzungsprozeß mit der Parlamentssoziologie als Teilgebiet der politischen Soziologie und mit der Politikwissenschaft; die Verwaltung mit der Verwaltungssoziologie, Organisationssoziologie und den Verwaltungswissenschaften; die Justiz mit der Berufssoziologie und Elitesoziologie. So nahm gerade die Wiederbelebung der Justizsoziologie als Teilgebiet der Rechtssoziologie in den 60er Jahren ihren Ausgang von Fragen der Eliteforschung und von berufssoziologischen Problemstellungen. Sie war bis in die jüngste Vergangenheit hinein Richtersoziologie, die sich erst allmählich von Fragen zum Persönlichkeitsprofil, zur beruflichen Stellung und sozialen Herkunft des Richters löst und das gesamte Justizgeschehen (Justizorganisation, Rechtssprache, Prozeßverlauf etc.) thematisiert.

Daß die empirische Rechtssoziologie heute ihre Hauptforschungsfelder mit Nachbarwissenschaften und anderen speziellen Soziologien teilt, hat seinen Grund in der Komplexität ihres Gegenstandes. Das Verhältnis von Recht und Gesellschaft ist aus einzeldisziplinärer Sicht nicht angemessen in den Griff zu bekommen. Das Erfordernis zur *interdisziplinären* Zusammenarbeit zwischen Rechtssoziologen, Rechtswissenschaftlern, Verwaltungswissenschaftlern, Politologen auf der einen und zwischen Forschern und Rechtspraktikern auf der anderen Seite ist offenkundig. Ihm ist durch eine adäquate Definition der wissenschaftlichen Fragestellungen, mit denen Forschungsvorhaben in den genannten Feldern durchgeführt werden, Rechnung zu tragen. Vergegenwärtigt man sich die herrschenden Fragestellungen, so lassen sich vornehmlich zwei Richtungen in der empirischen Rechtssoziologie ausmachen: deskriptiv und verifizierend.

Wird Rechtssoziologie *deskriptiv* betrieben, fragt sie nach der Beschaffenheit ihres Untersuchungsgegenstandes, den sie im Ergebnis beschreibt oder klassifiziert. Die Differenzen zwischen dem geschriebenen und dem lebendigen Recht, zwischen Sollensanspruch und tatsächlichem Verhalten waren in der Vergangenheit die Schwerpunktthemen solcher Deskriptionen. Sie wurden überwiegend von der Rechtstatsachenforschung behandelt mit dem Ziel der Ergebnisverwertung in Rechtsetzungs- und Rechtsanwendungsprozessen. „Man schildert z. B. das Hypothekenwesen oder die tatsächliche Ausgestaltung von Tankstellenverträgen, die Werte und Normen von Subkulturen wie Gefängnis, Großbetrieb, Fußballverein oder die Ausgestaltung und Häufigkeitsverteilung von Testamenten" (M. Rehbinder 1977, S. 104).

Geht dagegen Rechtssoziologie mit *verifizierender* Fragestellung an ihren Untersuchungsgegenstand heran, dann fragt sie nach Zusammenhängen, Kausalbeziehungen und Gesetzmäßigkeiten. Sie will dann nicht mehr nur beschreiben, sondern erklären. Ihr Ziel ist es, vorab gefaßte Hypothesen empirisch zu testen und dadurch zu bestätigen (verifizieren) oder zu verwerfen (falsifizieren).

Mit beiden Fragestellungen wurden von der empirischen Rechtssoziologie im *internationalen Rahmen* (Polen, Sowjetunion, USA, Skandinavien) die folgenden von Ziegler (1975, S. 172ff.) aufgearbeiteten Themen angegangen:

- zum Recht als Instrument der sozialen Steuerung das Verhältnis von

  - Recht und Arbeit (I. V. Pavlov et al.),
  - Recht und Rechtspolitik (A. Podgorecki),
  - Recht und soziale Steuerungsformen (L. Lindgren et al.),
  - Recht und Koordination (V. Aubert),

- zum Verhältnis von Recht und Sozialstruktur (Effektivität des Rechts) Untersuchungen

- zur Effektivität von Arbeitsnormen (I. V. Pavlov, A. Podgorecki),
- zur Rechtsstellung der elterlichen Gewalt (J. Cohen et al.),
- zum Prestige des Rechts (A. Podgorecki; R. Blom; J.M. Nielsen; W. Kaupen),
- über Einstellungen zu moralischen und rechtlichen Normen (A. Podgorecki, J. Kurczewski et al.),
- zur Effektivität von Verkehrsgesetzen (B.-M. Blegvad, J. M. Nielsen),
- zur Gesetzeswirkung bei präventiver Behördenaktivität (L. Lindgren et al.),
- zur Gesetzeswirkung ohne Behördenaktivität und vergleichende Untersuchungen zum Rechtsbewußtsein (A. Podgorecki).

Die wesentlichen Forschungsfelder und aufgegriffenen Themen der *westdeutschen empirischen Rechtssoziologie* stellt E. Blankenburg (1975, S. 28ff.) vor. Es handelt sich hierbei

- aus dem Bereich der *Justiz* um Untersuchungen

  - zu richterlichen Strategien zum Abschluß eines Verfahrens (R. Lautmann),
  - zur Interaktion im Gerichtssaal (A. F. Schumann, G. Winter),
  - zur Einstellung der Unterschicht zum Rechtswesen (Th. Rasehorn),
  - zu den Bedingungen der richterlichen Karriere (W. Kaupen, Th. Rasehorn),
  - zur Höhe des Strafmaßes (K. D. Opp, R. Peuckert),
  - zur Unabhängigkeit der Richter aus der Sicht der Richter (R. Werle),
  - zur Dauer der Zivilprozesse (E. Blankenburg, H. Morasch, H. Wolff) und
  - zum Einfluß von Tätern und Opfern auf. das Strafverfahren (E. Blankenburg, W. Steffen);

- aus dem Bereich *Verwaltung/Regierung* um Untersuchungen

  - zu polizeilichen Situationen und die Bagatellisierung von Delikten (J. Fest),
  - zur formellen Kontrolle anhand einer Analyse von Jugendamtsakten (M. Brusten) und
  - zu Entscheidungsprozessen in der Bundesregierung (H. Treiber);

- aus dem Bereich der *Rechtsausbildung* um die Untersuchung von sozialen Faktoren der Studienwahl von Jurastudenten im Vergleich mit Soziologiestudenten (K. Gottwald) und
- aus dem Bereich des *Rechtsbewußtseins* um die Studie zum Thema „Norm, Sanktion und sozialer Rang" (G. Spittler). Zu ergänzen bleibt diese Liste durch eine neuere Untersuchung
- aus dem Bereich der *Rechtswissenschaft* über deutsche und amerikanische Rechtslehrer (E. Klausa).

Diese Zusammenstellung beansprucht nicht, eine repräsentative Auswahl von empirischer rechtssoziologischer Forschung vorzustellen. Sie vermittelt aber insoweit einen richtigen Eindruck von der tatsächlichen Schwerpunktverteilung in der soziologischen Forschung, als sie vornehmlich *justizsoziologische* Untersuchungen berücksichtigt. Empirische Rechtssoziologie wird bislang überwiegend als Soziologie der Justiz (des Richters, des Justizverfahrens, der Justizorganisation u. a. m.) betrieben. Die ehemals auf die Justiz beschränkte Juristensoziologie wurde inzwischen durch eine Soziologie der Rechtslehrer um eine wesentliche Dimension erweitert (vgl. E. Klausa 1981).

In einem erweiterten kommunikativen Verständnis von Rechtssoziologie wären allerdings die von Nachbardisziplinen durchgeführten Untersuchungen zum Gesetzgebungsprozeß, Verwaltungsverfahren etc. zu integrieren. Hier ist, wie die Themenzusammenstellung im internationalen Rahmen zeigt, die ausländische Rechtssoziologie weiter. Wenn in der Bundesrepublik die Fragestellungen der politischen Soziologie (z. B. Parlamentssoziologie), der Arbeits- und Berufssoziologie, der Verwaltungssoziologie, der Organisationssoziologie noch immer nicht integrativ, d. h. *auch* als rechtssoziologische und damit nur interdisziplinär zu beantwortende begriffen werden, dann gründet dies nicht zuletzt in der Perspektivenverengung einer ausschließlich deskriptiven und verifizierenden Forschung. Mit beiden Forschungsstrategien bleibt nämlich die empirische Rechtssoziologie methodologisch dem normativen Paradigma und methodisch den Verfahrensweisen der traditionellen Sozialforschung verpflichtet. Sie verschließt sich damit einer gegenstandsadäquaten integrativen Sichtweise und erschwert den interdisziplinären Zugriff auf ihren Gegenstand.

2.4 Zusammenfassende Standortbestimmung einer kommunikativen Rechtssoziologie

Die wissenschaftssystematische Einordnung verlangt eine Antwort auf die Frage, ob Rechtssoziologie als Rechtswissenschaft, als Soziologie oder aber als eigenständige Disziplin „dazwischen" zu begreifen ist. Die Antworten auf diese Frage gehen auseinander, je nachdem, ob Rechtssoziologie als soziologische Jurisprudenz oder eher als soziologische Theorie des Rechts betrieben wird. Für die Standortbestimmung einer kommunikativen Rechtssoziologie zwischen Jurisprudenz und Soziologie bedarf es eines Koordinatensystems, mit dem das Verhältnis zum einen zur Jurisprudenz (vgl. 2.4.1) und zum anderen zur Soziologie (vgl. 2.4.2) zu vermessen ist. Ihre Koordinaten gewinnt Rechtssoziologie aus der theoretischen Definition ihres *Gegenstandes,* aus ihrem *Wissenschaftsbegriff* und aus ihrem *Methodenverständnis.* Diese waren deshalb auch der Stoff der bisherigen Ausführungen. Anhand ihrer zusammenfassenden Würdigung sollen die Umrisse einer kommunikativen Rechtssoziologie weiter verdeutlicht werden (vgl. 2.4.3).

2.4.1 Das Verhältnis von Rechtssoziologie und Jurisprudenz

Die Geschichte der Rechtssoziologie läßt, wie eingangs erläutert, zwei Entwicklungsstränge erkennen:

— die soziologische Theorie des Rechts ausgehend von einer allgemeinen soziologischen Perspektive der Rechtsbetrachtung und
— die soziologische Jurisprudenz, die ihre Anfänge in der Öffnung der Jurisprudenz zur Soziologie hin hat.

Für die soziologische Theorie des Rechts ist Rechtssoziologie eine spezielle Soziologie. Nur als solche steht sie vor dem Problem, ihr Verhältnis zur Jurisprudenz zu definieren. Die soziologische Jurisprudenz dagegen begreift Rechtssoziologie als Teil der Rechtswissenschaft. Ihr Problem stellt sich deshalb in der umgekehrten Richtung, nämlich als Frage nach ihrem Verhältnis zur Soziologie (vgl. dazu 2.4.2).

Wenden wir uns zunächst anhand der eingangs genannten Kriterien der ersten Problemstellung zu. Der *Gegenstand* von Rechtssoziologie als soziologischer Theorie des Rechts ist die *Gesellschaft,* soweit sie sich im Recht ausdrückt und vom Recht durchwirkt wird. Im ersteren Fall ist die Perspektive der soziologischen Rechtstheorie *genetisch*

– so vornehmlich in ihren Anfängen bei Marx, Ehrlich und Weber. Im zweiten Fall denkt Rechtssoziologie *operativ,* wie in der modernen Rechtssoziologie von Luhmann, Llewellyn und Ziegert.

Das Verhältnis von soziologischer Theorie des Rechts und Jurisprudenz war von jeher prekär. Es drückt sich in der Furcht des Juristen vor einer unzulässigen Soziologisierung der Jurisprudenz ebenso aus, wie in der falschen Selbstbeschränkung der Rechtssoziologen auf die Faktizität des Rechts. So hat zweifellos Rechtssoziologie als „usurpatorische Rechtstheorie" (H. Ryffel), die die Rechtsnorm, das Rechtsideal und die Rechtswirklichkeit unter die Fuchtel soziologischer Theoriebildung bringen will, eher ein Nicht-Verhältnis zwischen so verstandener Rechtssoziologie und Jurisprudenz begründet. Dies gilt insbesondere für die kritisch-dialektische Theorie des Rechts, deren Rechtskritik sich der juristisch-praktischen Verwertbarkeit sperrt.

Umgekehrt führt aber auch die Beschränkung der empirisch-analytischen Rechtssoziologie, die Rechtswirklichkeit lediglich beschreiben oder erklären zu wollen, zwar dazu, daß Juristen solcherart Rechtssoziologie als „Steinbruch" benutzen, um ihre Entscheidungen sozialwissenschaftlich argumentativ absichern zu können. Gleichzeitig verschärft sich aber auch die disziplinäre Abgrenzung von wertneutraler, auf die objektive Erklärung des Seins fixierter Rechtssoziologie zu einer als Normwissenschaft definierten und damit auch auf die Normativität des Rechts verwiesenen Jurisprudenz. Die Fortschreibung der Dreidimensionalität des Rechts (Rechtsideal, Rechtsnorm, Rechtswirklichkeit) auf die disziplinäre Aufspaltung in Rechtsphilosophie, Rechtsdogmatik und Rechtssoziologie[18] – wie sie von einem empirisch-analytischen Wissenschaftsverständnis vorgenommen wird – erhöht nicht die interdisziplinäre Kommunikation, sondern zementiert die halbierte Rationalität innerhalb der Disziplinen.

Was kann der Rechtssoziologe über die Rechtswirklichkeit sagen, wenn er nicht den Sollensanspruch des Rechts und den Werthorizont bzw. die Gerechtigkeitsvorstellungen kennt, von denen dieser abgeleitet ist? Und ist die vom Juristen vorzunehmende Norminterpretation nicht zugleich auch Tatacheninterpretation? Das empirisch-analytische Wissenschaftsverständnis erkauft die Selbständigkeit der Rechtssoziologie als spezieller Soziologie zu einem hohen Preis, indem sie nämlich die Frage nach dem *Sinn* von sozialen Tatsachen und damit auch der Rechtswirklichkeit nicht stellt. Darin kommt nur auf den ersten Blick eine scheinbare Beschränkung zum Ausdruck. Sieht man genauer hin, zeigt sich, daß die Vorstellung dieses Wissenschaftsverständnisses, objektive Rechtserkenntnis sei einzig die empirische, mit Hilfe sozialforscherischer Methoden überprüfte Erkenntnis sich im Verhältnis zu den Nachbardisziplinen Jurisprudenz und Rechtsphilosophie anmaßend ausnimmt. Diese sind nicht dem positivistischen Objektivitätsanspruch und seiner methodischen Grundlagen der empirisch-analytischen Rechtssoziologie verpflichtet und werden deshalb unter Spekulationsverdacht genommen.

Nach diesem herrschenden Verständnis der Rechtssoziologie hat der Rechtssoziologe zwar die sozialen Tatsachen des Rechts zu erklären, ohne allerdings wertend Stellung zu nehmen; der Jurist dagegen muß werten. Da er dabei jedoch seine Wertentscheidungen „nur aufgrund einer umfassenden Kenntnis des sozialen Befundes" (M. Rehbinder 1977, S. 36) fällen kann, bleibt eine Restaufgabe von juristisch-praktisch verwertbarer Tatsachenerhebung in einem disziplinären Zwischenbereich. Dies ist der Bereich der Rechtstatsachenforschung. Sie ermittelt die sozialen Befunde des Rechts streng empirisch, d. h. nach diesem Wissenschaftsverständnis ohne Wertung – diese obliegt der Jurisprudenz – und ohne Theorie. Diese bleibt vielmehr die Domäne der Rechtssoziologie i. w. S.[19]. Rechtstatsachenforschung kann innerhalb der Jurisprudenz betrieben werden, die dann das Prädikat „soziologisch" zuerkannt bekommt. Für die soziologische Jurisprudenz wird freilich dann das Verhältnis zur Soziologie zum Problem.

2.4.2 Das Verhältnis von Rechtssoziologie und allgemeiner Soziologie

Der *Gegenstand* der soziologischen Jurisprudenz ist im Unterschied zur soziologischen Theorie des Rechts nicht die Gesellschaft in ihren rechtlichen Grundlagen und Einwirkungen auf das Recht, sondern das Recht als tatsächlich geltendes, gelebtes Recht und damit die Rechtswirklichkeit. Sie nimmt ihren Ausgang von der soziologischen Öffnung der Jurisprudenz durch Interessenjurisprudenz und Freirechtslehre und wird sowohl in positivistischer Richtung, z. B. von Th. Geiger und später vom legal realism (K. N. Llewellyn), als auch in der kritisch-soziologischen Jurisprudenz von H. Sinzheimer fortgeschrieben.

Das positivistische Lager plädiert – gemäß seinem empirisch-analytischen Wissenschaftsbegriff – für eine soziologische Jurisprudenz, die sich bemüht, „nur eine Berücksichtigung der Rechtstatsachen bei der erforderlichen juristischen Wertung, nicht eine Ersetzung dieser Wertung" (M. Rehbinder 1977, S. 35) vorzunehmen. Ihr *Ziel* ist es, Rechtsetzung und -anwendung *wissenschaftlich* zu begründen, d. h. den „Bereich echter Wertentscheidungen (. . .), in dem es kein Richtig oder Falsch, sondern nur ein mehr oder weniger plausibel oder vertretbar gibt" (ebd.) zu verkleinern.

Dabei werden jedoch der Zusammenhang von Erkenntnis und Interesse und die Wertung übersehen, die bereits in der Auswahl und Beschreibung der Rechtstatsachen selbst liegt. Im Verhältnis einer so verstandenen soziologischen Jurisprudenz zur Soziologie folgt aus der skizzierten Zielbestimmung: „Dogmatik ohne Soziologie ist leer, Soziologie ohne Dogmatik ist blind" – so M. Rehbinder (1977, S. 36, den Juristen Hermann Kantorowicz auf dem Ersten Deutschen Soziologentag 1910 in Berlin zitierend). Doch welche Soziologie, genauer welches Wissenschaftsverständnis von Soziologie, hier gemeint ist, liegt auf der Hand: Jurisprudenz wird zur soziologischen, wenn sie in ihren Wertentscheidungen die im Wege der Rechtstatsachenforschung wertneutral ermittelten Ergebnisse berücksichtigt. Gemeint ist demnach die empirisch-analytische Soziologie, die über der Feststellung und Beschreibung dessen, was ist, zu thematisieren, vergißt, was sein sollte. Im Ergebnis degradiert positivistische soziologische Jurisprudenz die Soziologie zur Datenlieferantin für juristische Entscheidungen und umgekehrt nährt sie zugleich jenes theorielose „Tatsachengeschwätz" (Th. Ramm), wie es der schon von Sinzheimer heftig kritisierten „Kryptosoziologie" eigen ist.

Soziologische Jurisprudenz, die demgegenüber nicht bloß soziale Befunde ihren Wertentscheidungen zugrundelegt, sondern diese Wertentscheidungen selbst wertet, findet den Brückenschlag zur Soziologie über jene Wissenschaft, die das Rechtsideal zum Gegenstand hat: die Rechtsphilosophie.[20] Daraus folgen zwei Präzisierungen im Verhältnis von Jurisprudenz und Soziologie. Erstens: Soziologie korrespondiert nur als kritische mit soziologischer Jurisprudenz, weil sie nur als solche die Nabelschnur zur Philosophie nicht gekappt hat. Zweitens: Jurisprudenz als soziologische zu begreifen, heißt dann, Recht in seiner Idealität, Normativität und sozialen Wirklichkeit in den Blick zu nehmen. Rechtswissenschaft solchermaßen als soziologische Jurisprudenz definiert, wäre kritische Sozialwissenschaft.

Und in der Tat gibt es bereits eine Reihe von progressiven Juristen, die ihre Wissenschaft als eine solche begreifen. Sie bleiben jedoch in ihrer Zunft isoliert. Im Verhältnis zwischen Rechts- und Sozialwissenschaften hat sich im wesentlichen nichts geändert. Die Isolation der Sozialwissenschaftler unter den Juristen setzt sich fort in der Isolation, aus der heraus die beiden Disziplinen gegeneinander diskutiert werden. Die verbreitete Sprachlosigkeit zwischen Juristen und Soziologen ersetzt immer noch eine disziplinenübergreifende Kommunikation. Sie wird vertieft von zwei Seiten: von einer empirisch-analytischen Soziologie, gleich ob sie sich als objektive wertneutrale Theorieinstanz oder aber als Rechtstatsachenforschung und Hilfswissenschaft der Jurisprudenz geriert. Sie findet ihr Pendant auf der anderen Seite in einer Rechtsdogmatik, die von der herrschenden Auffassung zur reinen Normwissenschaft verengt wird und sich entweder jeder Wirklichkeitsbetrachtung des Rechts verschließt oder aber, in Anlehnung an die Rechtstatsachenforschung, soziologisch dilettiert.

Mit dem Konzept der kommunikativen Rechtssoziologie kann dagegen die Sprachfähigkeit zwischen Juristen und Soziologen gefördert und ein Stück auf dem beschwerlichen Weg von der Rechtswissenschaft zur Sozialwissenschaft zurückgelegt werden.

2.4.3 Zwischen kritisch-soziologischer Jurisprudenz und kritisch-dialektischer Soziologie: die kommunikative Rechtssoziologie

Der *Gegenstand* von kommunikativer Rechtssoziologie ist weder die Gesellschaft (soziologische Theorie des Rechts) noch das Recht (soziologische Jurisprudenz), sondern vielmehr das *Verhältnis von beiden:* das Recht in der Gesellschaft und die Gesellschaft im Recht. Sowohl die Frage, wie Recht gesellschaftlich wirkt als auch die Frage, wie es gesellschaftlich bestimmt ist, haben ihre Antwortgrundlage in der gesellschaftlichen Öffentlichkeit des Rechts.

Öffentlichkeit ist mehr als Transparenz oder Information durch „Veröffentlichtes", im Unterschied zu Geheimhaltung und Vertraulichkeit. *Publizität* ist nur die eine Begriffsdimension von Öffentlichkeit. Mit Öffentlichkeit ist darüber hinaus immer auch der Kreis derjenigen gemeint, an die sich Information richtet und die mit ihr umgehen, ja die Öffentlichkeit erst herstellen: das *Publikum.* Daraus folgt: die gesellschaftliche Öffentlichkeit des Rechts umfaßt die Rechtspublizität und das Rechtspublikum. Beide zusammen bilden die Grundlage, auf der über das Recht informiert und an seinem

Entstehungs- und Durchsetzungprozeß teilgenommen und damit über Recht kommuniziert werden kann. Rechtspublizität und publikum sind die Voraussetzungen für die gesellschaftliche Kommunikation des Rechts und damit die wesentlichen Bestimmungsfaktoren des Verhältnisses von Recht und Gesellschaft. Sie stehen deshalb auch im Zentrum des Forschungsinteresses der kommunikativen Rechtssoziologie[21].

Rechtssoziologie ist kommunikativ, wenn sie mit der Erkenntnis des Gegenstandes das Interesse verbindet, die Bedingungen und Chancen der gesellschaftlichen Kommunikation des Rechts zu analysieren und Kommunikationsbarrieren zu kritisieren mit der Absicht, an ihrer Beseitigung mitzuwirken. Aus dieser Aufgabenstellung definiert sich zugleich ihr Verhältnis zur Soziologie und zur Jurisprudenz. Mit der empirisch-analytischen Soziologie teilt sie den Anspruch, die Rechtswirklichkeit als Wirklichkeit von gesellschaftlicher Rechtskommunikation erkennen zu wollen, um empirisch gesicherte Prognosen für eine zukünftige Wirklichkeitsgestaltung abgeben zu können.[22]

Im Unterschied zum Wissenschaftsverständnis der empirisch-analytischen Soziologie ist kommunikative Rechtssoziologie jedoch *reflexiv:* Sie reflektiert auf ihre eigenen normativen Implikationen, ihr Vorverständnis und ihr Erkenntnisinteresse und begreift diese unabdingbar als Bestandteil des Erkenntnisprozesses selbst. Kommunikative Rechtssoziologie nimmt demnach bei der Definition ihres Erkenntnisinteresses und Wissenschaftsbegriffs Anleihe bei der kritisch-dialektischen Soziologie. Deren Interesse an Aufklärung und Mündigkeit (emanzipatorisches Erkenntnisinteresse) präzisiert die kommunikative Rechtssoziologie als Interesse, die Teilnahmechancen (Partizipationsmöglichkeiten) der Rechtsgenossen an der gesellschaftlichen Kommunikation des Rechts zu vergrößern.

Für die wissenschaftliche Durchsetzung dieses Interesses stehen der kommunikativen Rechtssoziologie erstens die theoriegeleitete Kritik und zweitens deren empirische Grundlegung durch handlungsorientierte Methoden zur Verfügung. Kritik heißt: Konfrontation der Wirklichkeit gesellschaftlicher Rechtskommunikation (z. B. die Realität von parlamentarischen Rechtsetzungs- oder verwaltungsmäßigen Rechtsanwendungsverfahren) mit ihrem eigenen Anspruch, wie er verfassungstheoretisch, rechtlich und gesetzlich formuliert ist. Handlungsorientierte Methoden (z. B. die Gruppendiskussion) verlängern das emanzipatorische Erkenntnisinteresse auf die methodische Ebene: die Wirklichkeit der gesellschaftlichen Kommunikation des Rechts soll nicht nur erkannt und kritisiert, sondern auch im Forschungsprozeß selbst als historisch gewordene und damit gestaltbare erkannt werden mit dem Ziel, Teilnahmefähigkeit an Kommunikationsprozessen des Rechts auszubilden. Rechtssoziologische Forschung ist damit empirischer Analyse- und praktischer Kommunikationsprozeß zugleich. Kommunikative Rechtssoziologie verdient demnach ihren Namen in doppelter Weise: zum einen, weil sie die gesellschaftliche Kommunikation des Rechts zu ihrem Gegenstand erklärt; zum anderen, weil sie als handlungsorientierte selbst Kommunikation stiftet.

Kommunikative Rechtssoziologie teilt ihren Gegenstand mit anderen Spezialsoziologien; denn die gesellschaftlichen Kommunikationsbedingungen des Rechts sind zugleich auch die Bedingungen der organisatorischen, wirtschaftlichen, pädagogischen und wissenschaftlichen Grundlagen der gesellschaftlichen Wirklichkeit des Rechts. Ob z. B. jemand kompetent ist, die Informationsangebote – nehmen wir an im parlamentarischen Rechtsetzungsprozeß – wahrzunehmen und damit, sich an Rechtskommunikation zu beteiligen, hängt entscheidend von Faktoren wie Ausbildung, organisatorische Einbindung, z. B. in eine politische Partei, wirtschaftliche Macht etc. ab. Diese bilden sowohl die subjektiven, personengebundenen, als auch die objektiven gesellschaftlichen Bedingungen der Rechtskommunikation. Und umgekehrt gilt auch: die sozialen Organisationen, das Wirtschaftssystem, die Systeme schulischer und universitärer Ausbildung und die Wissenschaft sind in hohem Maße verrechtlicht. Organisationssoziologie, Wirtschaftssoziologie, pädagogische Soziologie und Wissenschaftssoziologie sind deshalb immer ein Stück Rechtssoziologie, ein Anspruch, der jedoch in der Wirklichkeit kaum eingelöst wird. Daraus ergibt sich die besondere Bedeutung von Rechtssoziologie als Sondersoziologie sui generis[2 3].

Als solche kann sie auch nicht identisch sein mit der soziologischen Jurisprudenz. Das Verhältnis von kommunikativer Rechtssoziologie und Jurisprudenz ist das Problem interwissenschaftlicher Kommunikation. Es hat zwei Seiten: Erstens die Zusammenarbeit von Rechtssoziologen und Juristen und zweitens die theoretischen und methodischen Grundlagen dieser Kooperation.

Im Gegensatz zur empirisch-analytischen Rechtssoziologie und ihrer disziplinären Trennung in wertneutrale Wirklichkeitswissenschaft (Rechtssoziologie) und wertende Normwissenschaft vom

Recht (Jurisprudenz) ist für die kommunikative Rechtssoziologie eine grundlegende Voraussetzung für die Kooperation zwischen Juristen und Soziologen, daß *beide* „das unverkürzte Rechtsphänomen, in seinem Aufgabencharakter und mit seiner sowohl genuinen normativen als auch seiner sozialen Komponente und der wechselseitigen Bedingtheit beider, zugrunde legen" (H. Ryffel 1974, S. 204). Hinter dieser Zielvorstellung bleibt die Wirklichkeit jedoch zurück. Solange aber der Jurist nicht auch kritischer Sozialwissenschaftler und der Soziologe nicht auch mit juristischem Sachverstand ausgestattet ist, stellt sich das Problem der arbeitsteiligen Untersuchung des Gegenstandes und damit auch der interwissenschaftlichen Kommunikation. D. h. für die mit soziologischen Methoden durchzuführende Untersuchung bleibt der Rechtssoziologe, für die Integration der Ergebnisse in Rechtsetzungs- und Rechtsanwendungsprozesse, vornehmlich der Jurist zuständig. Die kommunikative Aufgabe der Rechtssoziologie besteht nun darin, juristische Fragestellungen soziologisch aufzubereiten, und umgekehrt die soziologische Perspektive im Rechtsetzungs- und -anwendungsprozeß zu erweitern. Die Voraussetzungen hierfür sind in den einzelnen Rechtsgebieten unterschiedlich gut. Im Privatrecht bestehen weniger Einfalltore für die Soziologie als im Arbeitsrecht (vgl. dazu H. Sinzheimer 1976 (1922), S. 33ff. und Th. Ramm 1970, S. 154ff.). Wichtiger ist die soziologische Untermauerung des Rechtsetzungsprozesses. „Was hier versäumt wird, kann später bei der Rechtsanwendung nicht mehr nachgeholt werden" (W. Naucke 1972, S. 62).

Die kommunikative Aufgabe der Rechtssoziologie findet ihre theoretische Fundierung im Rückgriff auf die kritisch-dialektische Soziologie und ihre Praxisorientierung anhand der Problemstellung der kritischen soziologischen Jurisprudenz. Ihre Bewältigung stellt erhebliche Anforderungen an den kritischen Sozialwissenschaftler im Juristen und an den juristischen Sachverstand des Soziologen. Damit sind Qualitikationsprobleme aufgeworfen. Sie verweisen auf das Erfordernis einer verbesserten Soziologen- und Juristenausbildung. In der Ausbildung von Diplomsoziologen spielen rechtssoziologische Fragen kaum eine Rolle. Das Recht wird bestenfalls als Element des gesellschaftlichen Werte- und Normensystems behandelt, aber kaum als Praxisfeld. Dem entspricht die Ausblendung der gesellschaftlichen Wirklichkeit des Rechts in der traditionellen Juristenausbildung. Die Integration von Rechts- und Sozialwissenschaften, wie sie in einigen Modellen der reformierten, einstufigen Juristenausbildung angestrebt wird, könnte den richtigen Weg zeigen und zugleich auf die Soziologenausbildung dergestalt rückwirken, daß auch hier Praxisprobleme des rechtlichen Normsetzungs- und Anwendungsprozesses stärker berücksichtigt werden.

Die kommunikative Aufgabe der Rechtssoziologie stellt aber nicht nur Qualifikationsprobleme im Ausbildungsbereich, sondern vor allem auch eine Herausforderung der Rechtssoziologie selbst dar. Diese muß sich fragen, auf welche Weise sie selbst lernförderliche Kommunikation stiften kann zwischen Forschern und Rechtsgenossen, aber auch zwischen den Forschern selbst. Hierzu taugen handlungsorientierte Methoden, wie z. B. die Gruppendiskussion. Rechtssoziologische Forschung wird als handlungsorientierte zum Lernprozeß zwischen Forschern und Forschungsbeteiligten, der Forschungsprozeß wird zum Lernprozeß.

Nimmt die kommunikative Rechtssoziologie ihren interdisziplinären Anspruch ernst, vermag sie zudem die Zusammenarbeit von Juristen und Soziologen zum gemeinsamen Lernen über rechtssoziologischen Problemstellungen und Forschungsaufgaben zu fördern. Dieser Anspruch ist bescheidener aber deswegen auch realistischer als die – angesichts der gegebenen Bedingungen – noch utopische Forderung, die Jurisprudenz als Sozialwissenschaft betreiben zu wollen.

„Juristische Entscheidungen sind nur begrenzt wahrheitsfähig und dort, wo sie wahrheitsfähig sind, kann auch soziologische Forschung nur begrenzt Entscheidungshilfe leisten. *Der Beitrag der Rechtssoziologie ist nur als Diskurs* denkbar. (Hervorhebung vom Verf.) Er braucht eine längerfristige Institutionalisierung, wenn er zum interdisziplinären Lernprozeß werden soll. Lernen braucht Zeit und entsprechend langdauernde Motivation" (E. Blankenburg 1982, S. 210).

Lernziel wäre ein neues und bislang nur rudimentär vorfindbares Qualifikationsprofil: der Rechtssoziologe als soziologisch denkender Jurist und juristisch gebildeter Soziologe.

1 Grundlegend zur Frage der Brauchbarkeit von Soziologie für die Jurisprudenz anhand von Beispielen verdeutlicht K.-D. Opp, 1973, S. 41 ff.

2 So schreibt Ryffel (1974, S. 226): „Das geschärfte Bewußtsein für die gesellschaftliche Wirklichkeit zwingt auch in vermehrtem Maße dazu, die Wirklichkeit in ihren Differenzierungen zur Geltung zu bringen („Sozialadäquanz" ganz allgemein und „Parallelwertung in der Laiensphäre" für das Strafrecht sind hier die Stichworte). Die Veränderung greift jedoch tiefer und ist noch in vollem Gange. Sie betrifft das grundsätzliche methodische Selbstverständnis, die Art und Weise, wie die Rechtsdogmatik heute ihre Stellung im ganzen der Gesellschaft reflektieren muß."

3 Einen Überblick über die Methoden er empirischen Sozialforschung gibt das bereits zitierte Lehrbuch von J. Friedrichs, 1973. Es kann ebenso wie das von R. König herausgegebene „Handbuch der empirischen Sozialforschung" (2 Bde.) Stuttgart 1967 zur weiteren Orientierung empfohlen werden.

4 Vgl. dazu und zum folgenden E. Blankenburg, Die Aktenanalyse. In: Ders. (Hrsg.), 1975, S. 193 – 198 (S. 194 f).

5 Das Verfahren der Inhaltsanalyse wird präzise beschrieben bei J. Friedrichs, 1973, S. 314 ff. (insbes. S. 318 ff.). Zur Anwendung der Inhaltsanalyse als rechtssoziologische Methode vgl. E. Klausa, 1981, S. 165 ff.

6 Beim Interview handelt es sich definitionsgemäß um „ein planmäßiges Vorgehen mit wissenschaftlicher Zielsetzung, bei dem die Versuchsperson durch eine Reihe gezielter Fragen oder mitgeteilter Stimuli zu verbalen Reaktionen veranlaßt werden soll" (E. Scheuch, Das Interview in der Sozialforschung. In: R. König (Hrsg.), 1967, S. 136-196 (S. 138).

7 In der modernen Methodendiskussion haben solche Interviewformen eine steile Karriere zu verzeichnen. Dies hängt nicht zuletzt mit Gründen zusammen, wie sie weiter unten zur Aktionsforschung und handlungsorientierten Forschung angeführt werden. Literaturempfehlung: J. Friedrichs 1973, S. 207ff.

8 Deshalb gibt es vereinzelt – die allerdings sehr aufwendigen – Panel-Befragungen. Hier wird das gleiche sample in einem bestimmten zeitlichen Abstand wiederholt befragt.

9 Zur methodischen Vorgehensweise anhand von Beobachtungsschemata vgl. die Darstellung und Erläuterung bei J. Friedrichs 1973, S. 274ff.

10 Ziel dieser rechtssoziologischen Studie ist es, Verlaufsanalysen richterlichen Entscheidens anhand von teilnehmender verdeckter Beobachtung vorzunehmen. Zu diesem Zweck arbeitete Lautmann ein Jahr lang an zwei Gerichten als Assessor. Die Ergebnisse sind veröffentlicht bei R. Lautmann 1972 und auszugsweise unter dem Titel „Richterliche Strategien zum Abschluß eines Verfahrens" in: E. Blankenburg (Hrsg.) 1975, S. 40-55. Der Band von Blankenburg bietet eine empfehlenswerte Einführung in die Methoden der empirischen Rechtssoziologie soweit sie sich im Spektrum der traditionellen Sozialforschung bewegt. Dabei handet es sich jedoch nicht um einen methodischen „Trockenkurs". Vielmehr wird am Beispiel

rechtssoziologischer Projekte gezeigt, wo die Möglichkeiten und Grenzen der eingesetzten Methoden liegen.

11 „Wo also Normen und Aussagen einfach hingenommen werden, geht es nicht um Diskurse, sondern um alltägliches kommunikatives Handeln. Solche Problematisierung geschieht im allgemeinen dadurch, daß im Wissen, welches in Diskurse eingeht, Widersprüche zu verzeichnen sind. Denn erst das Vorhandensein solcher Widersprüche macht es sinnvoll, Argumente auf ihre Voraussetzungen zu überprüfen (. . .). Im Diskurs lautet also einmal die primäre Fragestellung: Wo ergeben sich im Wissen, das ich zur Erarbeitung von Handlungsorientierungen als Grundlage benötige, Brüche und Widersprüche?" (H. Moser 1977, S. 74).

12 Das Kriterium der Herrschaftsfreiheit wird unterschiedlich definiert: *Kommunikationstheoretisch* ist damit die Forderung nach gruppendynamisch herzustellender herrschaftsfreier Kommunikation gemeint, die *transzendentale* Variante macht Herrschaftsfreiheit an der jeder Kommunikationssituation von den Beteiligten unterstellten Möglichkeit zu unverzerrter Kommunikation fest. Mit Moser ist dagegen *historisch-soziologisch* zu argumentieren und davon auszugehen, daß der „Diskurs als Möglichkeit der Problematisierung von Normen (. . .) eine geschichtliche Leistung des bürgerlichen Zeitalters ist" und seine Bedingungen und Chancen deshalb geschichtlich zu begründen sind (H. Moser 1977, S. 69ff. (S. 70)).

13 Zur ausführlichen Erläuterung dieses Ansatzes und zur kritischen vergleichenden Würdigung mit Aktions- und traditioneller Forschung vgl. W. Georg/ L. Kißler 1982.

14 Grundlegende Information zum Verfahren der Gruppendiskussion, zu den historischen Bemühungen, diese als erkenntnisförderndes Reflexionsinstrument der Sozialwissenschaften zu nutzen und zur aktuellen Verwendung der Gruppendiskussion und ihren Grenzen wird anhand von Projekten vermittelt im Beitrag von H. Krüger 1983, S. 90ff.

15 Als Begründer der Rechtstatsachenforschung gilt Arthur Nussbaum. Vgl. seine von M. Rehbinder herausgegebene Schrift „Die Rechtstatsachenforschung", 1968. Literaturempfehlung zur Rechtstatsachenforschung: M. Rehbinder, Die Rechtstatsachenforschung im Schnittpunkt von Rechtssoziologie und soziologischer Jurisprudenz. In: Jahrbuch für Rechtssoziologie 1 (1970), S. 334-359.

16 Vgl. die gleichlautende Schrift von K.F. Röhl 1974 zit. nach M. Rehbinder 1977, S. 30.

17 Die Leistungen der Rechtssoziologie für Gesetzgebung, Justiz und Verwaltung sowie wichtigste Ergebnisse auf diesen Forschungsfeldern werden vorgestellt bei L. Kißler 1984, Kap. 3.2 - 3.4.

18 Vgl. dazu das Schaubild bei M. Rehbinder 1977, S. 11.

19 Vgl. dazu das Schaubild bei M. Rehbinder 1977, S. 36. Zur Kritik dieser in ihrer Plausibilität bestechenden disziplinären Aufgabenzuordnung vgl. H. Ryffel 1974, S. 45ff. und die Kritik des empirisch-analytischen Ansatzes oben 1.3.1.

20 „Normatives Erkennen heißt, sich auf dessen Bedeutung, d. h. den genuinen normativen Anspruch einlassen, Normatives wie ein Faktum behandeln zu wollen, wäre so widersinnig, wie wenn einer ein Gemälde als ein Konglome-

rat von Farbflecken auf einer Leinwand auffassen wollte. (. . .) Normatives als solches kann ohnehin nur erfaßt werden, wenn wir es auf Richtiges überhaupt beziehen, und in einem weiteren Schritt sind dann andere Möglichkeiten des Richtigen zu erwägen, d. h. man muß in eine normative, kritisch-praktische Erörterung eintreten" (H. Ryffel 1974, S. 200).

21 Zur weiteren inhaltlichen Beschreibung von Rechtspublizität und Rechtspublikum sowie zur theoretischen Bestimmung des Gegenstandes der kommunikativen Rechtssoziologie vgl. L. Kißler 1984, Kap. 2.3.

22 „Die Prognose zukünftiger gesellschaftlicher Entwicklungen, auf die mit den Rechtsvorschriften Einfluß genommen werden soll, ist von zentraler Wichtigkeit. Interessante Beispiele, die die Bedeutung und Problematik von Prognosen beleuchten, liefert die Rechtsprechung des Bundesverfassungsgerichts (. . .)." (H. Ryffel 1974, S. 213).

23 „In allen Disziplinen und so auch in den Wissenschaften vom Menschen und der Gesellschaft treten, vor allem bedingt durch den Zwang zur interdisziplinären Untersuchung, variable Themenkomplexe in den Vordergrund, die die Grenzen zwischen den Disziplinen überschreiten. Von einiger Bedeutung ist vielleicht aber die Einsicht, daß die Rechtssoziologie (. , .) eine allgemeinere Tragweite besitzt als alle anderen Sondersoziologien. sie ist eine Sondersoziologie sui generis" (H. Ryffel 1974, S. 180).

3. Die gesellschaftlichen Funktionen des Rechts

Vorbemerkung

Die Welt des Rechts ist keine abgehobene, sondern unsere Alltagswelt. Wir leben im Recht dieser Gesellschaft, selbst dann, wenn wir uns nicht nach seinem Gebot richten — ob wir wollen oder nicht. Wer morgens beim Bäcker Brötchen kauft, schließt einen Kaufvertrag. Wer im Streit mit seinem Nachbarn lebt, kann vor Gericht ziehen. Die Tatsache, daß wir im ersten Fall die Brötchen mit *Geld* bezahlen und im zweiten Fall ein rechtsförmiges *Verfahren* in Gang setzen, verweist auf zweierlei: zum einen auf die Existenz von Rechtsnormen, die verhaltensorientierend wirken, d. h. auf die faktische Kraft des Normativen und zum andern auf das Niveau einer gesellschaftlichen Entwicklung, die den Naturalientausch überwunden und das Faustrecht abgeschafft hat, d. h. auf die gesellschaftliche Kraft des Normativen.

Die *individuelle* Verhaltensorientierung am Recht und dessen *gesellschaftliche* Relevanz stehen zueinander in einem prekären, aber unauflösbaren Verhältnis. Es findet seinen Ausdruck im Verhältnis von Individuum und Gesellschaft. Für jenes ist kennzeichnend, daß der einzelne nur in Gesellschaft lebensfähig ist, daß aber zugleich diese für das Individuum eine „ärgerliche Tatsache" (Dahrendorf) bleibt.

Wer deshalb über die Wirkungsweise, Aufgaben und Leistungen des Rechts für die Gesellschaft nachdenkt, thematisiert das Verhältnis von Recht und individuellem, weil gesellschaftlich ge- oder verbotenem Verhalten immer schon mit. Die Frage, warum und wozu es Recht in der Gesellschaft gibt, ist deshalb — wie unsere Beispiele zeigen — präziser zu stellen, nämlich als Frage nach der Leistung des Rechts in einer *bestimmten* Gesellschaft. Beides verkompliziert die gestellte Aufgabe, die gesellschaftlichen Funktionen des Rechts vorzustellen. Die in der rechtssoziologischen Literatur angebotenen Lösungen für diese Aufgabe kennzeichnen entweder eine Evolutionstheorie des Rechts mit der Begrifflichkeit der struktur-funktionalen

Theorie der Gesellschaft (vgl. N. Luhmann 1972). Für denjenigen, der diese Gesellschaftstheorie teilt, ist die gesellschaftliche Einordnung des Rechts durchaus schlüssig. Wer jedoch mit den Kritikern des struktur-funktionalen Ansatzes die Existenz einer verbindlichen Theorie der Gesellschaft verneint — eine solche zu erarbeiten, bleibt die Aufgabe zukünftiger soziologischer Theoriebildung —, steht vor dem Problem, die gesellschaftlichen Funktionen des Rechts ohne theoretisch abgesicherten Begriff von der Gesellschaft bestimmen zu müssen. Rechtssoziologen helfen sich, indem sie unter Aufgabe des Theorieanspruchs die bekannten, juristisch definierten Rechtsfunktionen, wie z. B. Friedens- und Ordnungsfunktion, in integrative und regulative Funktionen des Rechts soziologisch umformulieren (vgl. M. Rehbinder 1977, S. 142ff.).

Im folgenden wird ein Mittelweg gegangen. Die vorgestellten gesellschaftlichen Aufgaben des Rechts (vgl. 3.2 bis 3.6) werden aus Problemlagen einer modernen Gesellschaft abgeleitet, für die uns zwar noch die Theorie, nicht aber die soziologischen Begriffe fehlen, um ihre wesentlichen und für die Aufgabenbestimmung des Rechts unverzichtbaren Merkmale zu beschreiben (vgl. 3.1).

3.1 Die Gegenwartsgesellschaft und ihr Recht

3.1.1 Recht in der Gesellschaft

Das Recht ist ein soziales, mit Sanktionsgewalt ausgestattetes Normensystem mit hohem Bewußtseins- und Rationalitätsgrad, dessen Geltungsanspruch im Unterschied zu anderen Normensystemen durch ein höheres Maß an gesellschaftlicher Kommunikation begründet wird (vgl. L. Kißler 1984, Kap. 2.3.3). Im Geltungsanspruch des Rechts kommen sein Wertbezug, sein Richtigkeitsgehalt und sein sozialer Kontext zum Ausdruck. Diese sind in unterschiedlicher Weise Anknüpfungspunkte für wissenschaftliche Aussagen über das Recht. Für eine *soziologische* Analyse der Rechtsfunktionen in der Gesellschaft ist der zentrale Anknüpfungspunkt der *soziale Rechtskontext*, d. h. die Wirklichkeitsausschnitte, mit denen die einzelnen Rechtsbegriffe jeweils rückgekoppelt sind — und zwar je nach Gesellschaftstyp in unterschiedlicher Weise und mit unterschiedlicher Konsequenz. Görlitz macht dies am Rechtsbegriff des Eigentums deutlich:

„Im Kapitalismus versteht sich Eigentum als eine Bedingung der Möglichkeit von Freiheit, denn nur der Eigentümer sei von staatlichen und gesellschaftlichen Mächten unabhängig, Privateigentum indiziert hier die Herrschaft von verfügungsberechtigten Eigentümern. Im Kommunismus erscheint Eigentum als eine historisch vermittelte Organisationsform zur gesellschaftlichen Reproduktion, so daß vergesellschaftetes Eigentum der gesellschaftlichen Produktionsweise entspreche – Staatseigentum indiziert dort die Herrschaft der verfügungsberechtigten Funktionäre" (A. Görlitz 1976, S. 8).

Das Beispiel verweist auch auf einen weiteren, zentralen Tatbestand: Recht dient der Durchsetzung gesellschaftlicher Interessen, hier z. B. des Interesses an Verfügungsgewalt über Privateigentum, dort z. B. des Interesses an Verfügungsgewalt über Staatseigentum.

Mit dem Interessensbegriff ist die zentrale soziologische Kategorie zur Aufgabendefinition des Rechts in der Gesellschaft genannt. Die Gegenwartsgesellschaft zeichnet sich durch die Pluralität der Interessen und, wie oben erwähnt, durch Interessenauseinandersetzungen aus. Jedes gesellschaftliche Interesse kennt ein Ziel, z. B. Herrschaftsausübung, Gewinnmaximierung u. a. m., oder auch Herrschaftsbeteiligung (Mitbestimmung), Gewinnbeteiligung (Eigentumsbildung) u. a. m. Interessensziele werden durch Handeln verwirklicht, d. h. durch eine zweckspezifische menschliche Aktivität. Maßstab für die Zweckhaftigkeit ist der Sinn. Er verknüpft Handlung und Interesse.

„Da die menschliche Kultur Sinnentwürfe liefert, die Erfolge prognostizierbar oder Mißerfolge erklärbar – und das heißt zugleich: die Interessen enttäuschungsfest – machen, stellt sie auch Handlungsmuster zur Verfügung. Sinnspezifische und insofern aufeinander bezogene Handlungsmuster verdichten sich zu Handlungskomplexen (...). Die Gesellschaft offenbart sich als ein Geflecht von Handlungskomplexen" (A. Görlitz 1976, S. 50).

Will man nun die gesellschaftlichen Funktionen des Rechts bestimmen, dann bedarf es zunächst einer Abgrenzung von Rechtssystem und Gesellschaftssystem. Das Recht als besonderes soziales Normensystem gewinnt seine Differenz zur Gesellschaft durch die Festlegung der rechtlichen zu anderen sozialen Sinngrenzen.[1] Je nachdem, ob rechtlich normierter und sozial normierter Sinn identisch sind (wie z. B. bei den weiter unten darzustellenden Bestätigungsnormen) oder divergieren, sind rechtliche und soziale Sinnsysteme deckungsgleich oder fallen auseinander. Die Sinngrenze, wie sie sich aus der Beziehung von Recht zu sozialen Tatsachen und Normen ableiten läßt, gilt es im folgenden zu verdeutlichen.

Das Verhältnis von Recht und Gesellschaft wird geprägt durch zwei Merkmale des Rechts:

— seine relative Invarianz und
— seine gesellschaftliche Verflochtenheit.

Erstere meint die Tatsache, daß das Recht in entwickelten Gesellschaften und vor allem in hochkomplexen Industriegesellschaften eine „stehende Ordnung" (Ryffel) darstellt. Für deren Notwendigkeit lassen sich faktische und normative Begründungen anführen. Aus anthropologischer Sicht wird z. B. ins Feld geführt, daß der Mensch in der modernen Gesellschaft handlungsunfähig wäre, „wenn er stets für jeden konkreten Fall zu normieren hätte, und er nicht auf vorhandene Normen zurückgreifen könnte, die von der Gesellschaft voraufgebaut worden sind und nunmehr zur Verfügung stehen" (H. Ryffel 1974, S. 148).

Neben dieser Entlastung des einzelnen durch die rechtliche Generalisierung von Verhaltensmöglichkeiten kann in einer komplexen, sich durch Interessenpluralismus und Unübersichtlichkeit der Verhältnisse auszeichnenden Gesellschaft allein durch stehende generelle Normen Komplexität reduziert und Stabilität garantiert werden. Zwar wird die Notwendigkeit einer gegenüber der Gesellschaft relativ invarianten, stehenden Rechtsordnung heute noch weitgehend akzeptiert, aber zugleich zunehmend problematischer. Die aufkommende Diskussion um die Zulässigkeit systematischer Rechtsnormverletzung zur Durchsetzung gesellschaftlicher Interessen verweist auf die Auflösung überkommener Sinnsysteme, überpositiver Maßstäbe und verbindlicher Richtigkeitsvorstellungen. Stehende Rechtsordnungen sind deshalb revisionsfähig und veränderungsbedürftig.

„Das bedeutet, daß das Recht nicht nur Politik im grundsätzlichen Sinne von gesellschaftlicher Gestaltung überhaupt ist, sondern in der folgenreicheren Bedeutung, daß alles Recht bestimmte Politik unter anderen möglichen Varianten von Politik darstellt" (H. Ryffel 1974, S. 151).

Die gesellschaftlichen Verflechtungen des Rechts und damit die Sinngrenze von Rechtssystem und sozialen Normensystemen zeigt sich nun in der Beziehung der Rechtsnormen zu den gesellschaftlichen Zuständen und Normen. Ryffel (1974, S. 179ff.) unterscheidet auf diesem Feld

— Bestätigungsnormen,
— Konfliktnormen und
— Änderungsnormen.

94

Die *Bestätigungsnormen* übernehmen praktisch die herrschenden sozialen Normen der Sitte, Konvention und Moral und verleihen ihnen dadurch Rechtsverbindlichkeit (wie etwa das Strafrecht und Teile des bürgerlichen Rechts).

„Den Bestätigungsnormen wird aber der Boden entzogen, wenn sich die Gesellschaft wandelt und gesellschaftliche Kräfte, die durch diesen Wandel betroffen werden, auf die Rechtsordnung einwirken, zu politischen Kräften werden" (H. Ryffel 1974, S. 161).

Rechtsnormen, denen die Aufgabe zufällt, gesellschaftliche Konflikte zu regeln, heißen *Konfliktnormen*. Solche Rechtsnormen, die nicht primär der individuellen Verhaltenssteuerung dienen, machen heute einen großen Teil der Rechtsnormen aus. Die Konfliktnormen stehen bei zunehmender Diskrepanz zwischen ihnen und den sonstigen sozialen Normen unter Begründungszwang. Im gleichen Maße wie die von ihnen angebotenen Konfliktregelungsmuster von den Rechtsgenossen nicht mehr fraglos akzeptiert werden, bedürfen Konfliktnormen der gesellschaftlichen Kommunikation.

Bei den *Änderungsnormen,* soweit sie rechtliche oder soziale Tatsachen ändern, d. h. sozialen Wandel herbeiführen wollen, handelt es sich um Konfliktnormen im weiteren Sinn. Sie sind in der Gegenwartsgesellschaft von besonderer Bedeutung, wie die einleitend skizzierte Diskussion um das Recht als sozialem Gestaltungsinstrument beweist.

Mit diesen aus der gesellschaftlichen Verflochtenheit des Rechts abgeleiteten drei Rechtsnormentypen sind implizite zugleich unterschiedliche gesellschaftliche Rechtsaufgaben benannt. Sie sollen im folgenden als Funktionskomplex des Rechts weiter präzisiert werden.

3.1.2 Recht für die Gesellschaft

Die Frage nach den gesellschaftlichen Funktionen des Rechts ist die Frage nach den spezifischen Leistungen, die das Rechtssystem für das Gesellschaftssystem erbringt. Was leistet also das Recht für die Gesellschaft?

„Die Rechtssoziologie antwortet darauf heute in der Regel: Das Recht ist ein soziales Herrschaftsinstrument, das durch Ausgleich widerstreitender Interessen den Zusammenhalt der Gemeinschaft erhalten und fördern soll" (M. Rehbinder 1977, S. 142).

Die Hauptfunktion des Rechts besteht demnach in der Integration der Gesellschaft durch soziale Kontrolle. Diese Hauptfunktion wird herkömmlicherweise in zwei Funktionsbündel aufgeteilt:

– in regulative Aufgaben. Sie werden durch Verhaltenssteuerung und Konfliktbereinigung ausgeübt.

und

– in integrative Aufgaben, die das Recht löst, indem es Vorkehrungen trifft, um Verstöße gegen Verhaltensnormen zu sanktionieren.

Dieser Aufgabenzuweisung entspricht die Aufteilung der Rechtsnormen bei E. Ehrlich (1967 (1913), S. 98), nämlich in Handlungsnormen, deren Adressaten die Gruppenmitglieder sind und in Entscheidungsnormen, die sich an den Rechtsstab richten.

Zu diesen zwei klassischen Aufgabenbündeln kommt in der politisch-demokratischen Industriegesellschaft mit dem Ausbau des Sozialstaats ein drittes hinzu: die gestaltende Aufgabe des Rechts.

Diese Funktionenlehre des Rechts liegt auch der Klassifikation der Rechtsnormen in integrierende Bestätigungsnormen, regelnde Konfliktnormen und gestaltende Änderungsnormen zugrunde, wie sie von Ryffel vorgenommen und oben beschrieben wurde. Sie findet sich zudem in dem von Llewellyn zusammengestellten und von Rehbinder (1977, S. 145ff.) ausgeführten Funktionenkatalog des Rechts:

– Konfliktbereinigung,
– Verhaltenssteuerung,
– Legitimation und Organisation sozialer Herrschaft,
– Gestaltung der Lebensbedinungen und
– Rechtspflege.

Fragt man nach der theoretischen Ableitung und Begründung dieser Rechtsfunktionen, dann stellt sich allerdings ein auch in unserem Beitrag nicht zu begleichendes Theoriedefizit heraus.[2] Wer genauer hinschaut, stellt fest, daß der soziologischen Begrifflichkeit des Funktionskatalogs die rechtswissenschaftlich begründete Aufgabenzuweisung des Rechts unterlegt ist, die dem Recht eine Friedens-, Ordnungs- und Gestaltungsfunktion zuschreibt.

Weit theoriegeladener mutet dagegen die funktionale Rechtsanalyse auf systemtheoretischer Grundlage an (vgl. dazu A. Görlitz 1976). Im Anschluß an N. Luhmann definiert Görlitz Funktionen des Rechts als Leistungen, die vom Rechtssystem für die anderen Sozialsysteme erbracht werden:

„Zureichender Bestimmungsgrund für Rechtsfunktionen kann daher nur ein theoretischer Rahmen sein, im vorliegenden Fall also eine Modellkonstruktion. Das Rechtssystem wird durch eine Sinngrenze konstituiert, die sich in regulativen, konsistenten und verbindlichen Ordnungsschemata, d. h. in gesamtgesellschaftlich relevanten Interpretationsregeln, vergegenständlicht. Diese Ordnungsschemata gerinnen zu normierten Gratifikationschancen, also interessenregulativen Verhaltensstandards. Umfang und Intensität der Normierung offenbaren ein fundamentales Interesse, das aus der Vielzahl sozialer Normen einen Normenbereich selegiert und ihm Rechtsstatus verleiht. Am Interesse besteht Interesse, weil insbesondere davon Stabilität, Rationalität, Legitimität und Reflexivität der Gesellschaft abhängen; wirtschaftsrechtliche Zuordnungsmaterien für diese abgeleiteten Kategorien sind z. B. das kollektive Arbeitsrecht (Verhaltensregulationen im Hinblick auf die Gratifikationsverteilung), das Wettbewerbsrecht (Verhaltensregulationen im Hinblick auf das Wirtschaftsgebaren), das Mitbestimmungsrecht (Verhaltensregulationen im Hinblick auf die Verfügungsgewalt über Produktionsmittel) oder das Stabilitätsgesetz (Verhaltensregulationen im Hinblick auf die volkswirtschaftliche Entwicklung)." (A. Görlitz 1976, S. 59)

Rechtsfunktionen leiten sich demnach aus übergeordneten gesellschaftlichen Interessen ab. Eines davon heißt — um das Beispiel dieses etwas schwierigen Zitats aufzugreifen — Verhaltensregulierung. Das Zitat verweist aber auch auf den Umstand, daß den gesellschaftlichen Funktionen des Rechts ein gesellschaftlicher Bedarf an Stabilität, Rationalität u. a. m. zugrunde liegt. Daraus folgt, daß die Analyse des Rechts in seinem funktionalen Verhältnis zur Gesellschaft ihren Ausgang von einer gesellschaftlichen Bedarfsanalyse zu nehmen hat, kurz: *die gesellschaftlichen Rechtsfunktionen sind aus dem, was Gesellschaft ist (soziale Tatsachen) und dem, was sie, gemäß ihrem eigenen Anspruch sein könnte und sein sollte (soziale Utopie) abzuleiten.*

3.1.3 Die Rechtsfunktionen im Überlick

Wie jedes System, so hat auch die Gesellschaft das Ziel, zu uberleben. Die Gefahr des Stabilitätsverlustes ist insbesondere in komplexen, kapitalistischen Industriegesellschaften groß. Interessenpluralismus und -konflikte sowie Verlust an allgemeinverbindlichen Verhaltensmustern sind Ausdruck eines gesellschaftlichen Differenzierungsgrades, der eine große *Integrationsaufgabe* stellt. Es fragt sich, ob diese vom Recht in Ausübung seiner *Friedensfunktion* mit erfüllt werden kann (vgl. 3.2).

Über die integrierende individuelle Verhaltenssteuerung hinaus besteht ein gesamtgesellschaftliches Regulations- und Steuerungsproblem; denn die zunehmende Umweltkomplexität, auf die das Gesellschaftssystem zu reagieren hat, erfordert eine Fähigkeit, die es erlaubt, „Entwicklungen, Ereignisse und Konstellationen zunächst sinnhaft zu ordnen, darin strukturell aufzuarbeiten und schließlich Alternativsequenzen festlegen zu können" (K. A. Ziegert 1975, S. 43), mithin Systemsteuerung auszuüben. Diese *Steuerungsaufgabe* bedeutet eine Herausforderung für die dem Recht zugeschriebene *Ordnungsfunktion* (vgl. dazu 3.3).

Die Gegenwartsgesellschaft wird von Soziologen nicht ohne Grund als dynamische Gesellschaft begriffen. Im Gegensatz zur statischen Ordnung der Feudalgesellschaft unterliegt die Gegenwartsgesellschaft vielfältigen Prozessen sozialen Wandels, wie sie sich in der sozialen Mobilität (sozialer Auf- und Abstieg) von gesellschaftlichen Gruppen, Verstädterung des Wohnens, Aufblähung des tertiären Sektors (Dienstleistungsbereich) im Verhältnis zu den Bereichen der landwirtschaftlichen und industriellen Produktion, Veränderungen im Bildungssystem – um nur einige Faktoren zu nennen – ablesen lassen. Solcher Wandel kann quasi naturwüchsig und unkontrolliert oder aber unter gesellschaftlicher und politischer Kontrolle ablaufen. Dann handelt es sich um Innovationsprozesse. Es fragt sich, wie der zweifellos vorhandene *Innovationsbedarf* der Gegenwartsgesellschaft durch rechtlich induzierten sozialen Wandel gedeckt, d. h. im Rahmen der *sozialen Gestaltungsaufgabe* des Rechts befriedigt werden kann (vgl. dazu 3.4).

Verhaltenssteuerung und damit gesellschaftliche Integration, aber auch die für politisch-demokratische Gesellschaften unverzichtbare Rückbindung von Systemsteuerungs- und Innovationsprozessen an die Bürger, setzen – sobald sie als gesellschaftliche Funktionen des Rechts interpretiert werden – *Rechtsbewußtsein* voraus. Dessen Bedeutung für die Effektivität des Rechst ist enorm, aber wie wird es erworben und erhalten? Im folgenden geht es um die Frage des Erwerbs von rechtlich erwünschten Verhaltensmustern und Sinnentwürfen in intentionalen (z. B. schulischen) und funktionalen (z. B. partizipatorischen) Lernprozessen und damit um die *Sozialisationsfunktion* des Rechts (vgl. dazu 3.5).

Daß Sozialisation nicht nur unbefragte Übernahme vorgegebener Rechtsinhalte, sondern auch deren kritische Akzeptanz oder Ablehnung bedeuten kann, sich demnach immer zwischen Anpassung und Widerstand bewegt, führt zu den sowohl für den normativen Haushalt der Gesamtgesellschaft als auch des Individuums bedeutsamen Fragen, *was* und *wie* gelernt werden soll. Die möglichen Antworten entscheiden über die Art und Weise,

— wie die Integrationsleistung des Rechts durch Konfliktregelung *legitimiert* wird,
— wie die der Systemsteuerung zugrunde gelegten Geltungsansprüche rechtlicher Normen *begründet* und
— wie die Innovationsziele von gesellschaftlicher Gestaltung durch Recht *definiert* werden.

Den mit der gesellschaftlichen Funktionsausübung des Rechts verbundenen *Legitimations-, Begründungs-* und *Definitionsbedarf* von gesellschaftlicher Integration, Steuerung und Innovation durch Recht begründet dessen zentrale, weil, wie hier angedeutet, den anderen Rechtsfunktionen bereits immanente *Kommunikationsfunktion* (vgl. dazu abschließend 3.6).

3.2 Die Integrationsfunktion des Rechts

3.2.1 Konflikt und Integration: Zur friedensstiftenden Aufgabe des Rechts

Die Integrationsfunktion des Rechts leitet sich aus dem Integrationsbedarf der Gegenwartsgesellschaft ab. Dieser wird in unterschiedlicher Weise begründet. Ausgangspunkt ist zunächst die Existenz *unterschiedlicher gesellschaftlicher Interessen.*

Aus systemtheoretischer Sicht wird argumentiert, daß die Stabilität des Gesellschaftssystems, sein inneres Gleichgewicht, von seiner Fähigkeit abhängt, divergierende Interessen(-gruppen) zu integrieren (vgl. zum folgenden A. Görlitz 1977, S. 64ff.). Hierzu bedarf es zweierlei: einmal der Bereitstellung von Handlungsorientierungen, die das individuelle Verhalten an einen gesamtgesellschaftlichen Interpretationszusammenhang rückkoppeln und zum anderen der Verbindlichkeit solcher Verhaltensregulation.

Recht eignet sich als Integrationsinstrument dann, wenn es erstens normative Verhaltensorientierungsmuster anbietet. Diese wirken insoweit integrierend, als sich in ihnen ein Sinnbezug auf verallgemeinerte Interessen (z. B. Gemeinwohl) ausdrückt. Und wenn es zweitens formalisierte Reaktionsweisen (Sanktionen) auf Verstöße gegen normative Verhaltensorientierungen (abweichendes Verhalten) bereit stellt. Der gesellschaftliche Integrationsbedarf ergibt sich aus der Tatsache, daß die Gesellschaftsmitglieder gegen normative Verhaltensorientierungen mit Verbindlichkeitsanspruch verstoßen und damit Interessen verletzen.

„So verletzt der Dieb beim Bestohlenen ein Bestandsinteresse, der im Verzug befindliche Lieferant beim Besteller ein Dispositionsinteresse, der unangemeldete Demonstrant beim Passanten ein Ordnungsinteresse usw." (A. Görlitz 1977, S. 65).

Integrationsprobleme ergeben sich für diesen Ansatz aus der Tatsache, daß mit steigender Komplexität, wie sie im gesellschaftlichen Differenzierungsgrad zum Ausdruck kommt, ein gesamtgesellschaftlicher Interpretationszusammenhang als Basis für rechtliche Verhaltensorientierung verlorenzugehen droht. Konsistente Verhaltensmuster, wie sie in einfacher strukturierten archaischen (Gesellschafts-) Ordnungen von Sitte und Konvention vermittelt und vom Rechtsstab durchgesetzt werden, bröckeln ab, weil diese Institutionen in der modernen Gesellschaft das Recht nur noch bedingt zu verarbeiten vermögen. Integration wird deshalb vornehmlich das Geschäft des Rechtsstabs.

Den Integrationsbedarf aufgrund divergierender gesellschaftlicher Interessen und die Integrationsleistung des Rechts demonstriert Görlitz (1976, S. 66f.) am Beispiel der Integrationsmodelle des Rechtsstaats und des Sozialstaats:

„Der Rechtsstaat definierte Rechtsbegriffe als eigengesetzliche Wirklichkeiten im Dienst bestimmter Zwecke; politisch sollte diese unpolitische Definition den Zwiespalt zwischen monarchisch-bürokratischem Militärstaat und bürgerlichem Verfassungsstaat mit rein juristischen und deshalb neutralen Begriffsbestimmungen überbrücken. Das Recht hatte die Aufgabe, staatliche Sphäre und Privatsphäre gegeneinander abzugrenzen und den Spielraum der Freiheit zu bezeichnen; folgerichtig unterlagen parlamentarischer und damit bürgerlicher Kontrolle diejenigen Gesetze, die in Freiheit und Eigentum eingriffen. Dieser Vorbehalt erlaubte es dem Bürgertum, seinen Interessenbereich zu wahren. Die Jurisprudenz übersetzte den Kompromiß zwischen Monarchie und Volkssouveränität in die Rechtssprache und umschrieb damit die Integration des Bürgertums in den Ständestaat.
Der Rechtsstaat verstand sich als Garant einer Gesellschaft autonom wirtschaftender Privatleute; das Recht war Schrankenziehung, es grenzte staatliche und gesellchaftliche Sphäre gegeneinander ab. *Im Sozialstaat* verschränken sich beide Sphären, weil das politische Subsystem gegenüber anderen sozialen Subsystemen eine Leistungsgarantie übernommen hat, und an die Stelle von Abwehr treten Gestaltungsrechte. Der individualistische Freiheitsanspruch wandelt sich in einen kollektivistischen Anspruch darauf, die Bedingungen der Möglichkeit von Freiheit zu schaffen, d. h., die Staatstätigkeit soll die Privatautonomie überhaupt erst herstellen. Der traditionelle, auf die konstitutionelle Monarchie zugeschnittene Rechtsstaat begnügte sich mit dem Schutz der

gesetzmäßigen Freiheit. Diese restaurierende Beschränkung führte zu dem Vorwurf, daß es sich dabei um ein unpolitisches System bürgerlicher Freiheitsgarantien handele. Der Begriff des sozialen Rechtsstaates will diesem Vorwurf begegnen, indem der bloße Rechtsbewahrstaat in einen soziale Gerechtigkeit fördernden Interventionsstaat transformiert wird; auf diese Weise wird der Rechtsstaatsbegriff soziopolitisch dynamisiert. Die individuelle Freiheit erhält als Korrektiv die gesellschaftliche Solidarität. Der Rechtsstaat sollte politische, der Sozialstaat will soziale Unterprivilegierungen ausgleichen, anders ausgedrückt, es geht um die *Integration unterprivilegierter Schichten.*

Diese Ausführungen verdeutlichen, daß die Integration ihre Voraussetzungen im *Konflikt* divergierender Interessen und ihren Erfolg im *Kompromiß* dieser Interessen hat. Indem das Recht die Kompromißformeln offeriert und zugleich ihre Beachtung garantiert, wirkt es integrierend. Es stiftet sozialen Frieden.

Daß dieser jedoch trügerisch und der rechtlich geförderte Interessenkompromiß faul sein kann, wird von der kritisch-dialektischen Analyse der Integrationsfunktion des Rechts geltend gemacht. Interessenpluralismus[3] als Ausgangsproblem des gesellschaftlichen Integrationsbedarfs wird von diesem Ansatz in Zweifel gezogen. Vielmehr wird darauf verwiesen, daß es zwar unterschiedliche gesellschaftliche Interessen gibt, daß diese aber höchst unterschiedliche Chancen haben, in Konfliktregelungsprozessen, d. h. in Kompromissen berücksichtigt zu werden. Entscheidend für die Chancengleichheit bei der Berücksichtigung von gesellschaftlichen Interessen ist das Maß ihrer *Konfliktfähigkeit.* Diese hängt ihrerseits von der *Organisationsfähigkeit* der Interessenträger und ihrem *Sanktionspotential* ab. Kurzfristige, spezielle und bereits etablierte Interessen (wie z. B. Lohnforderungen von Arbeitnehmern) lassen sich eher organisieren als langfristige, allgemeine und „neue" Interessen (wie z. B. Umweltschutz). Mit der Sanktionsfähigkeit sind Möglichkeiten verbindlicher Androhung von Nachteilen durch die organisierten Interessenträger für den Konfliktfall gemeint. Jeder weiß, daß die Drohung mit Leistungsverweigerung zur Befolgung des Lohninteresses einen größeren Effekt hat als die Demonstrationsdrohung von Umweltschützern. Weil demnach eine Reihe von Interessen zwar existent, aber nicht konfliktfähig sind (wie z. B. von psychisch Kranken, Kindern, Alten) oder aber *strukturell* benachteiligt sind, heißt für die kritische Pluralismusanalyse Kompromiß zugleich Unterordnung von weniger konfliktfähigen unter die herrschenden Interessen. Integration bedeutet damit zugleich auch Ausübung von Herrschaft. Der gesellschaftliche Integrationsbedarf ergibt sich aus dem Erfordernis, die Durchsetzung gesellschaftlich herrschender Interessen (in der marxistischen Soziologie: der Kapitalinteressen) zu sichern.

Nun ist es allerdings keineswegs so, daß das Erfordernis gesellschaftlicher Integration auf Totalintegration abzielt. Seit E. Durkheim wissen wir, daß normabweichendes Verhalten nicht nur normal, sondern im gewissen Grad für den Bestand der Gesellschaft geradezu erforderlich ist.

„Vollständige Konformität wird (. . .) nie erreicht. Dies ist auch nicht wünschbar, denn Abweichungen sind auch im Hinblick auf gesellschaftlichen Wandel heilsam" (H. Ryffel 1974, S. 331).

Aber nicht nur für die Gesellschaft im allgemeinen, sondern auch für das Recht im besonderen ist der Interessenkonflikt, wie er sich im abweichenden Verhalten konkretisiert, überlebensnotwendig. Ohne gesellschaftliche Konflikte würde das Rechtsleben stagnieren und das Recht, das sich in der Konfliktregulation und damit durch seine Integrationsfunktion zu bewähren hat, absterben:

„Auch rechtlicher Wandel ist ohne Konflikt nicht möglich. So führten und führen Gefangenenrevolten zur Reform des Strafvollzugs. Arbeitskonflikte zu Regelungen über die Mitbestimmung. Zugespitzt formuliert: das Recht lebt vom Konflikt" (M. Rehbinder 1977, S. 147).

Am Beispiel des Arbeitsrechts läßt sich demonstrieren, wie aus dem Interessenkonflikt zwischen Arbeitgeber und Arbeitnehmer neues Recht als konfliktregulierendes Normensystem entstanden ist. Das Recht begeht in Erfüllung seiner Integrationsfunktion eine Gratwanderung zwischen dem Bestreben, durch Überintegration auch die positiven Seiten des Konflikts zu unterdrücken auf der einen Seite und zu schwacher Konfliktregulation mit der Gefahr, daß der gesellschaftliche Zusammenhalt durch massenhaftes abweichendes Verhalten verloren geht auf der anderen Seite. In welcher Weise das Recht als gesellschaftliches Integrations- zugleich Herrschaftsinstrument ist und welches die Bedingungen von gesellschaftlicher Friedensstiftung durch rechtlich gesicherte Partizipation sind, soll im folgenden diskutiert werden.

3.2.2 Integration durch Sanktion

Die Mittel, mit denen das Recht seine Verhaltensorientierung verbindlich macht und damit integrierende Kraft entfaltet, sind fein abgestuft. Sie werden in der rechtssoziologischen Literatur im Zusammenhang mit der Frage diskutiert, wie sich Recht gesellschaftlich durchsetzen kann. Im Mittelpunkt der Rechtsdurchsetzung steht die *Sanktion.*

„In einem sehr weiten Sinn kann man unter ‚Sanktion' die Auszeichnung bestimmter Handlungen und Personen verstehen, soweit sie sich den anerkannten Mustern einer Gesellschaft fügen oder entziehen (. . .). Rechtliche Sanktionen sind formalisierte Vorkehrungen, mit denen die Befolgung von Rechtsvorschriften durch potentielle Rechtsbrecher dadurch beeinflußt werden soll, daß für den Fall der Nichtbefolgung Nachteile oder für den Fall der Befolgung Vorteile rechtsverbindlich in Aussicht gestellt und gegebenenfalls auch oktroyiert oder gewährt werden" (H. Ryffel 1974, S. 324f.).

Aus der allgemeineren Definition des Sanktionsbegriffs sehen wir, daß Sanktionen sowohl negative als auch positive Folgen in Aussicht stellen können. Dies gilt auch für rechtliche Sanktionen. Sie unterscheiden sich von allgemeinen Sanktionen durch zweierlei:

— die Begrenzung ihres Adressatenkreises auf potentielle Rechtsbrecher und

— die Formalisierung des Sanktionsprozesses in einem Verfahren, das dem Rechtsstab obliegt.

Den Sanktionen liegt die Vorstellung zugrunde, daß sich die Verhaltensorientierung am Recht oder gegen das Recht durch rechtlich in Aussicht gestellte Vor- und Nachteile regulieren lasse. Unter den Vorteilen sind Belohnungen für rechtlich gewünschtes Verhalten zu verstehen, z. B. finanzielle Subventionen für wirtschaftliche Investitionen. Rechtlich in Aussicht gestellte Nachteile sind „Strafen". Die integrierende, friedensstiftende Kraft der negativen Rechtssanktionen liegt in der adäquaten Reaktion des Rechtsstabs auf normabweichendes Verhalten, also in der „Negation der Negation" (Hegel). (Ausführlich dazu W. Maihofer 1970, S. 11ff.) Die Erwartungsenttäuschung der Rechtsgenossen, die auf die Einhaltung der Rechtsnorm vertraut haben, soll aufgehoben werden, damit sie „nicht zu einem Vertrauensverlust in die Realität dieser Norm führt" (M. Rehbinder 1977, S. 147).

Die Reaktionsweise negativer Sanktionen ist abgestuft. Sie reicht von der bloßen Feststellung des Normbruchs (z. B. durch richterlichen Schuldspruch unter Strafabsehung) bis zum breiten Spektrum rechtlich negativer Sanktionen.

„Diese Sanktionen haben zwei mögliche Funktionen. Einmal können sie bewirken wollen, daß die betreffende Verhaltensnorm in Zukunft eingehalten wird. Es ist dies eine repressive Funktion, die im Hinblick auf den einzelnen Normenbrecher oder aber im Hinblick auf die Allgemeinheit ausgeübt wird. Wir sprechen dann von Spezialprävention bzw. Generalprävention. Oder die Sanktionen können bewirken wollen, daß für eine durch die Normverletzung eingetretene Rechtsgutverletzung Entschädigung oder Genugtuung geleistet wird. Dann haben sie eine Vergeltungsfunktion. Gemeinsam ist beiden Funktionen der negativen Sanktion, daß durch aktives Eingreifen das soziale Gleichgewicht wieder hergestellt werden soll" (M. Rehbinder 1977, S. 147f.).

Die integrierende Kraft von negativen Sanktionen, insbesondere wenn sie Vergeltungscharakter haben, ist inzwischen stark in Zweifel gezogen worden. Strafe läßt sich, so Ryffel (1974, S. 328), nur aus dem Gesichtspunkt der Prävention *begründen:*

„ (. . .) wie immer man Vergeltung und Sühne näher bestimmen mag, sie taugen nicht mehr für eine Begründung der Strafe. Sie sind schon deshalb unzureichend, weil ein Vergeltungs- und Sühnestrafrecht allem Anschein nach im großen und ganzen unwirksam ist und obendrein unmenschliche Folgen zeitigt".

Was im Vergeltungs- und Sühneanspruch negativer Sanktionen deutlich offenliegt, steckt freilich auch im präventiven Zweck der Strafe: die Integrationsentfaltung des rechtlichen Normanspruchs durch *Herrschaft.* Denn Strafe bleibt Repression, gewaltsame Durchsetzung der im Normanspruch manifestierten Interessen gegen abweichende Interessen. Evident wird der Herrschaftscharakter bei der Generalprävention, soweit abweichendes Verhalten negativ sanktioniert wird „zur Verteidigung der Rechtsordnung" (vgl. §§ 14, 23 StGB). Der Herrschaftscharakter rechtlicher Integration tritt aber auch im Gewand einer „Resozialisierung" auf, die an die Stelle von Vergeltung und Sühne den langen Arm der Therapie setzt. „Solange zwar die Resozialisierung unter dem Titel ‚Strafe' vollzogen wird, ist sie an die Begrenzung durch die Tatschuld gebunden. Wenn aber der pönale Charakter, der freilich nicht in Vergeltung und Sühne, sondern in Prävention besteht, zurücktritt und nicht mehr auf die begrenzte Tatschuld abgestellt wird, ergibt sich die Gefahr unerträglicher Eingriffe in die Freiheit der Person in Namen sog. Resozialisierung" (H. Ryffel 1974, S. 334).

Der Herrschaftscharakter der resozialisierenden Strafe ist subtiler im Vergleich zur repressiven Strafe; denn letztere entbehrt jeglichen pädagogischen Zugriffs auf die Person und therapeutischen Bemühens um die Wiederherstellung einer gesellschaftlich akzeptierten, d. h.

„normalen" Persönlichkeit. Der repressiv Bestrafte hat gegenüber einem Integrationsversuch durch schieren Zwang die Chance, seine eigene Identität zu wahren und sei es die des „Kriminellen". Dies ist freilich kein Plädoyer für die repressive Strafe als Vergeltung und Sühne, aber ebensowenig kann unkritisch einer resozialisierenden Strafe das Wort geredet werden, deren verfeinerter Herrschaftscharakter als Integrationsinstrument dem Betroffenen kaum noch identitätsstiftende Formen von Widerstand beläßt, weil sie Zugriff auf seine ganze Persönlichkeit nimmt.

3.2.3 Integration durch Pseudo-Partizipation

Subtilere Formen der Herrschaftsausübung durch rechtliche Integration verbergen sich in rechtlichen Integrationsinstrumenten, die nicht auf negative Sanktion, sondern positive Kooperation zwischen Rechtsstab und Rechtsgenossen abstellen, die geeignet sind, letzteren zum „fairen Mitspieler im Rechtsspiel zu machen" (H. Ryffel 1974, S. 335).

Gemeint sind zum einen Instrumente der Prävention im weitesten Sinne, die die strafrechtliche und auf manchen Gebieten, wie z. B. im Wirtschaftsrecht, sowieso nur unzureichend funktionierende Sanktion stark relativieren: Subventionsstreichungen, laufende Kontrolle durch Aufsichtsbehörden (z. B. Gewerbeaufsicht, Kartellamt etc.), Entzug von Genehmigungen etc. Gemeint sind zum anderen aber alle jene modernen Instrumente einer adressatenbewußten Rechtsdurchsetzung, die, anstelle einseitiger Rechtsdurchsetzung durch den Rechtsstab notfalls auch mit Strafe, auf die „freiwillige" Normbefolgung durch pseudo-partizipative Einbeziehung der Rechtsgenossen in den rechtlichen Durchsetzungsprozeß abheben. Unter Pseudo-Partizipation versteht man eine Einbeziehung, die sich beschränkt auf unverbindliche Information ohne echte Kommunikation, auf Mitwirkung ohne Mitentscheidung.

Die Grenzen zwischen Pseudo-Partizipation und entscheidungserheblicher Teilnahme sind jedoch fließend. Das Betriebsverfassungsgesetz z. B. räumt einerseits echte Mitbestimmungsmöglichkeiten des Betriebsrats an Personalentscheidungen ein, stellt aber andererseits die gesamte Tätigkeit und damit auch Partizipation des Betriebsrats unter das Gebot der vertrauensvollen Zusammenarbeit und der Friedenspflicht. Während Pseudo-Partizipation, wie das folgende Zitat unterstreicht, eindeutig manipulativ und einseitig herrschaftssichernd wirkt, ist auch echte Partizipation — wie die verschiedenen Formen der Bürgerbeteiligung in Planungsprozessen zeigen — durchaus ambivalent (vgl. R. Gronemeyer 1973). Gleichwohl bleibt sie eine wesentliche und vom Recht noch keineswegs hinreichend gesicherte gesellschaftliche Bedingung des sozialen Friedens.[4]

Im Unterschied zur entscheidungserheblichen Beteiligung, die die tatsächliche Interessenberücksichtigung der Partizipanten garantiert, wird rechtliche Integration durch Pseudo-Partizipation manipulativ erreicht.

„Den Übergang zur kooperativen und organisierenden Durchsetzung, anstelle der Gebote und Verbote, deren Realisierung den Beteiligten gegebenenfalls der Beeinträchtigung durch entgegenstehende soziale Normen überlassen bleibt, kann man etwa im Recht des nicht-ehelichen Kindes feststellen. Es ist anzunehmen, daß solche Formen im Familien- und Personenrecht immer mehr Platz greifen werden. Dabei wird vermutlich die gestaltende Mitwirkung der Behörden mit Vorteil in vermehrtem Maße von Juristen auf Psychologen, Sozialpsychologen, Soziologen und Psychiater übergehen. Daß damit die Gefahr der manifesten Manipulation verbunden ist, darf man natürlich nicht übersehen. (. . .) Andererseits muß man sich davon Rechenschaft geben, daß die überkommene Durchsetzungsform ebenso sehr Manipulation sein kann. Der Oktroy, der als fremder und sinnloser Zwang empfunden wird, ist vielleicht eine noch bedenklichere Manipulationsform" (H. Ryffel 1974, S. 335).

Ob vermittels negativer Sanktion oder durch Pseudo-Partizipation: Die rechtliche Integrationsfunktion bleibt zugleich eine Herrschaftsfunktion. Mehr noch: Das Recht selbst ist Ausübung von Herrschaft nach Regeln. „Grob könnte man", mit Th. Geiger (1964 (1947), S. 350) „sagen: Die Rechtsordnung ist nichts anderes als die Legitimation der interkursiven Machtverhältnisse, die zwischen den verschiedenen politischen (und gesellschaftlichen, Ergänzung vom Verf.) Gruppen innerhalb der Rechtsgesellschaft bestehen".

In demokratisch verfaßten Gesellschaften darf es keine Herrschaft ohne Legitimation geben. Integration durch Herrschaftsausübung stellt deshalb die Frage, wie sich diese legitimiert. Damit ist zugleich gefragt nach den Möglichkeiten rechtlicher Integration durch reale Partizipation der Rechtsgenossen. Beide Fragen werden beantwortet in den Chancen zur gesellschaftlichen Kommunikation von rechtlich normierten Interessen. Damit ist aber die Kommunikationsfunktion des Rechts angesprochen, wie sie weiter unten beschrieben wird (vgl. 3.6).

3.3 Die Steuerungsfunktion des Rechts

3.3.1 Komplexität und Kontrolle: Zur ordnungsstiftenden Aufgabe des Rechts

Die Bedeutung von Sanktionierungsprozessen für die Integrationsleistung des Rechts relativiert sich im Lichte weiterer Integrationsmittel und verweist auf den Umstand, daß das Recht als ein Mechanismus sozialer Kontrolle betrachtet werden soll, der so gut wie alle Gesellschaftsbereiche wirksam durchdringt. Die Sanktionsmöglichkeit begründet zwar die Verbindlichkeit rechtlicher Verhaltensorientierung. Sie beschränkt sich jedoch, wo sie als Strafe eingesetzt wird, zugleich auf die „Krankheitsfälle" des Rechtslebens. Bereits Ehrlich verwies auf den Umstand, daß Verhaltensorientierung i. d. R. auf Freiwilligkeit und nur in Ausnahmefällen auf Erzwingbarkeit beruht.

Versteht man aber Recht als Mittel zur Ausübung von sozialer Kontrolle, dann wird ihm damit die Aufgabe und Fähigkeit zugeschrieben,

— individuelles Verhalten nicht nur zu orientieren, sondern auch zu steuern und

— gesellschaftliche Stabilität nicht nur durch Interessenausgleich (Integration), sondern durch social guidance zu garantieren.

Die gesellschaftliche Integration durch Recht kann dann als ein Element der umfassenderen gesellschaftlichen Rechtsfunktionen der

— Verhaltenssteuerung und

— Systemsteuerung

verstanden werden.

Dies soll am Beispiel der sozialen Kontrolle verdeutlicht werden. Dabei soll gleichzeitig gezeigt werden, daß es überhaupt einen gesellschaftlichen Steuerungsbedarf gibt, der vom Recht als Kontrollsystem gedeckt werden kann.

Soziale Kontrolle bezeichnet das Bündel all derjenigen Prozesse, die dazu führen, daß die Gesellschaftsmitglieder sich normkonform verhalten. Der Kontrollbegriff kann auf zwei Ebenen weiter definiert werden: auf der *mikro-soziologischen Ebene* bedeutet Kontrolle die Steuerung individuellen Verhaltens durch Rechtsnormen zur Vermeidung von Konfliktfällen und Erwartungsenttäuschungen der Rechtsgenossen. Kontrolle dient der *Rechtssicherheit* durch Verhaltenssteuerung.

„Rechtssicherheit besteht – soziologisch gesehen – beim Adressaten der Verhaltensnorm in der Verhaltenssicherung, die sich aus normkonformem Verhalten ergibt: rechtgemäßes Handeln bedeutet für den einzelnen soziale Sicherheit im Sinne von Risikofreiheit. Rechtssicherheit besteht beim Sozialpartner des Handelnden in der Sicherung von dessen Erwartungen, daß sich der Handelnde in bestimmter Weise und damit kalkulierbar verhalten wird: auf rechtmäßiges Verhalten darf vertraut werden" (M. Rehbinder 1977, S. 149).

Verhaltenssteuernde Normen sind keine Sanktionsnormen, sondern häufig Verfahrensnormen, Vorschriften für ein geregeltes Verfahren der Konfliktaustragung (z. B. das Einigungsverfahren vor der Einigungsstelle gem. § 76 BetrVG). Diese konfliktvermeidende Aufgabe des Rechts ist identisch mit seiner *Ordnungsfunktion*. „Es geht also kurz gesagt darum, durch eine lebendige Ordnung einen geregelten Ablauf des Lebens in Gruppen und Untergruppen zu schaffen und aufrechtzuerhalten", wie M. Rehbinder (1977, S. 148) im Anschluß an K. Llewellyn formuliert.

Als Kontrollmedien kommen nicht nur der Rechtsstab in Betracht, sondern alle Bezugsgruppen und Organisationen, die einen verhaltensorientierenden Einfluß auf das Individuum ausüben. Hier deutet sich bereits eine dem Kontrollbegriff immanente Zielsetzung an, die auf seine makro-soziologische Dimension verweist.

Auf der *makro-soziologischen Ebene* stellt Kontrolle ein Steuerungszentrum in einer kybernetischen, d. h. durch input, output und Rückkoppelungsvorgänge gekennzeichneten Zuordnung von gesellschaftlichen Subsystemen dar. Ohne hier auf einzelne Konzepte von Systemsteuerung durch kybernetische Kontrolle eingehen zu können, heißt Kontrolle in Bezug auf das gesellschaftliche System, „daß die Entwicklung der Gesellschaft und die Art der Steuerung gesellschaftlicher Prozesse in direktem Zusammenhang stehen" (K. A. Ziegert 1975, S. 44).

Die sozio-technische Bedeutung von Kontrollprozessen steigt mit dem Nachweis solcher Zusammenhänge und mit der Umsetzung der Analyseergebnisse in Steuerungskonzepte. Recht als Kontrollmedium wird dann zum social engineering. Sein Ziel besteht in der Überlebenssicherung des Systems durch kontrollierten geplanten Wandel.

Die Notwendigkeit von Verhaltens- und Systemsteuerung durch soziale Kontrolle ergibt sich erstens aus der Existenz von individuellen und gesellschaftlichen Interessen, die sich an das Recht binden, und zweitens aus dem historischen Stand der gesellschaftlichen Bedingungen der Konfliktaustragung zwischen unterschiedlichen Interessen:

Ad eins:

„Einmal will das politische System Interessen realisieren; so soll das Sozialrecht im Rahmen einer bestimmten Programmatik Sozialsicherung und Sozialförderung der Gesellschaftsmitglieder bewirken. Zum anderen wollen die Akteure Interessen erfüllen; so beansprucht der Kleinverdiener Wohngeld. Mittler für beide Ebenen ist das Rechtssystem, das die Interessenlagen in Verhaltensmuster gerinnen läßt" (A. Görlitz 1976, S. 73).

Ad zwei: In differenzierten Gesellschaften, die sich durch hohe Arbeitsteilung und spezialisierte Handlungsabläufe auszeichnen, die gesamtgesellschaftlich häufig nicht mehr zurechenbar sind, „sondern den durch funktionalen Zusammenhang betroffenen Teilsystemen zu Buche schlagen" (K. A. Ziegert 1975, S. 45) sind soziale Kontrollmechanismen, die gemäß dem von Luhmann so bezeichneten „Gesetz des Wiedersehens" verlaufen, weitgehend außer Kraft gesetzt. Denn sie setzen, wie heute vielleicht noch in dörflichen Strukturen gegeben, voraus,

„daß dieselben Menschen einander in einer Vielzahl verschiedenartiger Rollen begegnen, so daß funktional diffuse Sozialbeziehungen entstehen: Man trifft seinen Schwager jeden Tag unter anderen Menschen auf dem Dorfplatz, trifft seinen Schuldner in der Kirche oder bei der Feuerwehrübung. Der Kaufmann ist Mitglied im Kirchenvorstand, was ihm Kunden zuführt, ihn aber auch an der rücksichtslosen Beitreibung von Schulden hindert. Die Frau des Lehrers veranstaltet jährlich Wohltätigkeitsbasars, was die Möglichkeit gibt, schlechte Schulleistungen der Kinder zu kompensieren. Unter solchen Umständen läuft die soziale Disziplinierung im wesentlichen nicht über die Androhung von Sanktionen gegen Normverstöße und auch nicht über die Internalisierung abstrakter Werte, sondern über eine Art ‚Gesetz des Wiedersehens': über die Rücksicht auf eigene Rollen in anderen Interaktionszusammenhängen" (N. Luhmann 1972, S. 283).

An die Stelle dieser kontrollierenden rollendiffusen „Moral des Wohlverhaltens im Rahmen überlieferter Sitte" (ebd.) tritt „die Kontrolle durch gegenüberstehende Rollen anderer" (N. Luhmann 1972, S. 284). Sie begründet den steigenden Bedarf an abstrakten Kriterien und damit von *Rechtsnormen,* die eine Kontrolle nunmehr erst ermöglichen. Luhmann (1972, S. 284) veranschaulicht den Bedarf von sozialer Kontrolle an der veränderten „Form der Moral":

„Der Lehrer *darf* Zensuren nicht davon abhängig machen, wer auf dem Basar seiner Frau kauft. Der Professor *darf* die Habilitation seines Assistenten nicht davon abhängig machen, daß dieser seine Tochter heiratet. Am greifbarsten wird diese Veränderung in einer Uminterpretation des Gleichheitsgedankens: Nicht mehr auf die Gleichheit der Leistungen im Guten wie im Bösen (auf

Reziprozität und Vergeltung) kommt es an, sondern auf die Gleichheit der Anwendung spezifischer Entscheidungsprämissen trotz Wechsels anderer (nunmehr irrelevanter) Rollenzusammenhänge. Die der einzelnen Interaktion innewohnende konkrete Gerechtigkeit des Ausgleichs wird damit aufgegeben. Gleichheit vor dem Gesetz heißt: Spezifikation und universelle Anwendung von Entscheidungskriterien ,ohne Ansehen der Person' – ein für archaische Gesellschaften denkbar unmoralisches Entscheidungsprinzip. Und Gerechtigkeit wird jetzt zur gleichmäßigen Durchführung des Rechts um seiner Geltung willen".

Diesem veränderten gesellschaftlichen Werthorizont entsprechen einzelne Typen von Kontrolle, die weiter unten beschrieben werden. Hier bleibt abschließend festzuhalten, daß der Steuerungsbedarf hochkomplexer und differenzierter Gesellschaften sich aus der Auslagerung der Kontrollinstanzen aus dem Rahmen überlieferter Sitte auf den jeweiligen Interaktionspartner und auf institutionalisierte Kontrollrollen ergibt. Unter Kontrolle kann dann „die kritische Überprüfung von Entscheidungsprozessen" verstanden werden, „mit dem Ziele eines ändernden Eingriffs für den Fall, daß der Entscheidungsprozeß in seinem Verlauf, seinem Ergebnis oder seinen Folgen den Gesichtspunkten der Kontrolle nicht entspricht" (N. Luhmann 1972, S. 282).
Nach dem Warum und Wozu wird im folgenden zu erklären sein, *wie* das Recht als soziale Kontrollinstanz Verhaltenssteuerung und Systemsteuerung ausübt.

3.3.2 Steuerung durch Verhaltensregulation

Seine Steuerungsfunktion übt das Recht durch die Regulation von Verhalten aus. Das Recht stellt hierzu, wie oben ausgeführt, Verhaltensmuster zur Verfügung, in denen sich Interessen manifestieren. Sie finden ihren Ausdruck in Erwartungsnormen, die durch ihre rechtliche Überformung einen hohen Verbindlichkeitsgrad erlangen.
Das Recht reguliert Verhalten, indem es im wesentlichen vier Prinzipien als regulative Ideen zur Geltung bringt (vgl. M. Rehbinder 1977, S. 149ff.):

– die Idee der Reziprozität,
– die Idee der Dauer,
– die Idee der Rollendefinition und
– die Idee des Interessenausgleichs.

Die regulative Idee der *Reziprozität* bringt das Ordnungsprinzip des Rechts in der Gegenseitigkeit sozialer Beziehungen oder – um mit Luhmann (1972, S. 156) zu sprechen – in der kongruenten Generalisierung von Verhaltenserwartungen zum Ausdruck. Sie tritt in zwei Erscheinungsformen auf: als Vergeltung und als Austauschregelung (Remunerationsprinzip).

„Sie symbolisieren das Übergreifen der Distanzen in der Zeit, in sinnhaftsachlichen Verschiedenheiten der Handlungen und zwischen den Personen für den Fall der Erwartungsenttäuschung und für den Fall positiver Leistungen. Insofern haben sie den Charakter fundamentaler Rechtsgedanken" (N. Luhmann 1972, S. 156f.).

Im Rückblick auf die historische Entwicklung der Durchsetzungsformen der Reziprozität zeigt sich, daß die Ritualisierung und die Formalisierung von Verhaltensweisen eine hervorragende Rolle spielen.

„Bußgeldzeremonien oder Reinigungsriten waren erste Verfahrensweisen, die verschiedene Handlungen, etwa den Totschlag eines Mannes und die Zahlung eines Bußgelds in Höhe des Brautpreises seiner Mutter, in einen sinnhaften Zusammenhang brachten. Derartige Regelsysteme organisierten Ungleiches, eben Leben und Geld, als Gleiches und erzeugten so einen Interpretationszusammenhang, der sich auf die Wiedergutmachung abweichenden Verhaltens verkürzen läßt" (A. Görlitz 1976, S. 76).

Die Anerkennung der zeitlichen Differenz zwischen abweichendem Verhalten und Wiedergutmachung ermöglichten überhaupt erst die Herausbildung eines rechtsförmigen Verfahrens vor Gericht. Die ungeheuere Zunahme von Tauschakten in der Handel betreibenden und später industriell Waren produzierenden Gesellschaft verlangte nach einer Formalisierung des Tauschverhaltens. Die der Reziprozität (do ut des) zugrunde liegende Interessenkongruenz mußte insbesondere bei zeitlich versetzten Leistungen im Tauschverhältnis formal stilisiert werden. Offenkundig ist auch die gesellschaftliche Notwendigkeit zur Formalisierung von Verhaltensweisen bei Erwartungsenttäuschungen.

„Durch die Formalisierung wurden die Streitfälle abstrahiert und damit von ihrem konkreten sozialen Kontext abgehoben, d. h., die Gesellschaft entlastete sich von einem potentiell destruktiven Konflikt und verwies die Streitparteien auf das Rechtssystem, das in ritualisierten Rollenspielen den Konfliktstoff sozial neutralisierte und so Reziprozität wieder herstellte" (A. Görlitz 1976, S. 76).

Zwar gilt das Remunerationsprinzip sowohl im Gleichordnungsverhältnis, z. B. zwischen formal gleichen Vertragspartnern, als auch im Abhängigkeitsverhältnis; denn der Verpflichtungsgrund für Weisungen ist die Austauschbeziehung: Im Vasallenverhältnis Schutz gegen Treue, im Arbeitsverhältnis Daseinsvorsorge gegen Arbeitsleistung (vgl. M. Rehbinder 1977, S. 150). Aber die Herstellung reziproker Verhaltensweisen durch rechtliche Regulation kann nicht von ihrem sozialen Kontext gelöst werden. Denn das Remunerationsprinzip ist gesellschaftlich-historisch ausgeformt. So läßt sich am Beispiel des Bürgerlichen Gesetzbuches zeigen, daß rechtliche Konzeptionen von Reziprozität aus dem sozialen und politischen Kontext ihrer Genese zu erklären sind:

„Der konservativen Ausrichtung des ursprünglichen Ehe- und Familienrechts liegt die Vorstellung von einem zinstragenden Heiratsgut und von einem altbürgerlichen Erziehungsideal zugrunde. Das Verwaltungs- und Nutznießungsrecht des Mannes am Vermögen der Ehefrau war ein Pendant zur Kautionspflicht in Beamten- und Offiziersehen. Die Ehefrau erfüllte nach einer finanziellen Vorleistung ihre Dauerpflichten in der familialen Sphäre, der Ehemann verbürgte die Intimität und Integrität dieser Sphäre durch seine gesellschaftlichen, insbesondere beruflichen Aktivitäten. Kindererziehung war eine familiale und nicht gesellschaftliche oder gar staatliche Angelegenheit. Die väterliche Autorität sollte verbürgen, daß Mittelschichtstandards wie Ordnung, Fleiß oder Gehorsam tradiert wurden" (A. Görlitz 1976, S. 77).

Die regulative Idee der Dauer im Recht besagt, daß die rechtliche Verhaltenssteuerung die dauerhafte Sicherung der Reziprozität des sozialen Kontaktes voraussetzt. Anders sind Verhaltenssicherung und Erwartenssicherung nicht zu erreichen. Erst das Vertrauen auf seine dauerhafte Geltung verleiht dem Recht regulative Kraft. Recht wird als verpflichtend angesehen. Es verpflichtet, weil es alt ist, seine Geltung unter Beweis gestellt hat: Indiz auch für seine Richtigkeit – so etwa das Recht der archaischen oder mittelalterlichen Gesellschaft. Oder aber es enthält Sinnentwürfe für die Zukunft, die, konkretisiert in Verhaltensnormen, der zukünftigen Gestaltung von sozialen Beziehungen zur Verfügung stehen: Indiz für die Planungsmacht des Rechts.

Die rechtliche Verhaltensregulation ist weiterhin gebunden an „ein besonderes Strukturmerkmal des Rechts im Sozialstaat" (M. Rehbinder 1977, S. 151): *die regulative Leitidee der Rollendefinition.* Unter sozialer Rolle versteht man die Summe der Erwartungen, die von Bezugsgruppen oder der gesamten Gesellschaft an das Verhalten des einzelnen gerichtet werden. Sie definieren, wie man sich als

Vater, als Student, als Autofahrer etc. zu verhalten hat. Jedes Gesellschaftsmitglied ist Träger unterschiedlicher Rollen: der Autoschlosser (Berufsrolle) ist zugleich Ehegatte, Vater, Vereinsmitglied u. a. m. — Rollen, die rechtlich mehr oder weniger rigide und mehr oder weniger umfassend geregelt sind. Die Erwartungen des Arbeitgebers gegenüber dem Autoschlosser sind z. B. im Arbeitsvertrag, die des Kegelclubs gegenüber seinem Vereinsmitglied im Vereinsstatut normiert.

Recht *redefiniert* i. d. R. sozial bereits definierte Rollen, indem es z. B. die Verhaltenserwartungen an den Käufer, die Eltern etc. normiert.

„Aber erst das ungeheure Anwachsen des Rechtsstoffes im Sozialstaat hat uns deutlich werden lassen, wie durch die Zuschreibung verschiedener sozialer Rollen die Person, die zum Träger dieser Rollen gemacht wird, ‚sozialisiert‘, d. h. zum integrierten Bestandteil sozialer Organisationen, wird. Unter diesem Aspekt stellt sich für das Recht immer wieder das Problem, wie es die Integrität und Autonomie dieser Person vor den rechtlichen und sozialen Zwängen der Organisation schützen soll" (M. Rehbinder 1977, S. 151).

Verhaltenssteuerung durch rechtliche Rollenzuweisung wirft damit ein altes Problem neu auf: Abwehr gegen staatliche und gesellschaftlich organisierte Totalverwaltung des Bürgers durch rechtsstaatlich und sozialstaatlich gebotenen Schutz eines Kernbereichs von Handlungsautonomie und von individueller Freiheit.

Mit der rechtlichen Beschränkung der Willkür sowohl des Staates als auch der Machtentfaltung von Privaten wird die Steuerungsfunktion des Rechts unter die Leitidee des Interessenausgleichs gestellt. Sie beinhaltet die Zuerkennung subjektiver Rechte und damit „die Eröffnung einer Machtquelle für den politisch oder sozial weniger Mächtigen. Interessenausgleich durch Recht ist formal die Durchsetzung von Gleichheit bei sozialer Verschiedenheit" (M. Rehbinder 1977, S. 152).

Welches sind nun die Mittel, mit denen das Recht den beschriebenen regulativen Ideen der Verhaltenssteuerung zur Geltung verhilft? Verhaltenssteuerung durch Recht setzt voraus, daß die Rechtsnormen internalisiert sind, d. h. von den Rechtsgenossen „gelernt" werden. Die Internalisierung des Rechts und damit die Herausbildung von Rechtsbewußtsein geschieht in einem Vorgang, den man *Sozialisation* nennt und der sowohl die intentionale Erziehung zum rechtlichen Verhalten als auch die funktionale Übernahme von Norminhalten durch die Individuen umfaßt. Die der Steuerungsfunktion zugrunde liegende Sozialisationsfunktion des Rechts wird weiter unten ausgeführt (vgl. 3.5). Die nicht pädagogisch-didaktisch gelenkte, d. h. durch Erziehung erzielte, sondern in Prozessen sozialen Lernens angeeignete Orientierung des Verhaltens am Recht basiert, wie abschließend gezeigt werden soll (vgl. 3.6), auf dessen *Kommunikation*. Diese beinhaltet ein demokratisches Normbegründungsverfahren, das an die Stelle der fraglosen Hinnahme von verhaltenssteuernden Rechtsnormen deren kritische Akzeptanz setzt.

3.3.3 Steuerung durch Systemregulation

Wie übt das Recht Systemsteuerung durch die oben vorgestellten (vgl. 3.2.3) Prozesse sozialer Kontrolle aus? Indem – so Luhmann (1972, S. 284) – der rechtliche Entscheidungsprozeß zum Gegenstand und zugleich zur Form möglicher Kontrollen wird.

„Rechtliche Entscheidungsprozesse können rechtliche Entscheidungsprozesse kontrollieren, Verfahren hinter Verfahren geschaltet werden, sobald genügend Kriterien der Richtigkeit des Entschiedenen artikuliert sind".

Ein solches Kontrollverhältnis findet seinen organisatorischen Rahmen im Aufbau des gerichtlichen Instanzenzuges, aber auch im Gesetzgebungsverfahren und in der richterlichen Kontrolle von gesetzgeberischen Entscheidungen.

„Kontrolle besagt hier praktisch: Wiederholung des Entscheidungsvorgangs in allen oder in begrenzten (z. B. auf Rechtsfragen beschränkten) Hinsichten. Der Kontrolle liegen die gleichen Kriterien zugrunde, die auch die Erstentscheidung hätten leiten sollen. (. . .) Man darf vermuten, daß die volle Last der Kontrolle des positiven Rechts nicht allein von diesen eigens bereitgestellten Strukturen und Prozessen getragen werden kann. Und in der Tat: wesentliche weitere Kontrollvorgänge finden sich – weniger sichtbar, aber soziologisch um so interessanter – im unmittelbaren Interaktionskontext des rechtlichen Entscheidungsprozesses" (N. Luhmann 1972, S. 285).

Soziale Kontrolle, die in die Interaktion selbst eingebaut ist, kann in folgenden Formen ausgeübt werden (vgl. N. Luhmann 1972, S. 285ff.):
– als hermeneutische Kontrolle durch Dialog,
– als professionelle Kontrolle durch Orientierung an Bezugsgruppen und
– als politische Kontrolle durch den Mechanismus der Politik.

Die *hermeneutische Kontrolle* bezieht sich auf den Normsinn und auf die Überzeugungskraft von Argumenten durch Überprüfung der Einzelschritte und -argumente des rechtlichen Entscheidungsprozesses (und nicht nur seiner Ergebnisse) im Rahmen eines verfahrensähnlichen Sozialsystems: des Dialogs. Der hermeneutische Charakter der Kontrolle durch Dialog ergibt sich daraus, daß es hier nicht um das Gewinnen von richtigen Ergebnissen durch Anwendung eines festen Systems von Regeln geht. Vielmehr beruht Kontrolle auf der Zerlegung des Gedankengangs in eine Vielzahl von Möglichkeiten für Konsens und Dissens und auf seiner Bewährung im Dialog zwischen Juristen. Kontrolle durch Dialog heißt, daß der rechtliche Entscheidungsprozeß „nur über die Steuerung des Verfahrens möglich ist und dies nur wieder im Rahmen konstituierender Steuerungsregeln, bei deren Erschöpfung die kontrollierte Entscheidung nicht weiter ‚sinnvoll' hinterfragt werden kann" (K. A. Ziegert 1975, S. 45). Dies zeigt, daß die solchermaßen als Verfahrenstechnik begriffene hermeneutische Kontrolle in Grenzen wohl zur Sachverhaltsklärung beitragen kann, „einer planenden und insofern steuernden Funktion der hermeneutischen Kontrolle sind jedoch enge Grenzen gesetzt" (ebd.).

Bei der *professionellen Kontrolle* handelt es sich um eine generalisierte Form der hermeneutischen Kontrolle durch Dialog. Sie beruht auf der Ausbildung von Berufsrollen in der differenzierten Gesellschaft und damit auf Professionalisierung. Professionalisierung beruflicher Arbeit bedeutet (vgl. N. Luhmann 1972, S. 288f.):

- *Delegation gesamtgesellschaftlicher Aufgaben,* z. B. Betreuung des Rechts durch besondere Rollen (Berufsrollen) und damit einhergehend
- *Veränderung der Risikozurechnung* von ehemals gesamtgesellschaftlich institutionalisierten Formen der Angstbewältigung auf die spezifische Berufsrolle und daraus folgend
- Umwandlung des für die Einzelrolle untragbaren Risikos in *Verantwortlichkeit für vermeidbare Fehler* und
- *Spezialisierung und Konzentration von Fachwissen* auf die einzelnen Berufsrollen und daraus folgend
- *Chancen von Machtentfaltung im Eigeninteresse,* die im gesamtgesellschaftlichen Interesse durch
- ein *berufliches Ethos* zu begrenzen sind.

„Damit muß die Kontrolle von Entscheidungsprozessen auf einen spezielleren Raum abgestimmt werden, indem auch wiederum die Funktionäre der Kontrolle Mitglieder des betreffenden professionellen Teilsystems sind. Ohne Frage bietet gerade das Rechtssystem mit dem Juristenstand ein treffendes Beispiel dieser gesellschaftlichen Entwicklung, in deren Verlauf sich das Bezugsproblem der Professionalisierung ständig änderte" (K. A. Ziegert 1975, S. 46).

Verdeutlichen wir uns die professionelle Kontrolle an einem Beispiel.N. Luhmann (1972, S. 289f.) illustriert die professionelle Kontrolle zur Orientierung an Bezugsgruppen anhand der von der Profession geschaffenen und bereits den Jurastudenten im ersten Semester vertrauten Figur der „herrschen Meinung":

„Die h. M. ermöglicht eine ambivalente, den Situationen und dem Rollenkontext sich anpassende Einstellung zum Recht. Sie legitimiert Dissens und das Sichverlassen auf Konsens zugleich. Sie erlaubt es, das Recht als gewiß und als ungewiß darzustellen und je nach den Umständen und den Folgen, die auf dem Spiel stehen, die eine oder die andere Stellung zu beziehen. Sie konstituiert eine weite Zone praktisch ausreichender Sicherheit, ohne die Möglichkeit von Gegenargumenten auszuschließen oder mit Achtungsverlust zu strafen. Ein Abweichen von der h. M. kann ‚vertretbar' (. . .) sein, ist typisch kein Fehler, wohl aber ein von Kollegen zu beurteilender Vorgang, der besondere Risiken trägt, besondere Rechtfertigungen (vor allem: von der besonderen Lage des Einzelfalles her) erheischt und nicht einfach aus Unachtsamkeit passieren darf. Die Argumentation mit oder gegen die h. M. setzt einen kollegialen, heute praktisch nur noch literarisch herstellbaren Diskussionszusammenhang voraus, an dessen Grenzen der Bereich des Meinens und Verhaltens beginnt, in dem der einzelne ein persönliches Risiko läuft".

Die professionelle Kontrolle hat jedoch ihre Grenzen. Im Luhmannschen Beispiel findet sich bereits die Effektivitätsgrenze der professionellen Kontrolle angedeutet. Sie liegt zum einen in der abnehmenden realen Sanktionsgewalt der vorgestellten Bezugsgruppe der Kollegen, wie sie von einer Mitgliedschaftsgruppe ausgeübt werden kann. Juristen sind heute auf weitverzweigten Berufsfeldern in Wirtschaft, Politik, Justiz und Verwaltung tätig, so daß ihre professionelle Beziehung sich eher über das verbreitete Nachschlagen im „Palandt" als durch gemeinsame Organisationszugehörigkeit herstellt. Restbestände einer gemeinsamen professionellen Beziehung und Rudimente eines verbindenden Berufsethos gehen auf eine gemeinsame universitäre Juristenausbildung zurück.

„Nicht zuletzt ist die Frage berechtigt, ob jene eigentümliche Problemstellung durch professionelle Bindung und Kontrolle durch den heutigen Grad an Differenzierung nicht auch gesamtgesellschaftlich überholt ist und ob es überhaupt noch möglich ist, in dieser Form Sicherheit und Selbstdisziplinierung durch Rücksicht auf die kollegiale Meinung zu verbürgen und gesamtgesellschaftliche Werte in ein rollenspezifisches Ethos umzuprägen" (N. Luhmann 1972, S. 291).

Bei der hermeneutsichen und professionellen Kontrolle geht es um die Beurteilung der Richtigkeit von Entscheidungen, bei der *politischen Kontrolle* um die Abschätzung ihrer Folgen. Sie gründet auf der Positivierung des Rechts und auf der Einrichtung von politischen Vorbereitungsprozessen der Rechtsetzung. Bei der politischen Kontrolle handelt es sich nicht um ein formalisiertes Verfahren, sondern sie ist eingebaut in den Interaktionskontext, der der Vorbereitung von politischen Entscheidungen dient. Nicht die Erwägungen, die zu solchen Entscheidungen führen, sondern ihre möglichen Ergebnisse sind der Gegenstand der politischen Kontrolle. Ihr Ziel ist es, durch Rechtsfolgenabschätzung Ergebnisse zu garantieren, „die einer laufenden und umfassenden gesetzgeberischen Verantwortung für das Recht entsprechen" (N. Luhmann 1972, S. 291).

Hierzu zeichnen sich bislang noch keine institutionellen Lösungen ab. Diese hätten über den stattfindenden unmittelbaren Kontakt von Interessenverbänden zur Ministerialbürokratie hinaus einen kommunikativen Rückkoppelungsprozeß einzurichten, um die gesellschaftliche Wirkung und sozialen Folgen des gesetzgeberischen outputs als Korrektiv in politische input-Prozesse, soweit sie Rechtsetzungscharakter annehmen, einzubringen. Politische Kontrolle bezeichnet damit einen kybernetischen Steuerungsprozeß auf der Grundlage institutionell abgesicherter Kommunikation zwischen politischen Rechtsetzungsinstanzen und gesellschaftlichen Gruppen von Rechtsfolgebetroffenen.[5]

Diesen Rückkoppelungsprozeß allerdings – wie Luhmann vorschlägt – in einem Amt für Gesetzgebung institutionalisieren zu wollen, „dem jedermann Folgen melden kann, die bei der Anwendung bestehender Gesetze aufgetreten sind, und das diese Informationen als Material für politische Aktivitäten aufzubereiten hätte", (N. Luhmann 1972, S. 292) hieße nicht nur, der Einrichtung eines „Überparlaments" das Wort zu reden. Die Chance zur Umorientierung der bestehenden Rechtsetzungsinstitutionen zu Einrichtungen, die nicht nur formal richtige, sondern auch sozial gerechtfertigte Entscheidungen treffen, wäre vertan. Vielmehr zielt die erforderliche Rechtsfolgenabschätzung (politische Kontrolle) auf den Ausbau der gesellschaftlichen Kommunikation des Rechts auf der Grundlage einer erweiterten Organisationsöffentlichkeit der vorhandenen Rechtsetzungseinrichtungen (vgl. hierzu 3.6.2).

Zunächst aber soll eine gesellschaftliche Aufgabe des Rechts vorgestellt werden, die dann erfüllt ist, wenn seine Systemsteuerung
prospektiv angelegt ist und die unter den verschiedenen Bezeichun-
gen kursiert: social engineering, social guidance. Es handelt sich um
die Innovationsfunktion des Rechts.

3.4 Die Innovationsfunktion des Rechts

3.4.1 Stagnation und Wandel:
Zur sozialen Gestaltungsaufgabe des Rechts

Gegenüber den statischen Gesellschaftsformen auf der Grundlage
einer agrarisch-feudalen Produktionsweise, zeichnet sich die kapita-
listische Industriegesellschaft durch eine innere Dynamik aus. Diese
findet ihren Ausdruck in der historischen Entwicklung der wissen-
schaftlich-technischen Naturbeherrschung, deren Etappen häufig
mit erster, zweiter und – was die neueste Entwicklung zur auto-
matisierten Produktion anbelangt – dritter industrieller Revolution
benannt werden. Mit von Krockow (1976, S. 52) kann man sagen,
daß der sozialgeschichtliche Kern der Marxschen These, die Philosophen hätten die Welt nur verschieden interpretiert, es komme
nunmehr darauf an, sie zu verändern, in deren realer *Veränderbarkeit*
liegt: „Bisher *konnten* die Philosophen die Welt nur verschieden
interpretieren; jetzt ist es *möglich* geworden, sie zu verändern".
Dieser objektiven Möglichkeit entspricht ein gesellschaftliches
Bewußtsein, das von der bürgerlichen Aufklärung seinen Ausgang
nimmt und das die sozialen Verhältnisse nicht mehr als Schicksal,
sondern als gestaltbar begreift.
Bei der Innovationsfunktion des Rechts geht es um die Frage, welche Rolle dem Recht in diesem gesellschaftlichen Gestaltungsprozeß
zukommt oder mit anderen Worten: um das Problem sozialen Wandels durch Rechtsreform. Daß das Recht überhaupt gesellschaftliche
Änderungen induzieren könne, wird von Soziologen, denen Schelsky
(1980, S. 147), wenn es um die Definition einer Gestaltungsaufgabe
des Rechts im Prozeß sozialen Wandels geht, „Rechtsblindheit" vor-
wirft, häufig unterbewertet. Dies mag mit der Erkenntnis zusammenhängen, daß gesellschaftlicher Wandel sich häufig auf anderen Wegen
und nicht als Rechtsreform vollzieht. So werden z. B. im relativ
„rechtsfreien Raum" der unternehmerischen Entscheidungen durch

Rationalisierungsmaßnahmen und technisch-organisatorische Umstellungen Wandlungsprozesse induziert, die tief in das Leben der Menschen eingreifen und in ihren gesellschaftlichen Auswirkungen gravierend sind. Recht hat auf diesem Terrain bislang kaum eine präventiv-gestaltende, eher eine die reale Entwicklung nachträglich normierende, verrechtlichende Aufgabe wahrgenommen.

Obwohl es zahlreiche Felder bewußter gesellschaftlicher Gestaltung gibt, ohne das „Medium" Recht[6] einzuschalten, wird seit Jhering „das Recht definiert als die *Sicherung der Lebensbedingungen der Gesellschaft".*[7]

Bevor wir uns der Frage zuwenden, wie und unter welchen Bedingungen das Recht gestaltend in den gesellschaftlichen Entwicklungsprozeß eingreifen kann, soll präziser erfaßt werden, was man unter sozialem Wandel durch Recht zu verstehen hat.

Zunächst einmal bleibt festzuhalten, daß — wie die historische Entwicklung zeigt — Recht und sozialer Wandel tatsächlich in einer engen Wechselbeziehung zueinander stehen. Strittig ist jedoch, welche Rolle dem Recht in Prozessen sozialen Wandels zukommen kann. Einerseits kann darauf verwiesen werden, daß die tiefgreifenden Formen sozialen Wandels, die als „Revolutionen" bezeichnet werden, historisch gegen die alte Gesellschaft und deren Rechtsordnung durchgeführt wurden, daß das Recht demnach eine bewahrende, die tradierte Ordnung schützende Funktion, keineswegs aber eine die gesellschaftliche Entwicklung fördernde oder anleitende Aufgabe erfüllt. Diese Folgerung zieht die marxistische Rechtstheorie, indem sie einseitig die repressive, herrschaftssichernde Funktion des Rechts betont. Sozialer Wandel wird hier begriffen als Ergebnis von Klassenkonflikten, denen maßgeblich zwei antagonistische gesellschaftliche Interessen zugrunde liegen: Kapital und Arbeit. Das Recht repräsentiert in diesem Erklärungsmodell die herrschenden Kapitalinteressen und dient der Unterdrückung anderer gesellschaftlicher Interessen.

Andererseits demonstriert aber gerade die Verlaufsgeschichte der russischen Oktoberrevolution und anderer revolutionärer Umwälzungen, deren herrschende Ideologie die marxistische ist, daß eine bewußt gestaltete Veränderung der gesellschaftlichen Verhältnisse sich augenscheinlich des Mediums „Recht" bedienen muß. Mit zahlreichen Beispielen, u. a. mit der Tatsache, daß die russische Revolution nur knapp ein Jahr benötigte, um die „Jahrhundertaufgabe" eines Arbeitsgesetzbuches zu lösen, läßt sich belegen, „daß siegreiche

119

Revolutionen als erstes darangehen, mit den bisher bestehenden Vorschriften im Rahmen ihrer Einsichten und Möglichkeiten aufzuräumen und neue Grundsätze, wenn nicht gar neue Gesetzbücher an die Stelle der alten zu setzen" (W. Däubler 1978, S. 190). Sozialer Wandel wird demnach nicht nur gegen das geltende Recht sondern auch mit Hilfe des Rechts durchgeführt.

Daß das Recht nicht nur ein Repressionspotential, sondern auch ein Innovationspotential für Prozesse sozialen Wandels hat, ist die große Erkenntnis der Theorie sozialen Wandels durch Recht von Jhering. Selbst wenn man seine, gegen die marxistische Verortung der gesellschaftlichen Triebkräfte in der Ökonomie formulierte, konträre Auffassung vom Recht als „Königsweg der menschlichen Gestaltung der Zukunft" (Schlesky 1980, S. 159) in dieser einseitigen Überzeichung nicht teilt, so birgt Jherings Modell des sozialen Wandels durch Recht doch einen wichtigen Erkenntnisfortschritt: die Ambivalenz des Rechts als Blockade, aber auch als Chance für sozialen Wandel. Freilich findet letztere weder in der marxistisch-materialistischen Unter- noch in der bürgerlich-idealistischen Überschätzung des Stellenwerts, der dem Recht im sozialen Wandel zukommt, eine ausreichende Erklärungsbasis. Dieses theoretische Unvermögen gründet im Versuch, die gesellschaftlichen Triebkräfte sozialen Wandels *monokausal* entweder in der ökonomischen Basis oder im kulturellen und politischen Überbau, zu dem auch das Recht zählt, ansiedeln zu wollen. Eine wirkliche dialektische Betrachtungsweise hätte demgegenüber sozialen Wandel

— als historischen *Prozeß* gesellschaftlicher Interessenauseinandersetzung zu erklären, der

— seine *Ursache* in der jeweils herrschenden, statischen Interessenverteilung und gesellschaftlichen Gratifikationsstruktur, d. h. im vorherrschenden Muster der Interessenbefriedigung und enttäuschung hat und dessen

— *Ziel* die Veränderung dieser Gratifikationsstruktur ist und der ausgelöst wird durch

— die *zunehmende Diskrepanz* zwischen den Teilsystemen, in denen sich die Interessen artikulieren und durchsetzen können, also zwischen rechtlichem, politischem, ökonomischem, kulturellem und sozialem System.

Diese Diskrepanz, häufig als *cultural lag* bezeichnet, begründet die für das Gesellschaftsystem überlebensnotwendige Gleichgewichtssuche zwischen sich wandelnden und nachhinkenden Elementen.

„Standardbeispiel ist der Wandel des wissenschaftlichen und technologischen Systems, der eine Wandlung anderer Systeme nach sich zieht; so veränderte die Waffentechnologie, die die Erde von einem zentralen Punkt aus zerstörbar macht, die geographisch auf ihren Herrschaftsbereich fixierten politischen Systeme" (A. Görlitz 1976, S. 121).

Dieser Prozeß der Gleichgewichtssuche durch Adaption der veränderten Umweltbedingungen führt zu Verhaltensänderungen im Innern des Gesellschaftssystems, die als Lernleistung aufzufassen sind. *Sozialer Wandel ist demnach definiert als Prozeß gesellschaftlichen Lernens.* Hierbei handelt es sich um eine systeminterne Strukturänderung, „durch die bewirkt wird, daß das System mit einer neuen — womöglich wirksameren — Reaktion auf einen wiederholt von außen kommenden Reiz antwortet".[8] Die hierfür erforderliche Aufstellung und Bewertung neuer Verhaltensprogramme, worunter auch Gesetzeswerke fallen, bezeichnet man als „Innovation".

Für die Beantwortung der Frage nach dem gesellschaftlichen Innovationspotential des Rechts gilt es nun den Innovationsbegriff weiter zu differenzieren in:

— aktive Innovation und
— passive Innovation.

Erstere meint die Produktion neuer Lösungsvorschläge (Invention) für erkannte Probleme durch Innovationsinstanzen. Weil aber die besten Programme nichts nutzen, wenn sie nicht auch gesellschaftlich durchgesetzt werden können, erhält die zweite Begriffsdimension ihre besondere Relevanz. Unter passiver Innovation wird die Übernahme und Durchsetzung neuer Lösungsvorschläge, mithin die Veränderung des Verhaltensprogramms in gesellschaftlichen Teilbereichen oder in der Gesellschaft insgesamt verstanden (vgl. zu dieser Differenzierung K.W. Deutsch 1970, S. 233ff.).

Beide Begriffsdimensionen bezeichnen zum einen Perspektiven, aus denen die Rolle des Rechts in Innovationsprozessen zu betrachten ist: aus der Sicht der Innovationsinstanz oder aus der Sicht derer, gegen die oder mit denen Innovationen durchgesetzt werden müssen, d. h. der von den Innovationen Betroffenen. Die Unterscheidung in aktive und passive Innovation dechiffriert aber zugleich auch die Bedeutung des Rechts in Innovationsprozessen:

— als ein *Element von sozialen Problemlösungsprozessen* und damit
— als *Lerninstrument von Innovationsinstanzen* und

– als ein Element der Organisation von Durchsetzung und Übernahme innovatorischer Programme in der Gesellschaft und damit als *gesellschaftliches Lernmedium.*

Die Antworten auf die Frage, wie das Recht sein gesellschaftliches Innovationspotential entfaltet, liegen somit zwischen seinen Aufgabenstellungen zum einen als Träger innovatorischer Programme und zum anderen als normativer Bezugsrahmen für die soziale Konstitution solcher Programme unter Teilnahme der Rechtsgenossen als Innovationsbetroffenen. Die Frage nach dem Recht als einem Medium sozialen Wandels verweist uns demnach auf die Felder seiner politischen Umsetzung „von oben" durch Rechtspolitik (vgl. dazu 3.4.2) und „von unten" durch gesellschaftliche Partizipation (vgl. dazu 3.4.3).

3.4.2 Innovation durch Rechtspolitik

Die Rolle des Rechts im Bereich aktiver Innovation wird definiert erstens von den Innovationsinstanzen und zweitens von den Ablaufmustern für Innovationsprozesse. Als Innovationsinstanzen kommen im allgemeinen, da die Lösung eines Problems immer seine Kenntnis voraussetzt, wegen ihres Informationsvorsprungs, die Organisationsbzw. Systemspitze und eigens zur Problemlösungssuche institutionalisierte Planungs- und Expertengruppen in Frage. Darüberhinaus ist K.W. Deutsch davon überzeugt, und die jüngste Entwicklung in der Bundesrepublik, die Problemlösungsdruck „von unten" durch Protest schafft, scheint ihm recht zu geben, daß gerade solchen Menschengruppen große Bedeutung als Innovationsinstanz zukommt, die „am Rande des Systems" (marginal men) stehen. Sie weisen wegen ihrer geringeren Integration ein höheres Maß an Originalität gegenüber der traditionellen Selbstregulierungspraxis des Systems auf (vgl. K.W. Deutsch 1970, S. 243ff.).

Die Suche nach den maßgeblichen Instanzen von Problemlösungsvorschlägen *durch das Recht* verweist uns jedoch auf die Organe der Rechtsetzung: den Gesetzgeber und – was häufig unterschätzt wird – die Justiz. Zudem ist allein staatliches Handeln mit dem notwendigen Sanktionspotential ausgestattet, um Problemlösungsvorschläge „von oben", in letzter Instanz mit physischer Gewalt, durchsetzen zu können. Konzepte aktiver Innovation, die durch Rechtsänderung verwirklicht werden sollen, sind somit Grundlage *staatlicher* und *richterlicher* Rechtspolitik. Die spezifischen Möglichkeiten beider

Innovationsinstanzen stecken zugleich den Rahmen von aktiver Innovation durch das Recht ab.

Die Möglichkeiten und Grenzen rechtlicher Innovation durch den *Staat* ergeben sich aus der Interessengebundenheit staatlichen Handelns. Angesichts des föderativen Aufbaus des Staates „Bundesrepublik" und seiner Gewaltenteilung in Gesetzgebungsorgane, Exekutivspitzen und Verwaltungen sowie Rechtsprechungsorgane gehen Vorstellungen an der Realität vorbei, die „den Staat" als einheitlich handelnde und ausschließlich den Interessen einer herrschenden gesellschaftlichen Gruppe verpflichtete Größe behandeln. Richtig ist allerdings, daß die staatlichen Innovationsinstanzen und speziell der Gesetzgeber nicht in einem interessenfreien, gesellschaftlichen Vakuum agieren und daß weiterhin, wie oben bereits angeführt, bestimmte gesellschaftliche Interessen, zu denen das ökonomische Gewinninteresse sicherlich gehört, größere Chancen haben, bei staatlichen Problemdefinitionen und Lösungskonzepten berücksichtigt zu werden, als andere, weniger organisierte und weniger konfliktfähige Interessen. Aktive Innovation durch staatliche Rechtspolitik verweist demnach auf das Problem der sozialen Rechtfertigung von unterschiedlicher Interessenberücksichtigung. Sie wird zum Legitimationsproblem. Zu dessen Lösung trifft die parlamentarische Demokratie institutionelle Vorkehrungen, wie z. B. die allgemeine, unmittelbare, gleiche, freie und geheime Wahl der Parlamente und die parlamentarische Bestellung der Regierung.

Verwaltung und Gerichte sind allerdings von der demokratischen Legitimationswirkung der Wahl ausgenommen. Hier werden lediglich einzelne Funktionsträger durch demokratisch legitimierte Organe bestellt. Dies wiegt umso schwerer, als gerade den Gerichten bei der Formulierung und insbesondere Konkretisierung parlamentarisch vorformulierter Problemlösungskonzepte de facto eine umfangreiche Aufgabe zugewachsen ist; denn

„die Komplexität der erfaßten Sachverhalte sowie ihre Veränderung im Laufe der gesellschaftlichen Entwicklung machen es jedem, auch dem ‚regelungswilligsten' Gesetzgeber schwer, ein jeden denkbaren Fall erfassendes ‚Programm' zu entwerfen. In der Regel besteht freilich gar nicht einmal das Bestreben, die eigenen Kompetenzen bis zum letzten auszuschöpfen; die unumgänglichen politischen Kompromisse sind umso leichter erreichbar, je mehr man kontroverse Punkte ausklammern und sie der Rechtspechung überantworten kann. Diese gewissermaßen ‚naturgegebenen' Defizite der parlamentarischen Rechtsetzung werden nun dadurch noch erheblich vergrößert, daß die Gerichte selber darüber entscheiden, wo der Gesetzgeber eine Lücke gelassen hat und welche Intention er mit seiner Regelung verfolgte" (W. Däubler 1978, S. 203).

Die Gerichte verfügen damit gewissermaßen über einen „Blankoscheck" für eine „gerichtliche Rechtspolitik",[9] der sie zudem durch die „Interpretationshoheit" im Einzelfall und damit gegenüber dem rechtsuchenden Bürger faktisch zu rechtsetzenden Instanzen befördert.

Dies ist eine sehr bedenkliche Entwicklung, denn im Unterschied zum Gesetzgeber, den Parlamenten, sind die Gerichte hierzu demokratisch nicht legitimiert, wie sich aus dem folgenden Vergleich der Wahlverfahren zum Richteramt an obersten Gerichtshöfen und zum Abgeordnetenamt im Bundestag nachweisen läßt:

Gemäß Art. 95 II GG werden Richter an obersten Gerichtshöfen des Bundes vom Richterwahlausschuß gewählt. Dieser setzt sich zusammen aus dem jeweils zuständigen Bundesminister, der allerdings kein Stimmrecht hat (§ 9 I 2 Richterwahlgesetz), weiterhin aus den für das Sachgebiet zuständigen Landesministern und einer gleichhohen Anzahl von im Rechtsleben Erfahrenen, die vom Bundestag gewählt werden. Demgegenüber werden die Mitglieder des Bundestages (sieht man von dem Sonderfall der Berliner Abgeordneten ab (§ 53 BWahlG)) im Prinzip zur Hälfte in ihren Wahlkreisen direkt gewählt, zur anderen Hälfte gelangen sie nach dem Verhältniswahlrecht über Landeslisten ihrer Parteien in das Parlament (§ 1 BWahlG).

Vergleicht man beide Wahlverfahren, so stellt man fest, daß im Richterwahlausschuß mehr als die Hälfte der Wähler (der Bundesminister stimmt zwar nicht mit, muß der Entscheidung aber gem. § 13 RichterwahlG zustimmen) selbst nicht gewählt, sondern durch die Regierungschefs berufen wurden und auch die übrigen Mitglieder nur in mittelbarer Weise als demokratisch legitimiert anzusehen sind.

Ob diese Tatsache allerdings schon die sprachliche Unterscheidung von „Berufung" eines Richters und der „Wahl" eines Abgeordneten rechtfertigt, könnte zweifelhaft erscheinen, da eben auch nur 50% der Abgeordneten direkt gewählt werden.

Jedoch werden Abgeordnete nur für jeweils eine Legislaturperiode gewählt; Richter in aller Regel bis zum Erreichen der Pensionsgrenze berufen.

Der eingeschränkte Wahlmodus der Richterbestellung reduziert die soziale Repräsentation der gesellschaftlichen Interessen noch mehr als dies bereits in den Parlamenten durch die Tendenz zur Professionalisierung, Verbeamtung und Akademisierung der Abgeordnetentätigkeit der Fall ist (vgl. zum empirischen Befund L. Kißler 1976).

An den obersten Gerichten heißen diese Phänomene: Überrepräsentation der Oberschicht, Realitätsferne der Richterausbildung und Anpassungszwänge der beruflichen Praxis.

Den Gerichten fehlt die demokratische Legitimation für aktive Innovation, woraus folgt, daß ihre wesentliche Aufgabe in der Kontrolle und Durchsetzung von politischen Problemlösungsvorschlägen besteht und demnach im Bereich passiver Innovation liegt.

3.4.3 Innovation durch Rechtskommunikation

Aktive und passive Innovation durch das Recht stehen nicht unverbunden nebeneinander. Erstere funktioniert nur, wenn die von den Innovationsinstanzen erarbeiteten und i. d. R. in Gesetzesform gebrachten Problemlösungsvorschläge verwirklicht, d. h. gesellschaftlich durchgesetzt und übernommen werden. Und umgekehrt, solchermaßen passive Innovation setzt ihrerseits ein politisches Angebot an rechtlich normierten Problemlösungen voraus.

Damit diese Wechselwirkung zustandekommt, müssen die folgenden Bedingungen erfüllt sein:

— *Information der Innovationsinstanzen* über die zu bewältigenden sozialen Probleme als auch über die zur Verfügung stehenden Problemlösungspotentiale. Es gilt die Korrelation:

> „Je größer die Informationsbeschränkung, desto geringer die Ausbeute an alternativen Vorschlägen (. . .). Die umgekehrte Korrelation gilt ebenfalls; je enger das Informationsspektrum, desto starrer die informationsselektierenden Mechanismen"[10] (W. Gessenharter 1971, S. 298).

An dieser Stelle sei darauf hingewiesen, daß das Ausmaß von an die aktiven Innovationsinstanzen adressierter Information maßgeblich von der Flexibilität der Innovationsinstanzen selbst und damit von der Autoritätsstruktur des Systems abhängt. Es gilt auch die Korrelation: „Je stärker die Autoritätsstruktur, desto reduzierter das an die Innovationsinstanz adressierte Informationspotential."[11]

Dies verweist auf die Notwendigkeit von

— *Informationsbeantwortung und -vorgaben*, d. h. aber *Partizipation* der gesellschaftlichen Interessenträger an der Formulierung von Problemlösungskonzepten. Inwieweit solche von den Betroffenen freiwillig übernommen oder aber mit Sanktionsgewalt durchgesetzt werden müssen, entscheidet das Ausmaß an Informationsaustausch und d. h. an *Kommunikation* über Problemdefinitionen sowie über die Inhalte und Realisierungsformen von Lösungskonzepten. Soweit letztere rechtlich normiert sind – wie bei der hier zu untersuchenden Innovation durch Recht –, handelt es sich um die gesellschaftliche Kommunikation des Rechts. Sie ist Voraussetzung für eine weitere Bedingung:

– *die inhaltliche Abstimmung von Recht und gesellschaftlichen Interessen* oder anders: von Rechtsnormen und sozialen Normen. Um mit K.W. Deutsch (1970, S. 244) zu sprechen heißt dies: Die Innovationsvorschläge müssen „zumindest teilweise die Gewohnheiten, Präferenzen, Überzeugungen und (...) die sozial genormten Persönlichkeitsstrukturen ihrer Befürworter ausdrücken (...), eine geeignete Erwiderung auf die Herausforderungen, mit denen Staat und Gesellschaft konfrontiert sind, darstellen (...) (und) nicht nur bei ihren eigenen Befürwortern und Förderern, sondern darüberhinaus bei einer genügend großen Anzahl von Personen und Gruppen in der Gesellschaft genügend Anklang finden".
Kurzum: „Was nicht als Problemlösung akzeptiert wird, dafür macht sich niemand stark; und wofür sich niemand stark macht, das kann auch nicht gesellschaftlich durchgesetzt werden" (W. Gessenharter 1971, S. 304).

Damit aber Problemlösungsvorschläge aktiver Innovationsinstanzen als Problemlösungen akzeptiert werden, bedarf es der Teilhabe der Innovationsbetroffenen an der Problemdefinition und Formulierung von Lösungsvorschlägen, mithin der Partizipation an aktiver Innovation. Diese Erkenntnis ist nicht neu. Sie findet sich bereits im Ihering-Modell des sozialen Wandels durch Recht in folgendem Handlungsappell: „Im Kampfe ums Recht, sollst Du Dein Recht finden".[12]
Görlitz (1976, S. 124) aktualisiert das Partizipationspostulat:

„Rechtsnormen werden nicht mehr schicksalhaft hingenommen, sondern als sozialtechnologische Mittel zur Veränderung von sozialen Systemen – das Rechtssystem eingeschlossen – begriffen; der Kampf ums Recht gerät zum Kampf um soziopolitische Gratifikationsstrategien".

Partizipation an aktiver Innovation ist – wie weiter unten ausführlicher zu zeigen sein wird (vgl. 3.6.3) – ein Kommunikationsproblem. Der zentrale Faktor für die soziale Konstitution gesellschaftlicher Innovationsprozesse stellt demnach jenes Medium dar, das Problemlösungskonzepte an ihre Durchsetzungsbedingungen rückkoppelt und damit aktive und passive Innovation inhaltlich und methodisch koordiniert: die *gesellschaftliche Rechtskommunikation.* Und zwar in doppeltem Wortsinn als 1. Kommunikation über die Rechtsinhalte, d. h. über die rechtlich normierten Problemlösungsvorschläge, aber auch 2. Kommunikation durch Recht; denn die Art und Weise, wie Probleme als solche definiert und Lösungskonzepte gefunden und durchgesetzt werden, ist selbst rechtlich normiert.

Zusammenfassend heißt dies: Die gesellschaftliche Innovationsfunktion des Rechts umfaßt zwei Dimensionen: zum einen das Recht als kommunikativ vermitteltes Innovationskonzept und damit als *Inhalt* von demokratisch legitimierter Rechtspolitik und zum anderen das Recht als Garant seiner kommunikativen Vermittlung in Innovationsprozessen und damit der demokratischen *Legitimation* von Rechtspolitik.

Wer an gesellschaftlicher Rechtskommunikation teilnehmen will, muß wissen, wie und wozu er partizipiert, was die Kommunikationsinhalte und -formen sind und wie mögliche Ergebnisse und ihre sozialen Folgen aussehen können, kurz: Partizipation verlangt nach Partizipationskompetenz. Diese darf nicht einfach unterstellt werden. Sie ist vielmehr das Ergebnis eines lebensgeschichtlichen Prozesses der wechselseitigen Beeinflussung von Individuum und Gesellschaft, in unserem Rahmen von einzelnem und Rechtsordnung, mithin der *Sozialisation.* Die Ausbildung von Partizipationskompetenz der Rechtsgenossen ist aber nur eine, wenn auch wesentliche Aufgabe der Sozialisationsfunktion des Rechts. Weitere werden im folgenden vorgestellt.

3.5 Die Sozialisationsfunktion des Rechts

3.5.1 *Rechtsentfremdung und Rechtsbewußtsein:*
Die Bildungsaufgabe des Rechts

„Man ist ja so erzogen, daß man weiß, was recht ist und was nicht recht ist."[13]

Warum es so wichtig ist, zwischen Recht und Unrecht unterscheiden zu können, und wie das hierfür erforderliche Rechtswissen erworben wird, damit befassen sich die folgenden Ausführungen. Steigende Kriminalitätsraten werden gerne als Indiz angeführt, um zu belegen, daß offenbar immer mehr Gesellschaftsmitgliedern dieses Unterscheidungsvermögen abgeht. Aber auch die Verbreitung anderer, (noch) nicht kriminalisierter Formen normabweichenden Verhaltens dokumentieren scheinbar eine zunehmende Distanz zum Recht. Wenn das Recht als etwas Fremdes empfunden wird, das mit dem eigenen Alltag nichts zu tun hat und für das man sich nicht interessiert,[14] dann fragt sich, ob in dieser Rechtsentfremdung

- ein allgemeines Defizit an Rechtsbewußtsein zum Ausdruck kommt und ob daraus auf
- ein partielles Versagen derjenigen gesellschaftlichen Vermittlungseinrichtungen und Prozesse zu schließen ist, deren Aufgabe es ist, Rechtsbewußtsein auszubilden.

Antworten auf die Fragen, wie Rechtsbewußtsein als Sozialisationsziel zu definieren und wie es zu vermitteln ist, d. h., was man unter rechtlicher Sozialisation zu verstehen hat, unterscheiden sich je nachdem, wie das Verhältnis zwischen Recht und Subjekt beurteilt wird. Als Beurteilungsmaßstab haben sich in der Rechtssoziologie im wesentlichen zwei Ansätze herausgebildet: zum einen das Autoritäts- und zum anderen das Mobilisierungsmodell von Recht (vgl. E. Blankenburg 1980, S. 36).

Das *Autoritätsmodell* definiert das Verhältnis zwischen Recht und Subjekt einseitig und statisch aus der Perspektive des Rechts und seines Geltungsanspruchs: Das Recht verkörpert eine stehende Ordnung, die gegenüber dem Subjekt, in diesem Ansatz nur vorstellbar als „Rechtsunterworfenem", durchzusetzen ist. Der Rechtsunterworfene akzeptiert unbefragt oder kraft Sanktionsdrohung das Recht (repressive Variante). Oder aber das Verhältnis von Recht und Subjekt wird zweiseitig und dynamisch begriffen. Dann wird die Sanktionsdrohung für die Erzeugung von Rechtsbewußtsein stark relativiert. Das Recht wird nicht als repressive, aber als autonome Ordnung dem Subjekt, hier begriffen als „Rechtsgenossen", gegenübergestellt. Dieser Rechtsgenosse akzeptiert aufgrund seiner durch umfassende Rechtsinformation erzeugten Einsicht in die Richtigkeit des Normanspruchs das Recht (autonome Variante). Sowohl der repressiven als auch der autonomen Variante des Autoritätsmodells ist jedoch die Idee fremd, „daß Recht in seinen Inhalten und Anwendungen auch eine abhängige Variable der Subjektivität seiner Adressaten werden könnte und sollte, statt diese nur zu dirigieren" (R. Lautmann 1980, S. 170).

Demgegenüber definiert das *Mobilisierungsmodell* das Verhältnis zwischen Recht und Subjekt wechselseitig und responsiv. Die Responsivität des Rechts besteht darin, daß es gesellschaftliche Bedürfnislagen aufgreift und Antworten formuliert. Sein Geltungsanspruch ist nicht autonome, oberste Ebene juristischer Deduktion. Vielmehr kann responsives Recht selbst nicht mehr ohne Bezugnahme auf das Rechtsbewußtsein der Subjekte produziert und analysiert werden. Das Zugangbringen von Recht, seine Mobilisierung ist gebunden an „das Handlungspotential der Individuen, die autonome Entfaltung der Normadressaten, deren aktiven Beitrag im Rechtsprozeß" (R. Lautmann 1980, S. 167), kurz: die *Partizipation* am Recht. Diese wird auf der subjektiven Ebene definiert als *Rechtskompetenz,* d. h. als Fähigkeit des Subjekts, Ansprüche und Interessen an das Recht artikulieren und in rechtsentscheidungserhebliche Prozesse einbringen und durchsetzen zu können. Auf der objektiven Ebene setzt diese Fähigkeit Bedingungen voraus, die eine verbindliche Interessenartikulation im Rechtsprozeß und damit Rechtspartizipation zulassen. Es sind dies Kommunikationsbedingungen des Rechts (vgl. dazu unten 3.6.2 und 3.6.3).

Rechtskompetenz bezeichnet ein *Handlungspotential,* das einerseits dazu befähigt, den Geltungsanspruch des Rechts zu befolgen und ihn andererseits auch kritisch auf seinen Sinngehalt, d. h. aber auf seine gesellschaftliche Interessengebundenheit hin zu befragen und zu verändern. *Rechtskompetenz ist somit ein Qualifikationsproblem.*

Als Qualifikationsziel hat sie eine kognitive und eine affektiv-motivationale Seite. In kognitiver Hinsicht verlangt Rechtskompetenz einen Fundus von *Rechtswissen,* das eine Interessenartikulation an das Recht, d. h. Rechtspartizipation erlaubt. Da es aber nicht nur darauf ankommt, daß die Subjekte am Recht partizipieren können, sondern daß sie dies auch wollen, besteht die motivationale Dimension dieses Qualifikationsproblems in der Ausbildung von *Rechtsinteresse.* Damit ist eine Einstellung zum Recht gemeint, die, im Gegensatz zur Rechtsentfremdung, Orientierung am Recht bedeutet und zwar: Ablehnung des rechtlichen Geltungsanspruchs (negative Rechtsorientierung) oder seine (kritische) Befolgung (positive (kritische) Rechtsorientierung). Beide, Rechtswissen und Rechtsinteresse, sind Dimensionen des *Rechtsbewußtseins.* Dieses definiert sich demnach als ein Qualifikations- und Handlungspotential auf der Grundlage von Rechtswissen und Rechtsinteresse (Rechtskompetenz). Rechtswissen und Rechtsinteresse sind keine unveränderlichen Größen. Sie sind ihrerseits abhängig vom Ausmaß der dem einzelnen zugänglichen und vermittelten *Rechtsinformation* und von seinen

Rechtserfahrungen. Rechtsbewußtsein muß deshalb weiterhin definiert werden als immer nur vorläufiges Ergebnis eines lebensgeschichtlichen Prozesses der Teilnahme am Recht.

Diese Definition von Rechtsbewußtsein als Lernziel führt uns zur Frage, wie der Lernprozeß selbst zustande kommt. Rechtslernen ist eine Facette in einem umfassenden Vermittlungsprozeß zwischen Gesellschaft und Individuum: *der Sozialisation.* Unter Sozialisation ist ein vieldimensionales Geschehen zu verstehen, welches das Verhältnis von Individuum zu seiner gesellschaftlichen Umwelt grundlegend prägt und an dem eine Vielzahl von Personen (z. B. Erzieher, Lehrer, Lernende), von Institutionen (z. B. Familie, Schule) und Faktoren der sozialen Umwelt (z. B. Massenmedien) teilhaben. Als ein zentraler soziologischer Begriff meint Sozialisation

— den Prozeß der Determination des Individuums zur sozio-kulturellen Persönlichkeit durch die Ausformung von solchen kognitiven, sprachlichen, motivationalen, emotional-affektiven und handlungspraktischen Persönlichkeitsmerkmalen, die den Menschen dazu befähigen, seine gesellschaftliche Umwelt zu verstehen und aktiv an ihrer Gestaltung teilzunehmen (primäre Sozialisation);

— den außerhalb der Familie vornehmlich in peer-groups und Schule ablaufenden Vermittlungsprozeß von gesellschaftlichen Werten und Normen sowie Fähigkeiten zur sozialen Daseinsbewältigung (sekundäre Sozialisation);

— den lebenslangen Prozeß sozialer Determination des Individuums in späteren Lebensabschnitten auf der Grundlage primärer und sekundärer Sozialisiertheit (tertiäre Sozialisation).

Die Sozialisation „vergesellschaftet" den Menschen. Das Individuum wird im Verlaufe des Sozialisationsprozesses durch die Übernahme von gesellschaftlichen Werten und Normen (z. B. Sauberkeit, Pünktlichkeit, Ordentlichkeit, Leistungsbereitschaft u. a. m.) und durch die Ausrichtung seines Verhaltens an den gesellschaftlichen Rollenerwartungen (wie „man" sich als Vater, als Hochschullehrer, als Student u. a. m verhält) erst sozial lebensfähig. Der Mensch als biologisches Wesen macht eine „zweite, sozio-kulturelle Geburt" (R. König) durch. Er wird zur sozio-kulturellen Persönlichkeit sozialisiert.

Der Sozialisationsbegriff ist zweidimensional. Er umfaßt

— erstens jenes intentionale, abgrenzbare und bewußte Handeln, das wir *Erziehung* nennen und das bestimmte Wirkungen des Sozialisationsprozesses unterstützen, anderen aber auch entgegenwirken kann. Erziehung bezeichnet die pädagogische oder mikro-didaktische Komponente von Sozialisation;

— zweitens jenen funktionalen, nicht gesteuerten und quasi hinter dem Rücken der Individuen ablaufenden sozialisierenden Prozeß, wie er von der sozialen Umwelt ausgeübt wird und sich in der sozialen Einbettung erzieherischen Handelns in Erziehungsorganisationen und Sozialisationsinstanzen institutionell verfestigt hat. Hierbei handelt es sich um die makro-didaktische Dimension von Sozialisation.

Was macht Sozialisation nun zur rechtlichen Sozialisation? Sozialisation wird zur rechtlichen, indem sie den Vermittlungsprozeß zwischen Individuum und Gesellschaft auf das Recht als gesellschaftliches Teilsystem beschränkt.

„Rechtliche Sozialisation meint also den Erwerb rechtlich relevanter Verhaltensmuster oder die Internalisierung rechtskultureller Werte und Normen" (A. Görlitz 1976, S. 71).

Sozialisation durch Recht betrifft demnach keineswegs nur die „Rechtsbrecher". Wie die allgemeine Sozialisation, verläuft auch die rechtliche Sozialisation in verschiedenen Phasen unter Beteiligung von unterschiedlichen Sozialisationsagenturen. Bereits R. Ihering hat die Frage nach der frühkindlichen Entstehung des „Rechtsgefühls" aufgeworfen. Und wie die allgemeine Sozialisation findet die rechtliche auf der pädagogischen, mikro-didaktischen *und* auf der makrodidaktischen Ebene statt. So hat bereits Ihering, ganz im Sinne der durch die moderne Sozialisationsforschung bestätigten Relativierung von Erziehung, den Umwelteinflüssen für die frühkindliche, normative Prägung entschieden größere Bedeutung beigemessen „als der von ihm durchaus gesehenen intentionalen Überlieferung traditioneller Verhaltensmuster und Normsysteme, also der ‚Unterweisung'" (H. Schelsky 1980, S. 175).

Damit war im Prinzip der Schlüssel für ein bislang immer noch unzureichend entwickeltes Verständnis von rechtlicher Sozialisation als intentional gesteuertem und funktional ablaufendem Rechtslernen gefunden. Ob die rechtliche Sozialisation als einseitige Anpassung des Individuums an vorgegebene normative Standards oder aber als aktive Aneignung und Veränderung derselben zu begreifen ist, hängt nämlich von der Art und Weise ab, wie Rechtserziehung einerseits und wie die „Umwelteinflüsse" andererseits von den Individuen verarbeitet werden. Die Herausbildung von Rechtskompetenz im oben beschriebenen Sinne setzt eine partizipatorische Aneignung von Recht voraus. Rechtslernen mit dem Ziel, Rechtskompetenz ausbilden zu wollen, ist nur als Partizipationslernen denkbar und zwar im doppelten Wortsinn: als Lernen von Rechtspartizipation (Lernziel: Teilnahmefähigkeit am Rechtsprozeß) durch Partizipation (Lernmethode: Einheit von Lernen und Rechtshandeln) (vgl. zu diesem Lernbegriff L. Kißler 1979, S. 76ff.).

Diesem Lernbegriff liegt die Annahme zugrunde, daß das Verhältnis von Rechtswissen und Rechtsinteresse und damit von subjektiven Deutungsmustern der Rechtswirklichkeit auf der einen und Rechtshandeln auf der anderen Seite kein monokausales, sondern ein dialektisches ist. Was heißt das? Das Individuum strebt immer einen Ausgleich (Balance) zwischen seinen subjektiven Deutungsmustern, d. h. seinen Vorstellungen über Struktur und Wirkungsweise seiner sozialen (Rechts-)Umwelt auf seine Erfahrung einerseits und seinen tatsächlichen (Rechts-)Erfahrungen andererseits an. (Rechts-)Lernen setzt dann gerade eine Differenz zwischen beiden voraus. Lernen besteht im „Einholen" der objektiven Situation durch subjektive Bewußtseinsänderung und deren Rückwirkung auf die objektiven Erfahrungsbedingungen. Das Dilemma rein pädagogischer Bemühungen und damit auch der Rechtserziehung, Rechtskunde etc. besteht nun darin, daß die Veränderung von subjektiven Deutungsmustern, d. h. aber von Rechtsbewußtsein, noch keine Auswirkungen auf der Verhaltensebene (dem Rechshandeln) zeitigen muß. Dies begründet die These, daß (Rechts-)Lernprozesse, wie auch immer initiiert, am konkreten Verhalten anzusetzen haben: Rechtslernen als Erfahrungslernen. Damit ist nicht die einfache Umkehrung des Kausalverständnisses von Deutungsmustern (Rechtsbewußtsein) und Verhalten (Rechtshandeln), sondern ihre dialektische Vermittlung gemeint. Subjektive Rechtserfahrungen werden in objektiv begründeten (gesellschaftlichen) Erfahrungszusammenhängen gemacht. Aus deren Wandel (Innovation) ergibt sich die für das Lernen maßgebliche Differenz. Der Innovationsprozeß kann, wie wir oben gesehen haben (vgl. 3.4.3), als passive, hingenommene Entwicklung vor sich gehen. Sie führt dann i. d. R. zu regressiven Rechtserfahrungen und verfestigt ein resignatives Bewußtsein (Apathie). Interviewbeispiel:

„Klar gibt es da Paragraphen, aber als einfacher Mensch kommt man sich überfahren vor. – Eine Einzelperson kann da nichts machen; die geht im Rechtsstaat unter" (zit. bei R. Lautmann 1980, S. 199).

Der Innovationsprozeß kann aber auch als aktive, partizipative Änderung verlaufen. In diesem Fall vermittelt er progressive Erfahrungen und die Ausbildung von Partizipationsfähigkeit in Form von Rechtskompetenz. Emanzipatorische Rechtslernprozesse sind deshalb Partizipationsprozesse. Sie stellen sich überall da ein, wo die Wechselwirkung von Lernziel (Erlernen von partizipativem Rechtshandeln) und Lernmethode (Lernen durch partizipatives Rechtshandeln) zum Tragen kommt, d. h., wo Rechtswissen und Rechtsinteresse (Rechtsbewußtsein) praktisch werden und wo Rechtserfahrung reflektiert werden können, nämlich in Prozessen der Rechtskommunikation. Diese können sowohl mikro- als auch makro-dialektisch inszeniert werden. In jedem Fall aber ist Rechtslernen als Kerngehalt der gesellschaftlichen Sozialisationsfunktion des Rechts Erfahrungslernen in seinen beiden Dimensionen: als Lernen an Rechtserfahrungen (vgl. 3.5.2) und als Lernen durch Rechtserfahrungen (vgl. 3.5.3) ist es Gegenstand der folgenden Ausführungen.

3.5.2 Sozialisation durch Rechtserziehung

Die Sozialisationsfunktion des Rechts besteht auf der mikro-didaktischen Ebene im intentionalen Rechtslernen, d. h. in der Rechtserziehung. Obgleich Rechtserziehung in der Kindheitsphase als Teil der familialen Erziehung zu normkonformem und normkritischem Verhalten einsetzt, ist sie jedoch zeitlich weitgehend auf die Lebensphase des Jugendalters und institutionell auf schulische Erziehung beschränkt.

Anfänge der rechtskundlichen Erziehung reichen bis in die Zeit vor dem Ersten Weltkrieg zurück.[15] Integriert in die staatsbürgerliche Erziehung war sie zunächst Gesetzeskunde. Ihr wurde später in der Weimarer Zeit die Aufgabe zugeschrieben, zu „logischem Denken" zu erziehen und der Rechtsentfremdung vorzubeugen.[16] Insbesondere die Überwindung der Entfremdung zwischen Recht und Volk durch die Staatsbürger und Rechtskunde sollte geeignet sein, die Weimarer Demokratie zu stärken.

Das Scheitern der Staatsbürgerkunde, die nicht zu kompensieren vermochte, was die gesellschaftlichen und politischen Umweltbedingungen der damaligen Zeit an Barrieren für die Entwicklung eines demokratischen Rechtsbewußtseins errichteten, muß nicht nur vor einer pädagogischen Überschätzung von Rechtserziehung warnen. Es ist zugleich auch als Herausforderung an aktuelle pädagogischdidaktische Konzeptionen von Rechtserziehung zu verstehen. Als Teilgebiet der politischen Bildung steht Rechtserziehung vor der Aufgabe, die Rechtskompetenzen des Bürgers und damit eine wesentliche Grundlage seiner politischen Handlungskompetenz auszubilden.[17] Dies setzt voraus, daß die Rechtserziehung weder auf der Grundlage der für den „Gemeinschaftskundeunterricht" maßgeblichen Partnerschaftsideologie vonstatten gehen noch sich auf die reine Institutionen- und Gesetzeskunde beschränken darf.[18] Beide Konzepte sind bislang in der politischen Bildung noch vorherrschend. Vielmehr hätte Rechtserziehung inhaltlich in der Tradition einer politisch-emanzipatorischen Bildung zu stehen, die politische Beteiligungsmöglichkeiten und ihre rechtlichen Grundlagen aufzeigen, aber auch politisches Engagement fördern und zur Artikulation eigener Interessen an das Recht anstiften will. Ihre Inhalte lassen sich auf folgende *Bildungsziele* bringen:

— eine politisch, soziologische und rechtliche Analyse der bestehenden gesellschaftlichen Verhältnisse unter Einschluß der historischen Dimension, dies meint: aufzeigen, daß alles Gesellschaftliche und damit auch Rechtliche historisch entstanden und veränderbar ist;

— die Einbeziehung der gesellschaftlichen Interessen in den Rechtskundeunterricht, d. h. das Bewußtwerden eigener und fremder Interessenlagen;

— die Vermittlung der Prämisse, daß das eigene individuelle Schicksal gesellschaftlich bedingt ist, um das Interesse an der Aufklärung über die Zusammenhänge von individuellem Dasein, gesellschaftlichen Strukturen und Machtverhältnissen und ihrer rechtlichen Grundlage zu schärfen;

— das Verstehen konkreter und aktueller gesellschaftlicher Konflikte, aber auch integrativer Phänomene, aus deren Analyse zugleich die Mittel und Möglichkeiten der aktiven Beteiligung an politischen und gesellschaftlichen Auseinandersetzungen deutlich werden;

— die Analyse der sozialen und politischen Genese von Normen, Urteilen und Stellungnahmen, um zu erkennen, welchen Nutzen sie für bestimmte Klassen, Gruppen und Schichten der Gesellschaft haben und um die Widerstandskraft gegen irrationale (ver-)Führung und Manipulation zu erhöhen.

Diese Inhalte einer emanzipatorischen Rechtserziehung, deren oberstes Bildungsziel es ist, zu rechtskompetentem Handeln zu befähigen, sind methodisch umzusetzen. Rechtserziehung muß sich hierzu an einer *Didaktik* orientieren, die den Unterricht an die Erfahrungswelt der Schüler anbindet. Partizipatorisches Rechtslernen ist, wie oben dargelegt wurde, nur als Erfahrungslernen denkbar. Rechtserziehung, die den intentionalen Lernprozeß als integralen Bestandteil eines umfassenden lebensgeschichtlichen Prozesses von Rechtslernen begreift, muß von den alltäglichen Rechtserfahrungen der Unterrichtsteilnehmer ausgehen. Ihr vorrangiges didaktisches Ziel besteht darin, überkommene Lerngewohnheiten aufzubrechen und Lerninteresse und -fähigkeit in bezug auf das Recht zu entwickeln. Sie muß aber zugleich das Poblem lösen, aus der immer umfangreicheren Rechtsmaterie den Unterrichtsstoff auszuwählen.

Diesen Ansprüchen wird die Fallmethode in der politischen Bildung am ehesten gerecht (vgl. G. Hobbensiefken 1973, S. 435ff.). Analysierte und aufbereitete „Fälle" haben den Charakter von Orientierungsmustern und von Modellen für andere Situationen. Dem „Fall" wird ein allgemeiner Sinn abverlangt, damit das Gelernte, über das konkret Erfahrene hinaus, auf andere Situationen bzw. Ereignisse transferiert werden kann. Allerdings dienen hier die ausgewählten „Stoff"-Komplexe oder exemplarischen „Fälle" in erster Linie einer optimalen Beherrschung von material *vorgegebenen Bildungsinhalten.*

In emanzipatorisch orientierten politischen Bildungsansätzen – die dem Lernziel „Rechtskompetenz" am ehesten verpflichtet sind – erhält die Reduktion des „Stoff"-Angebots auf „Fälle" eine kritische Funktion. Es geht hier nicht mehr nur um die Aneignung von normativ vorgeprägten Bildungseinheiten, sondern auch um das kognitive Vermögen, Informationen für die eigene gesellschaftliche Lage, die immer nur über die Erarbeitung der allgemeinen umgebenden Lage erkannt werden kann, zu nutzen. Das Lernziel heißt hier: soziologische Phantasie. Damit ist die Fähigkeit gemeint, die eigene, individuelle und im „Fall" gelöste Rechtserfahrung gesamtgesellschaftlich einzuordnen, d. h. als Element des allgemeinen Rechtslebens zu erkennen. Dieses Lernziel wird am konsequentesten im Ansatz des exemplarischen Lernens, wie er von O. Negt (1972) entwickelt wurde, aufgegriffen. Die Umsetzung von technisch hochspezialisierter, in Wissenschaftssprachen, wie z. B. der Rechtssprache, formalisierter und formelhaft verdichteter Wissensbestände in den Verstehenshorizont handelnder Individuen, die durch vorausgegangene Erziehung und Erfahrung geprägt sind, wird hier selbst zum didaktischen Problem. Die Normiertheit von Rechtswissen soll als eine offene, veränderbare begriffen werden. „Fälle" müssen darum so komponiert oder als aktuelle aus der politisch-sozialen Rechtswirklichkeit genommen sein, daß sie als Resultat von Kollisionen erscheinen.

Die Effektivität von Rechtslernprozessen an „Fällen" steigt in dem Maße, wie individuelle Interessen sich in ihnen abbilden lassen bzw. wirksam sind. Es kommt deshalb bei der Fall-Auswahl, -Komposition und Aufbereitung darauf an, die in den besonderen Formen subjektiver Interessen und Konflikte erscheinenden allgemeinen Inhalte der gesellschaftlichen Widersprüche zu bestimmen. Der Unterrichtsteilnehmer, solchermaßen mit Rechtskunde als Sonderform politischer Bildung konfrontiert, soll diese als Auflösung „fertiger" Sachverhalte in ihre Bestimmungs- und Vermittlungsmomente erleben; d. h. sein Verhältnis zur objektivierten, politisch-sozialen Bildungswelt nicht schicksalhaft als Naturgesetz auffassen und ihre Aussagen kritiklos akzeptieren, sondern ihre Veränderbarkeit erkennen, indem er den Produktionsprozeß von Informationen durchschauen und sich als gesellschaftliches Subjekt selbst Rechtshandeln zutrauen lernt.

Rechtshandeln umfaßt deshalb in Anlehnung an H. Giesecke (1974, S. 78ff.) dreierlei:

– *Bildungswissen* als „Reservoir" der Normen, die die Gesellschaft „anbietet" und deren Rezeption verlangt wird;
– *Orientierungswissen,* das die Wirkung eines Ereignisses, einer Situation („Fall") in einem funktionalen Rahmen klärt und „Ordnung" in die zu beachtenden Konsequenzen von verschiedenen Entscheidungsalternativen für Rechtshandeln bringt;
– *Aktionswissen* als Bewußtwerden von der Notwendigkeit einer immer wieder erneuten Reflexion (Theorie-Praxis-Bewußtsein) des eigenen Verhältnisses zum „Fall" im Verlaufe seiner Aufarbeitung bzw. „Lösung".

Das exemplarische Rechtslernen leidet allerdings am gleichen Dilemma wie sämtliche rein pädagogischen, d. h. intentionalen Lernprozesse. Rechtserziehung, die ihre Fälle an der individuellen Erfahrung der Beteiligten festmacht, unterstellt nämlich zweierlei: erstens, daß die Fall-Lösung zu einer Veränderung des Rechtsbewußtseins der Beteiligten führt, d. h., daß sie Lerneffekte zeitigt. Sie geht demnach davon aus, daß die Beteiligten so denken, wie sie reden. Zweitens, daß die unterstellte (Rechts-)Bewußtseinsänderung auch zu einer Verhaltensänderung führt, d. h., daß sie Verhaltenseffekte zeitigt. Unterstellt wird demnach, daß die Beteiligten so handeln, wie sie denken. Dieses pädagogische Grunddilemma taucht unter verschiedenen Bezeichnungen in der wissenschaftlichen Diskussion auf: als Theorie-Praxis-Problem oder profaner als Kluft zwischen Seminar- bzw. Unterrichts- und Arbeitssituation bzw. Alltagserfahrung.

Eine Lösung dieses Dilemmas auf der mikro-didaktischen Ebene gibt es nicht; denn soziologische Phantasie in bezug auf das Recht bleibt so lange mit reinem Rechtswissen identisch und damit praktisch wirkungslos, als sie in Kommunikationssituationen (Unterricht) „von außen" an den Bildungsadressaten herangetragen wird, die über das „Exempel" hergestellt werden und vom konkreten Rechtserfahrungsbereich abgehoben sind. Erst eine Herausbildung von soziologischer Phantasie, die kommunikativ an die eigene soziale Rechtserfahrung rückgekoppelt bleibt, vermag praktische Impulse freizusetzen und schafft Rechtskompetenz. Rechtserziehung hätte zu solchen Kommunikations- und Lernprozessen lediglich korrespondierenden Charakter.

Rechtslernen hieße dann nicht mehr allein Lernen an Rechtserfahrung, sondern Lernen *durch* Rechtserfahrung. Dies bedeutet eine Perspektivenerweiterung von der mikro- auf die makro-didaktische Ebene. Rechtslernen verläuft hier nach einer Didaktik der Erfahrungsverarbeitung, wie sie in Grundzügen im folgenden zu skizzieren ist.

3.5.3 Sozialisation durch Rechtserfahrung

Mit der Perspektivenerweiterung von der mikro-didaktischen Ebene der Rechtserziehung auf die makro-didaktische Ebene von Rechtslernen durch Rechtserfahrung stellt sich das Problem, wie Rechtserfahrung in Lernprozesse umgesetzt werden kann. Dabei wird davon ausgegangen, daß „Erfahrung" nicht ein individuell zufälliges Ereignis darstellt. Der Erfahrungsansatz im Rechtslernen versteht vielmehr unter Erfahrung „eine *spezifische Produktionsform der Verarbeitung von Realität* und der *aktiven* Reaktion auf diese Realität − diese sind nicht mehr bloß individuelle, obwohl klar ist, daß Erfahrung und Lernen durch die Köpfe der einzelnen Menschen hindurch muß − sie sind in gewisser Weise kollektive Momente einer durch Begriffe und durch Sprache vermittelten Auseinandersetzung mit der Realität, mit der Gesellschaft" (O. Negt 1978, S. 43f.).

Definiert man Rechtslernen als partizipatives Erfahrungslernen – wie dies weiter oben geschehen ist (vgl. 3.5.1) –, dann lassen sich vier Stufen einer Didaktik der Erfahrungsverarbeitung unterscheiden:

1. *Reflektieren über Rechtsexempla („Fälle")*[19]
   Die Verarbeitung von Rechtserfahrung bleibt auf dieser Stufe ein rein mikro-didaktisches Problem. Im Rechtsunterricht werden vom realen rechtlichen Erfahrungsbereich abgehobene Kommunikationsprozesse inszeniert mit der Absicht, Fälle zu lösen, die auf der Grundlage der tatsächlichen Rechtserfahrung der Teilnehmer komponiert wurden. Dieser Ansatz unterscheidet sich von anderen Formen der Rechtserziehung (z. B. der Institutionen- und Gesetzeskunde)

   – *inhaltlich* durch den emanzipatorischen Anspruch. Es soll nicht nur rechtstechnisches Wissen, sondern auch Orientierungs- und Aktionswissen vermittelt werden.
   – *Formal* liegt der Unterschied im Aufbrechen des überkommenen Lehrer/Schüler-Verhältnisses und seiner Umgestaltung zu einem weitgehend symmetrischen Kommunikationsverhältnis (jedenfalls vom Anspruch her).

   Beispiel:
   Die Kündigung des Arbeitsverhältnisses eines Teilnehmers (Rechtsexemplum) wird als Reflexionsbasis einer Kommunikation über die Interessenlage abhängig Beschäftigter und die Möglichkeiten ihres rechtlichen Schutzes sowie möglicher Strategien für Rechtshandeln herangezogen.

2. *Vorspielen von Rechtsexempla (Rollenspiel)*
   Die Erfahrungsverarbeitung bleibt auch hier noch ein mikro-didaktisches Problem intentionalen Rechtslernens. Im Unterschied zum Reflexionsmodell werden die Rechtsexempla jedoch nicht ausschließlich über Reflexionsvorgänge, d. h. über den Kopf, sondern, indem eine Spielrealität hergestellt wird, auch durch konkretes (Spiel-)Handeln in Kommunikationsprozesse transformiert. Die oben beschriebene Kluft von Unterrichts- und Alltagssituation wird praktisch durch die Herstellung einer Spielrealität „aufgehoben".

   Beispiel:
   Das Rechtsexempel der Kündigung des Arbeitsverhältnisses wird zum Gegenstand eines Rollenspiels. Durch Nachspielen der Situa-

tion, wobei die Rollen des Arbeitgebers, des Arbeitnehmers, des Betriebsrats, des Arbeitsrichters u. a. von den Teilnehmern übernommen werden, können aus der Spielrealität die Interessenunterschiede, mögliche rechtliche Handlungsstrategien und die eigene Rechtsstellung im Rechtssystem des Betriebes erkannt werden.

3. *Projektieren von Rechtsexempla*

Die Verarbeitung von Rechtserfahrung durch Projektion wird sekundär auch zu einem makro-didaktischen Problem. Im Unterschied zum Reflexionsmodell wird über Rechtserfahrung nicht nur reflektiert, auch werden die Rechtsexempla nicht nur, wie beim Rollenspiel, vor- oder nachgespielt, sondern in die rechtliche Erfahrungsrealität selbst hineingetragen und dort „durchgespielt". Das Rollenspiel wird zum „Ernstfall", wobei allerdings der handlungsleitende Schwerpunkt in Prozessen mikro-didaktisch vermittelter Kommunikation von intentionalem Rechtslernen bleibt.

Beispiel:
Die Kommunikation der intentionalen Erfahrungsverarbeitung durch Reflexion und Rollenspiel über den Kündigungsfall dient zum Entwurf von rechtlichen Handlungsstrategien im Betrieb (z. B. Veranlassung des Betriebsrats, von seinem Mitbestimmungsrecht gem. § 102 BetrVG Gebrauch zu machen) oder vor dem Arbeitsgericht. Es handelt sich um eine Form der „Rechtsberatung" in Form kommunikativen Lernens in der Gruppe, die tatsächliches Rechtshandeln vor- und nachbereitet. Der Lerneffekt liegt jedoch nicht in der Beratungs-, sondern in der Handlungssituation.

4. *Kollektivieren von Rechtsexempla*

Die Verarbeitung von Rechtserfahrung ist auf dieser Stufe primär ein makro-didaktisches Problem. Sie geschieht, wenn wir bei unserem Kündigungsbeispiel bleiben, in einem generell durch die Organisationsform des Arbeitsverhältnisses, hier des Betriebes, vorgegebenen Erfahrungsfeld. „Generell" heißt in diesem Zusammenhang, daß die Organisation des Erfahrungsfeldes nicht auf das Organisationsmitglied als Individuum, sondern auf das Kollektiv der Organisationsmitglieder zugeschnitten ist. Nicht mehr die Inszenierung von intentionalen Lernprozessen, sondern die lernende Organisation steht hier im Mittelpunkt von Rechtslernen als Erfahrungslernen. Erstere haben dann lediglich noch begleitende, komplementäre Aufgaben der Vor- und Nachbereitung, Wissensvermittlung und Diskussion von tatsächlichem Rechtshandeln.

Welchen „Fortschritt" in der Erfahrungsverarbeitung gibt es nun zwischen den einzelnen Stufen? Stufe 1 (Lernen durch Reflexion) überwindet die traditionelle Lernorganisation von Rechtserziehung und verhindert die asymmetrisch-kommunikative Aneignung von Institutionen- und Gesetzeswissen, das mit der Rechtserfahrung der Teilnehmer in keinem für diese einsichtigen Zusammenhang steht. Rechtslernen ist ein Lernen *an* Rechtserfahrung. Mit dem Übergang von Stufe 1 (Reflexion) zur Stufe 2 (Rollenspiel) wird der Reflexionsüberschuß von intentionalem Rechtslernen abgebaut. Stufe 2 (Lernen durch Rollenspiel) löst die theoretische Behandlung von Rechtsexempla aus der Metaebene abstrakter Wissensvermittlung und bringt sie vor dem hergestellen Erfahrungshorizont des Rollenspiels auf eine konkrete, wenn auch von der Alltagserfahrung noch abgehobene Erfahrungsebene. Rechtslernen ist ein Lernen *durch* Spielerfahrung. Stufe 3 (Lernen durch Projektion) überbrückt die Kluft von Spiel und Ernstfall, von Spielrealität und Alltagsrealität des Rechtsexempels. Rechtslernen ist ein Lernen *an* und *durch* Rechtserfahrung. Stufe 4 (Lernen durch Kollektivierung) erweitert das auf Stufe 3 ungelöste Personalisierungs- zum Organisationsproblem. Sie beinhaltet die Chance, Rechtskompetenz durch partizipative Verarbeitung von alltäglicher Rechtserfahrung zu erwerben und zu vergrößern. Rechtslernen ist hier Partizipationslernen. Gelernt wird *durch* die Rechtserfahrung.

Auf allen Stufen der Verarbeitung von Rechtserfahrung spielt die Kommunikation des Rechts die maßgebliche Rolle: als Unterrichtskommunikation in der Rechtserziehung durch Reflexion und Rollenspiel oder als kommunikatives Rechtshandeln.

Die Sozialisationsfunktion des Rechts ist demnach eine Sonderform seiner umfassenden gesellschaftlichen Kommunikationsfunktion.

3.6 Die Kommunikationsfunktion des Rechts

3.6.1 Manipulation oder Partizipation? Zur kommunikationsstiftenden Aufgabe des Rechts

Zur Grundlegung einer kommunikativen Rechtssoziologie wurde ausgeführt (vgl. Einleitung und oben 2.4.3), worin die besondere Bedeutung der gesellschaftlichen Öffentlichkeit des Rechts für seine Entstehungs- und Wirkungsweise besteht.

Wir erinnern uns: die gesellschaftliche Öffentlichkeit des Rechts hat zwei Dimensionen: die *Publizität* des Rechts und das *Rechtspublikum.* Beide sind die Bedingungen für eine gesellschaftliche Kommunikation des Rechts zwischen Rechtsstab und Rechtsbetroffen. Im folgenden wird erklärt,

– *was* unter gesellschaftlicher Kommunikation des Rechts zu verstehen ist, d. h., worin die Kommunikationsfunktion des Rechts besteht;

– *warum* die gesellschaftliche Kommunikationsfunktion des Rechts dessen Basisfunktion darstellt und

– *wie* die gesellschaftliche Kommunikationsaufgabe gelöst wird, d. h., welches ihre Voraussetzungen auf seiten des Rechtsstabs (vgl. dazu 3.6.2) und auf seiten des Rechtspublikums (vgl. dazu 3.6.3) sind.

Die gesellschaftliche Kommunikation des Rechts hat eine *materiale* und eine *formale* Komponente. Ihre materiale Begriffsvalenz bekommt Rechtskommunikation durch ihre historische Einbindung in die politische Emanzipation des Bürgertums und in die sie tragende Verfassungsbewegung. Insoweit weist die materiale Dimension von Rechtskommunikation die gesellschaftliche Kommunikationsfunktion des Rechts als eine eminent politische aus. Sie hat ihre sozialgeschichtliche Wurzel im Kampf gegen die fürstliche Arkanpolitik. Die von der deutschen Verfassungsbewegung dem Arkanstaat abgetrotzte Publizität des Rechts findet sich – in staatsrechtliche Formen gegossen – in einem modernen Begriff der *Verfassung als öffentlichem Prozeß* wieder. Dieser konstituiert sich als Rechtskommunikation nur in einem Diskurs zwischen innerorganisatorisch-institutionalisierten und gesellschaftlich-politisch fungierenden Formen von Rechtsöffentlichkeit. Gemeint ist ein auf Organisationsöffentlichkeit (vgl. dazu 3.6.2) und Partizipation (vgl. dzu 3.6.3) gründender Kommunikationsprozeß der Rechtsetzung und Rechtsanwendung. Damit ist die formale Komponente der Kommunikationsfunktion des Rechts angesprochen.

Kommunikation zwischen organisiertem Rechtsstab und dem partizipierenden Rechtspublikum setzt, formal gesehen, Informationsaustausch voraus: Information vom Rechtsstab zum Rechtspublikum über Inhalte und Methoden von Rechtsetzung und -anwendung und umgekehrt, Information vom Publikum zum Rechtsstab (= Partizipation) über die sozialen Rechtsfolgewirkungen einerseits und über die gesellschaftlichen, an das Recht gerichteten Interessen andererseits. Diese Kommunikation ist die grundlegende Bedingung für die sozial gerechtfertigte und damit gerechte Interessenberücksichtigung durch das Recht und zugleich für dessen tatsächliche Geltung. Die gesellschaftliche Genese und Wirkungsweise des Rechts basieren auf seiner gesellschaftlichen Kommunikation. Diese Tatsache dokumentiert bereits die fundamentale Bedeutung der gesellschaftlichen Kommunikationsfunktion des Rechts.

Zur Basisfunktion, auf der die anderen in diesem Kapitel vorgestellten gesellschaftlichen Rechtsfunktionen aufbauen, wird die kommunikationsstiftende Aufgabe des Rechts dadurch, daß gesellschaftliche *Integration, Steuerung, Innovation* und *Sozialisation* durch das Recht im Grunde nur als gesellschaftliche Kommunikationsprozesse des Rechts funktionieren – zumindest in einer demokratischen Gesellschaft. Die Kommunikation des Rechts entscheidet darüber, ob der konfliktlösende *integrierende* Interessenausgleich, die *steuernde* soziale Kontrolle, die *innovierenden* rechtspolitischen Programme im Wege einseitiger, unbeantworteter Information, sprich Manipulation „von oben" durchgesetzt oder aber durch Informationsbeantwortung, aktive Teilnahme derjenigen, deren Interessen integriert, deren Verhalten gesteuert, deren soziales Umfeld innovativ verändert und die sozialisiert werden sollen, sprich partizipativ, unter Beteiligung „von unten" zustande kommen. Im einzelnen kommen dann der Kommunikationsfunktion des Rechts für die anderen gesellschaftlichen Rechtsfunktionen die folgenden Relevanzen zu:

– *Legitimation* der mit der Integration durch Recht immer auch ausgeübten *Herrschaft;*
– *Begründung* des mit der Steuerung durch Recht erhobenen rechtlichen *Geltungsanspruchs;*
– *Beteiligung* der Innovationsbetroffenen an den *Innovationsentscheidungen* und

– *Partizipationslernen* der Sozialisanden durch Teilnahme an *Kommunikation über Rechtserfahrung.*

Dies gilt es zu begründen. Wie wir oben gesehen haben, ergibt sich die Notwendigkeit zur gesellschaftlichen Integration durch das Recht aus dem existenten sozialen Interessenkonflikt. Die Integrationsleistung des Rechts besteht in der notfalls mit Sanktionsgewalt durchgesetzten Unterordnung wenig konfliktfähiger unter besser organisierte und konfliktfähigere gesellschaftliche Interessen. Sowohl in der ungleichen Interessenberücksichtigung als auch in der Sanktionierung abweichenden Verhaltens kommt der Herrschaftscharakter der gesellschaftlichen Integration zum Ausdruck. Herrschaft bedarf in demokratischen Systemen der Legitimation. Im Anschluß an die Herrschaftssoziologie Max Webers kann gesagt werden, Herrschaft ist als *rationale* legitimiert.

Die Auffassungen über die Bedingungen der Rationalisierung von Herrschaft gehen allerdings auseinander. Die eine Position stellt zwei Bedingungen an rationale und damit legitime Herrschaft: erstens die positive Setzung der normativen Ordnung und zweitens den Glauben der Rechtsgenossen daran, daß diese Ordnung in einem formal korrekten Verfahren der Rechtsetzung zustande gekommen ist und angewendet wird. Diese im Begriff der formalen Rationalität Max Webers gründende Auffassung wird von Luhmann (1970, S. 167) vertreten: „Das Recht einer Gesellschaft ist positiviert, wenn die Legitimität seiner Legalität Anerkennung findet, wenn also Recht deswegen beachtet wird, weil es nach bestimmten Regeln durch zuständige Entscheidung gesetzt ist."

Die andere, von Habermas (1973, S. 134f.) vertretene Position wendet kritisch dagegen ein, daß, wenn formale Verfahrensregeln als legitimierende Entscheidungsprämissen ausreichen, nicht nur der Legitimationsglaube zum Legalitätsglauben schrumpft, sondern einem Dezisionismus das Wort geredet wird, der beliebigen Inhalten legitime Rechtsgeltung verschafft – eine Konsequenz, wie sie z. B. C. Schmitt in seiner Rechtslehre gezogen hat.

Geht man demgegenüber davon aus, daß der Legalitätsglaube nicht per se legitimiert, dann bedarf es seiner Ableitung aus einem begründungsfähigen Legitimitätsglauben. Zu dieser Legitimationsgrundlage für legale Herrschaft führt J. Habermas (1971, S. 243f.) aus:

„Das einwandfreie Verfahren des Zustandekommens einer Norm, also die Rechtsförmigkeit eines Vorgangs, garantiert als solche nur, daß die im politischen System jeweils vorgesehenen, mit Kompetenzen ausgestatteten und als kompetent anerkannten Instanzen die Verantwortung für geltendes Recht tragen. Aber diese Instanzen sind Teil eines Herrschaftssystems, das im ganzen legitimiert werden muß, wenn reine Legalität *als Anzeichen* der Legitimität soll gelten können. In einem faschistischen Regime z. B. kann die Rechtsförmigkeit der Verwaltungsakte allenfalls eine Funktion der Verschleierung haben – das bedeutet, daß die rechtstechnische Form allein, reine Legalität, auf die Dauer Anerkennung nicht wird sichern können, wenn das Herrschaftssystem nicht unabhängig von der rechtsförmigen Ausübung der Herrschaft legitimiert werden kann. ,Daß Selektionsleistungen, die nur auf Entscheidung beruhen, übernommen werden, bedarf besonderer Gründe', das gesteht Luhmann zu; aber er glaubt, daß durch eine institutionalisierte Rechtsförmigkeit der Prozedur, also durch Verfahren, ,solche zusätzlichen Gründe für die Anerkennung von Entscheidung geschaffen werden und in diesem Sinne Macht zur Entscheidung erzeugt und legitimiert, d. h. von konkret ausgeübtem Zwang unabhängig gemacht wird.' Ein Verfahren kann aber stets nur indirekt, durch Verweisung auf Instanzen, die ihrerseits anerkannt sein müssen, legitimieren. So enthalten die geschriebenen bürgerlichen Verfassungen einen gegen Änderungen stärker immunisierten Grundrechtskatalog, der, sofern und nur sofern er im Zusammenhang mit einer Ideologie des Herrschaftssystems verstanden wird, legitimierende Kraft hat. Ferner sind die Organe, die für Rechtssetzung und Rechtsanwendung zuständig sind, keineswegs durch die Legalität ihrer Verfahrensweisen, sondern ebenfalls durch eine allgemeine Interpretation, die das Herrschaftssystem im ganzen stützt, legitimiert. Die bürgerlichen Theorien des Parlamentarismus und der Volkssouveränität waren Teil einer solchen Ideologie. Es ist das fundamentale Mißverständnis einer selbst ideologieverdächtigen Rechtslehre, eben des Dezisionismus, daß die Geltung von Rechtsnormen auf Entscheidung und nur auf Entscheidung gegründet werden könnte. Denn der naive Geltungsanspruch von Handlungsnormen verweist (mindestens implizit) in jedem Fall auf diskursive Begründbarkeit. Wenn bindende Entscheidungen legitim sind, d. h. wenn sie unabhängig von konkret ausgeübtem Zwang und manifest angedrohter Sanktion gefällt und gleichwohl regelmäßig, auch gegen das Interesse der Betroffenen, durchgesetzt werden können, dann müssen sie als die Erfüllung anerkannter Normen gelten dürfen. Diese gewaltlose normative Geltung beruht auf der Unterstellung, daß man gegebenenfalls die Norm rechtfertigen und gegen Kritik verteidigen kann. Diese Unterstellung wiederum ergibt sich nicht von selbst. Sie ist die Folge einer konsensfähigen Deutung mit Rechtfertigungsfunktion, mit anderen Worten: eines herrschaftslegitimierenden Weltbildes.''

Die hier vertretene Auffassung, daß die Legitimation von Herrschaft, wie sie durch das Recht ausgeübt wird, die „diskursive Begründbarkeit'' der Rechtsnorm zur Bedingung hat, heißt mit anderen Worten: Herrschaft legitimiert sich im Diskurs.[20] Da dieser nur im Rahmen von – nach Habermas – möglichst herrschaftsfreier Kommunikation möglich ist, wird jene zur Grundlage für die Lösung des mit der Integrationsfunktion des Rechts aufgeworfenen Legitimationsproblems.

Die symmetrische, tendenziell herrschaftsfreie Kommunikation des Rechts zwischen Rechtsstab und Rechtspublikum hat im Rechtsdiskurs ihre in der gesellschaftlichen Realität nicht vorfindbare konkrete Utopie. Das Erfordernis diskursiver Begründbarkeit von Normen verweist zugleich aber auch auf die weitere Relevanz von Rechtskommunikation als Begründungsrahmen für den Geltungsanspruch von verhaltens- und systemsteuerndem Recht. Denn die diskursive, d. h. in herrschaftsfreier Kommunikation ausgehandelte Norm zieht ihren Geltungs- aus dem Wahrheitsanspruch von diskursiver Begründung. „Wahrheit meint das Versprechen, einen vernünftigen Konsens zu erzielen."[21]

Nur als vernünftige, weil diskursiv begründete Normen, sind diese „richtig" und vermögen den im Rechtsbewußtsein empfundenen Widerspruch zwischen Recht und Gerechtigkeit zu lösen:[22] „Mit Recht habe ich immer das Gefühl, man spricht ein Recht, aber eigentlich keine Gerechtigkeit".

Die diskursiv vermittelte Vernunft im Recht garantiert, daß jenes als gerecht begriffen werden kann. Sie kommt dem verbreiteten Wunsch nach, daß das Recht auf Gerechtigkeit basieren möge: „Das eine greift ins andere. Wenn keine Gerechtigkeit ist, dann kann auch kein Recht gesprochen werden".

Das Bewußtsein davon, daß das Recht gerecht ist, wird getragen vom diskursiv hergestellten Konsens über verallgemeinerungsfähige gesellschaftliche Interessen, d. h. über *kommunikativ vermittelte* Bedürfnisse.[23] Die den Diskurs anstrebende Kommunikation des Rechts vermag demnach innovatorische Problemlösungsvorschläge an verallgemeinerungsfähige gesellschaftliche Interessen und d. h. rechtlich reduzierten Wandel an einen consensus omnium rückzukoppeln. Sie ist die Bedingung der Möglichkeit einer freiwilligen, weil kraft Einsicht in die Vernünftigkeit von Innovationsprogrammen gewonnenen Übernahme durch die Innovationsbetroffenen. Diese Einsicht kann vermittelt werden

a) durch die mentale Teilnahme an diskursiven Kommunikationsprozessen über Innovationsprogramme zwischen politischen und gesellschaftlichen Innovationsinstanzen (z. B. politischen Parteien, Verbänden und Verwaltungsbürokratien);

b) durch die reale Teilnahme der Innovationsbetroffenen an solcher Rechtskommunikation.

Im ersten Fall beschränkt sich der Diskurs auf einen Kreis von Innovationsexperten unter weitgehendem Ausschluß der Betroffenen. Diskursive Entscheidungen werden publiziert. Die Betroffenen können diese akzeptieren oder auch nicht. Sie sind jedoch nicht in den Prozeß aktiver Innovation und damit der Problemlösungsfindung einbezogen. Immerhin garantiert auch eine über die Köpfe der Innovationsbetroffenen hinweggeführte Expertenkommunikation des Rechts dessen Publizität und damit Kritisierbarkeit. Dies ist der Regelfall der parlamentarischen Rechtsetzungspraxis.

Im zweiten Fall wird die Kommunikation des Rechts zu einem gesellschaftlichen Rechtspublikum hin geöffnet. Dieses partizipiert real am aktiven Innovationsprozeß. Eine solche Öffnung der Rechtskommunikation bleibt nach wie vor die Ausnahme. Sie kommt gelegentlich in Planungsprozessen auf kommunaler Ebene vor.

In beiden Fällen stellt sich das Problem der *Diskursfähigkeit* des Systems und der Beteiligten. Die Systemressourcen zur Einrichtung von Rechtsdiskursen über Innovationsprogramme sind abhängig vom Grad an erreichter Demokratie. Auf der organisatorischen Ebene des Diskurses innerhalb des Rechtsstabs und zwischen Rechtsstab und Rechtspublikum bezeichnen sie das Problem der weiter unten zu behandelnden *Organisationsöffentlichkeit.*

Die Diskursfähigkeit der Beteiligten verweist auf die Frage nach ihrer *Kommunikationskompetenz.* Diese ist identisch mit der Fähigkeit, an Kommunikationsprozessen des Rechts kompetent teilnehmen zu können. Es handelt sich hierbei um eine Qualifikation, die oben als Rechtskompetenz beschrieben und als Lernziel von rechtlicher Sozialisation ausgewiesen wurde. Der hier vertretene Ansatz des Rechtslernens als Partizipationslernen meint, daß sich die Diskursfähigkeit durch reale Teilnahme an Rechtskommunikation herausbildet. Die Kommunikationsfunktion des Rechts umfaßt somit Lernziel und Lernmethode in Prozessen rechtlicher Sozialisation.

Die Tatsache, daß die Diskursfähigkeit nicht unterstellt werden darf, sondern – auch auf Expertenseite – gelernt werden muß und daß die objektiven Systembedingungen von Rechtsdiskursen nur unzureichend vorliegen (vgl. L. Kißler 1984, 3.2.2, 3.3.2 u. 3.4.2), konfrontiert das Recht, soweit es seine gesellschaftlichen Funktionen wahrnehmen will, mit Defiziten. Es sind dies System- und Individualkosten einer nur unzureichend erfüllten Kommunikationsfunktion des Rechts: Auf seiten des Systems kann sich das Kommunikationsdefizit bei der gesellschaftlichen Integration durch Recht zu einer Legitimationskrise auswachsen (zur Begründung vgl. J. Habermas 1973, S. 96ff.). Mit einer mangels Rechtskommunikation nur unzureichenden Begründung des rechtlichen Geltungsanspruchs geht ein Anwachsen der Rechtsentfremdung, abweichenden Verhaltens und Verlust an Steuerungskapazität des Rechtssystems einher.

Von der Kommunikationsleistung des Rechts hängt zugleich seine Innovationsfähigkeit ab. So lange politische Innovation maßgeblich Gesetzesform annimmt, d. h. an Verrechtlichungsprozesse gekoppelt ist, bedeutet die Einbuße von rechtlicher Innovationskapazität eine Verkürzung der Lern- und letztlich Überlebenschancen des politischen Systems. Unfähig, sich auf verändernde, dynamische Umweltbedingungen einzustellen — was einen informativen Feed-back-Prozeß und damit Rechtskommunikation voraussetzen würde — erstarrt das politische System in Immobilität. Indizien hierfür liegen vor: die Unfähigkeit der zentralen politischen Institutionen, wie z. B. der Parlamente,[24] zu grundlegender Organisationsreform und die zunehmende Identifikationsunwilligkeit (Staatsverdrossenheit) des Bürgers mit den institutionellen Systemangeboten.

Rechtliches Kommunikationsdefizit hat zudem, darauf deutet diese These bereits hin, hohe individuelle Kosten. Mangelnde Möglichkeiten zur Artikulation von Interessen an das Recht begründen einen Zustand der Rechtsentfremdung. Diese stellt ihrerseits nur eine Dimension der allgemeinen politischen Entfremdung und Apathie dar. Rechtsentfremdung erzeugt und unterstützt jene resignative Haltung, die sich aus der allgemeinen Ohnmachtserfahrung gegenüber dem Recht und seiner exklusiven Handhabung durch den Rechtsstab nährt. Der Rechtsgenosse wird zum Rechtskonsumenten. Bar jeglicher Rechtskompetenz vermag er auf rechtlich induzierte soziale Veränderungen nur noch zu reagieren, ohne Chance, diese aktiv mitzugestalten. Rechtsentfremdung als Preis für eine defizitäre rechtliche Sozialisation und damit als Folge unzureichender Rechtskommunikation ist zugleich die Quelle eines virulenten Angstsyndroms gegenüber einem als fremd empfundenen Recht und der Art und Weise, wie es gehandhabt wird.

„Recht wird mit Polizei, Pistole ziehen assoziiert (...). ‚Im Namen des Volkes — das ist wirklich ein Hohn. Recht und Gerechtigkeit herrscht bei uns eben nicht. Die Kleinen hängt man, die Großen läßt man laufen (...). Alles, was von einem Amt kommt, ist ein bißchen bedrückend‘ ".[25]

Die Praxis der gesellschaftlichen Kommunikationsfunktion des Rechts entscheidet deshalb maßgeblich darüber, welchen Stellenwert das Recht als Recht der und für die Gesellschaft innehat.

Die Überlegungen zu den konstituierenden Bedingungen dieser Funktion und damit zu der Frage, wie Recht Kommunikation stiftet und wie über Recht kommuniziert wird, enthalten sogleich ein kategoriales Raster, anhand dessen die Kommunikationswirklichkeit des Rechts zu untersuchen ist (vgl. dazu Kißler 1984). Die Konstitution der gesellschaftlichen Kommunikation des Rechts hängt von zwei maßgeblichen Faktoren ab: der Organisationsöffentlichkeit (Rechtspublizität) (vgl. 3.6.2) und der Partizipation des Rechtspublikums (vgl. 3.6.3).

3.6.2 Rechtskommunikation durch Organisationsöffentlichkeit

Die Kommunikation des Rechts beruht formal auf dem Informationsaustausch zwischen Rechtsstab und Rechtspublikum. Sie ist Teil jenes allgemeinen Prozesses politischer Kommunikation zwischen innerorganisatorisch-institutionalisierter Öffentlichkeit (Organisationsöffentlichkeit des Rechtsstabs) und gesellschaftlich fungierender Öffentlichkeit (Partizipation des Rechtspublikums). Rechtskommunikation setzt somit die folgenden konstitutiven Bedingungen voraus:

- auf seiten des Rechtsstabs ein hohes Maß an innerorganisatorischer *Transparenz* als Grundlage für die Information des Rechtspublikums;
- auf seiten des Rechtspublikums ausreichende Möglichkeiten seiner *Partizipation* an Rechtsetzungs- und -anwendungsprozessen, d. h. Chancen der Informationsbeantwortung und der Interessenartikulation;
- auf beiden Seiten institutionalisierte Steuerungsprozesse (durch Rechtsnormen, Verordnungen, Organisationsrichtlinien etc.), die die *Effizienz* des Informationsaustausches zwischen Rechtsstab und Rechtspublikum sichern.

Effizienz, Transparenz und Partizipation sind die Zielvariablen, nach denen die Kommunikation des Rechts zu organisieren ist. Damit sie als solche zum Tragen kommen und verwirklicht werden können, müssen sie auf seiten des Rechtsstabs als *Organisationsprinzipien* der Rechtsetzungs- und -anwendungsprozesse, d. h. der Informationsabgabe an das Rechtspublikum, anerkannt sein. Auf die Bedingungen hierfür ist im folgenden einzugehen.

Effizienz, Transparenz und Partizipation sind aber auch die Bestimmungskriterien für die Interessenartikulation des Rechtspublikums, worauf abschließend zurückgekommen werden soll (vgl. unten 3.6.3).

Zunächst wenden wir uns dem organisationssoziologischen Problem zu. Effizienz, Transparenz und Partizipation sind als Organisationsprinzipien von Rechtsetzungs- und -anwendungsprozessen zu definieren. Oben haben wir gesagt: Ohne Rechtspublizität, d. h. Transparenz der Entscheidungsfindungsprozesse im Rechtsstab, gibt es keine Kommunikation des Rechts. Das maßgebliche Kriterium für Rechtskommunikation ist demnach die Organisationsöffentlichkeit der Rechtsorganisationen (Parlamente, Justizorganisation, Verwaltung).

Organisationsöffentlichkeit hat zwei Dimensionen: zum einen die Informationsbeschaffung der Rechtsorganisation (z. B. des Parlaments) von anderen Rechtsorganisationen (z. B. von der Regierung). Diese Ebene der *horizontalen Kommunikation des Rechts* bleibt im folgenden undiskutiert.[26]

Zum anderen aber bedeutet Organisationsöffentlichkeit insbesondere Rechtspublizität in Form der *Transparenz* von rechtlichen Entscheidungsfindungsprozessen als Grundlage für die Information des Rechtspublikums im Wege der *vertikalen Rechtskommunikation*. Die Kommunikationsfunktion des Rechts gründet, wie oben dargestellt, vornehmlich darin, vertikale Kommunikation zwischen Rechtsstab und Rechtspublikum zu stiften. Das maßgebliche Kriterium hierfür ist die *innerorganisatorische Transparenz*. Transparenz ist ein vielschichtiger Begriff.[27] Man unterscheidet:

— *Herrschaftstransparenz* des Rechtssystems, worunter vor allem die Durchsichtigkeit der darin vollzogenen Willensbildungs- und Entscheidungsfindungsprozesse zu verstehen ist. Rechtsetzung und -anwendung sollen für ein interessiertes Rechtspublikum erkennbar sein.

— *Problemtransparenz* von außenwirksamen Beschlüssen des Rechtsstabs, erzeugt durch eine bessere Unterrichtung und Begründung. Sie bietet vor allem Gewähr für die Sicherung der Innovationsfähigkeit des Rechts.

— *Geschichtstransparenz* will Einblick in die vornehmlich durch Dezisionen und damit verbundener politischer Verantwortung gekennzeichneten rechtspolitischen Entscheidungsprozesse gewähren. Sie verweist auf die Tatsache, daß sich das Recht nicht auf die nachträgliche Normierung von sozialen Veränderungen verkürzen läßt, weil es eine — wie wir oben gesehen haben — gesellschaftliche Gestaltungsaufgabe hat.

— *Planungstransparenz* verlangt die Offenlegung von Innovationsprozessen für die zukünftige Entwicklung des Rechtssystems. Sie ist Ausdruck des Bedeutungszuwachses der innovatorischen Aufgaben des Rechts gegenüber den kontrollierenden und bewahrenden, mehr rückblickenden Funktionen.

Die hier in ihren Facetten beschriebenen Dimensionen von Organisationsöffentlichkeit stehen im engen Verhältnis zum Partizipationsprinzip. Es äußert sich „*qualitativ* als Frage nach dem Zugang der ‚Öffentlichkeit' zu welcher Art von Information und Beteiligung und als Frage nach der Beschaffenheit der ‚Öffentlichkeit' selbst (. . .), *quantitativ* als Frage nach der Zahl der jeweils zu Informierenden und zu Beteiligenden und der Informationsmenge, (. . .) *sozialtechnisch* als Frage nach den geeigneten Wegen des Zugangs der näher definierten Öffentlichkeit zu den Informationen und Entscheidungsgremien" (U. Thaysen 1972, S. 90) und somit nach den gesellschaftlichen und organisatorischen Bedingungen von Partizipation.

Partizipation im weitesten Sinn wird definiert als Teilnahme am Bestimmungsprozeß über die Verteilung gesellschaftlicher Güter und Pflichten. Als Bestandteil auf der Grundlage rechtlicher Kommunikation lassen sich in Anlehnung an U. Thaysen (1972, S. 94) drei Partizipationsebenen ausmachen:

— die direkte Teilnahme der Rechtsgenossen an rechtlichen Willensbildungs- und Entscheidungsprozessen (Publikumspartizipation);
— die direkte Teilnahme von „Repräsentanten" an Prozessen rechtlicher Kommunikation innerhalb der Rechtsorganisationen (Repräsentantenpartizipation) (wie z. B. des Parlaments, der Justiz und der Verwaltung) und
— die Teilnahme der Rechtsorganisationen (des Rechtsstabs) am politischen Gesamtprozeß (Organisationspartizipation).

Im Zusammenhang mit der Organisation von Rechtskommunikation auf seiten des Rechtsstabs interessiert uns hier die zweite Ebene, nämlich die Partizipation der „Repräsentanten" in Rechtsetzungs- und -anwendungsprozessen. Sie ist das Äquivalent zur *innerorganisatorischen Transparenz* als Organisationsprinzip. Die hier nicht weiter verfolgte Frage, wie die Rechtsorganisationen selbst am politischen

Gesamtprozeß partizipieren, schreibt dagegen die oben genannte weitere Dimension von Organisationsöffentlichkeit, nämlich die horizontale Kommunikation des Rechts, fort. Das Problem der Partizipation des Rechtspublikums schließt sich dagegen an die Frage an, wie innerorganisatorische Transparenz des Rechts zur Rechtspublizität für ein gesellschaftliches Rechtspublikum umgesetzt und damit partizipationsrelevant auf der ersten Ebene der direkten Teilhabe der Rechtsgenossen werden kann (vgl. dazu unten 3.6.3).

Partizipation bezeichnet die Teilnahme der Mitglieder des Rechtsstabs an rechtserheblichen Entscheidungsprozessen der Rechtsetzung und -anwendung auf der Grundlage der innerorganisatorischen Transparenz des Rechts. Sie definiert sich demnach nach dem Stand der innerorganisatorischen Demokratie des Parlaments, der Justiz und der Verwaltung.

Rechtsorganisationen können ihre Aufgabe nur erfüllen, wenn sie *effizient* arbeiten. Der Forderung nach Organisationsöffentlichkeit und Partizipation der Organisationsmitglieder, d. h. aber nach der demokratischen Gestaltung von innerorganisatorischen Entscheidungsprozessen wird immer wieder argumentativ die Komplexität moderner Entscheidungsmaterien und -prozesse entgegengehalten. Kann eine transparente und partizipative Rechtsorganisation auch effizient sein?

Effizienz wird synonym gebraucht für „Leistungsfähigkeit", „Wirtschaftlichkeit", „Sparsamkeit". Der Effizienzbegriff ist dem ökonomischen Denken verhaftet. In der Ökonomie bestimmt sich der Maßstab für Effizienz aus dem Verhältnis von Aufwand und Ertrag. In das politische Denken dringt das Effizienzkriterium dagegen erst mit zunehmender Bedeutung einer Mittel-Zweck-Rationalität[28] ein, wie sie der ökonomischen Nutzen-Kosten-Analyse zugrunde liegt.[29] Das Effizienzkriterium hat darüber hinaus das Demokratieverständnis nachhaltig geprägt.[30]

Das politische Effizienzdenken im allgemeinen und die Vorstellung Demokratie habe „effizient" zu sein, sind nicht zu trennen vom Effizienzbegriff im Recht. Die Effizienz im Rechtsetzungsprozeß bestimmt sich nach dem Verhältnis von Aufwand (Gesetzesinitiativen, Beratungen, Anhörungen etc.) und Ertrag (Gesetzesausstoß). Im Rechtsanwendungsbereich heißt Effizienz, mit möglichst geringem Mitteleinsatz (z.B. Sitzungsterminen, Instanzen) einen gleichbleibenden Ertrag (z.B. berufungs- und revisionssichere Urteile) zu erreichen.

Was aber im ökonomischen Bereich schon erhebliche Probleme aufwirft, ist im politischen und rechtlichen Bereich bislang ungeklärt, nämlich das Meß- und Zielbestimmungsproblem von Effizienz. Effizienz im Recht läßt sich nicht messen. Meßverfahren greifen insbesondere nicht im Falle mehrdimensionaler Effizienz des Rechtshandelns, wenn also nicht nur ein einziges Ziel erreicht werden soll, sondern mehrere Hauptziele mit Unter- und Nebenzielen verwirklicht werden sollen. Was Thaysen (1972, S. 85) für die Effizienz des politischen Systems feststellt, gilt auch für das Rechtssystem. Sie erscheint als eine außerordentlich variable, keineswegs meßbare, eher intuitiv zu ermittelnde Größe.

Dies darf jedoch nicht für die Zielbestimmung gelten. Hier bestimmt sich Effizienz aus ihrer Interdependenz zu Transparenz und Partizipation. Sie kann auf die folgende Formel gebracht werden:

„*Effizienz* bezeichnet den Wirkungsgrad im Sinne technisch-rationaler Wirtschaftlichkeit bzw. Leistungsfähigkeit, gemessen an der Zeit-Kosten-Nutzen-Relation (. . .); *Transparenz* bezeichnet den Grad der Nachvollziehbarkeit durch Offenlegung und Durchschaubarkeit (. . .); *Partizipation* bezeichnet den Grad an Mitwirkung im Rahmen der in Wechselbeziehung zueinander stehenden Wirkungsstufen der teilnehmenden Beobachtung, Mitberatung und Mitentscheidung". (W. Steffani 1973, S. 20)

Als in hohem Maße interdependente Begriffe verweisen Effizienz, Transparenz und Partizipation auf den Stellenwert von „Öffentlichkeit" für die Kommunikation des Rechts: zum einen von Öffentlichkeit der Rechtsorganisationen, zum anderen von Rechtsöffentlichkeit i. S. von Rechtspublikum. Die Organisationsöffentlichkeit auf seiten des Rechtsstabs definiert sich als Organisationsprinzip von Rechtsetzungs- und Rechtsanwendungsprozessen nicht isoliert. Effizienz, Transparenz und Partizipation sind Zielvariablen eines Organisationsmodells, das die *Optimierung* dieser Zielvariablen anstrebt. Ein Zieloptimierungsmodell zeichnet sich dadurch aus, daß es mehrere Organisationsziele zugleich anzustreben und zu optimieren versucht. Im Gegensatz dazu steht das Zielmaximierungsmodell. Es strebt unter Einsatz der vorhandenen Organisationsressourcen lediglich die Steigerung *eines* Organisationsziels an. Die Optimierung von Effizienz, Transparenz und Partizipation ($E\nearrow T\nearrow P\nearrow$) gibt die „Idealformel" für die Organisation von Rechtskommunikation ab.

Für die weitere Präzisierung und Systembedeutung dieses Optimierungsmodells von Rechtsorganisation liefert F. Naschold (1969, S. 46) das Analyseinstrument. Er trifft die wichtige Unterscheidung von

Systemüberlebensmodell (system survival model) und Systemzielmodell (system effectiveness model). Das erstere Modell ist primär
auf Stabilisierung, Sicherheit und Überleben des Rechtssystems
ausgerichtet. Dagegen rückt das Systemzielmodell neben das Über-
lebenserfordernis der Rechtsorganisation auch das Partizipations-
interesse der Rechtsgenossen in den Analyserahmen. Das Systemzielmodell wird damit einer für die demokratische Gestaltung der
kapitalistischen Industriegesellschaft angemessenen Vorstellung von
komplexer Demokratie gerecht.

„Es bewahrt die Analyse vor demokratischem Utopismus, indem es außer der
demokratischen Zielfunktion die für jede Organisation erforderlichen Über-
lebens- und Wirkungsfunktionen in der Untersuchung mitberücksichtigt. Es
sichert zugleich aber auch den theoretischen Spielraum für die Steigerung des
Demokratiepotentials in Organisationen, indem es die Analyse nicht auf die
reinen Überlebensfunktionen einer einmal bestehenden Organisation beschränkt" (F. Naschold 1969, S. 53).

Bei dem die Organisationsziele Effizienz, Transparenz und Partizipation optimierenden Organisationsmodell des Rechts handelt es
sich um ein Organisationsmodell, das unter Wahrung der Effizienz
von Rechtsetzung und -anwendung zugleich ein Ausmaß an Transparenz in Form von Organisationsöffentlichkeit garantiert, das die
Partizipation der Organisationsmitglieder (innerorganisatorische
Demokratie) sichert und die Partizipation der Rechtsgenossen
(politisch-gesellschaftliche Demokratie) fördert.

3.6.3 Kommunikation des Rechts durch Partizipation des Rechts-
publikums

Die Kommunikation des Rechts zwischen innerorganisatorisch-
institutionalisierter und gesellschaftlich fungierender Öffentlichkeit
setzt deren Teilnahme am Rechtsetzungs- und -anwendungsprozeß
voraus. Damit stellt sich das oben angeschnittene Partizipations-
problem auf der ersten Ebene der *direkten Teilhabe* der Rechtsgenossen am rechtlichen Willensbildungs- und Entscheidungsprozeß.
Für die direkte Teilhabe und damit *reale Partizipation* an der Rechtsetzung unterscheidet Steffani (1973, S. 39) die folgenden vier,
verfassungsrechtlich gesicherten Partizipationsstränge:

— die Direktwahl der Abgeordneten (Art. 20, 28 GG);
— das Mitwirkungsrecht über die politischen Parteien (Art. 21 GG);
— die Organisations- und Teilnahmemöglichkeiten durch Vereine

und Verbände (Art. 9 GG);
- die Meinungs- und Pressefreiheit (Art. 5 GG) und
- das Petitionsrecht (Art. 17 GG).

Ein weiterer wichtiger verfassungsrechtlich garantierter Partizipationsstrang ist hinzuzufügen, nämlich die Rechte, durch Mitarbeit in Bürgerinitiativen und ad hoc bei Demonstrationen seine Interessen an das Recht anmelden zu können. Diese basisdemokratischen Partizipationsformen gewinnen im gleichen Maß an Bedeutung, als die genannten traditionellen Partizipationskanäle nur gruppenspezifisch ausgewählte Information befördern und Rechtskommunikation durch Themenausgrenzung beschränken.

Für die Rechtsanwendung stellt sich die reale Partizipation der Rechtsgenossen im Problem des Zugangs bzw. der Distanz zum Recht und seiner Lösung durch die *Rechtsberatung.* Hiermit ist ein breiter Problemhorizont aufgerissen, der vor allem in den letzten Jahren in die juristische und rechtssoziologische Diskussion gekommen ist. In ihrem Vordergrund steht die Frage, wie dem Rechtshilfebedürfnis der sozial Schwachen durch ein Modell unentgeltlicher Rechtsberatung geholfen werden kann. Mit Blankenburg mag man kritisieren, daß bei der rechtspolitischen Stoßrichtung der Rechtsberatungsfunktion die Ursachen- und Problemanalyse zu kurz kommt.[31] Es ist auch nicht zu übersehen, daß die wissenschaftliche Beschäftigung mit dieser Partizipationsvoraussetzung hinter dem Stand der angelsächsischen Forschung zurückbleibt.[32]

Immerhin ist jedoch deutlich zu Tage getreten, daß, wie die politische Partizipationskompetenz, so auch ihre Sonderform, die Rechtskompetenz, *schichtenspezifisch* ausgeprägt ist. Offensichtlich sind das Bedürfnis und die Kompetenz, eigene Interessen an das Recht anzumelden, d. h. sich auf die Kommunikation des Rechts einzulassen, bei den Ober- und Mittelschichtangehörigen stärker ausgebildet als in der Unterschicht.[33] Dieser erschweren den Weg zum Recht, neben der Kostenbarriere, auch soziale Zugangsbarrieren: mangelndes Rechtswissen, Sprachbarrieren, fehlendes Vertrauen in die Justiz u. a. m. (vgl. E. Blankenburg 1978, S. 236ff.). Im Ergebnis zeigt sich, daß Rechtskompetenz mit sozialem Status und dem Grad an Schulbildung positiv korreliert. Sie ist ein Qualifikations- und damit Bildungsproblem.

Für die Lösung dieses Qualifikationsproblems durch Rechtslernen bestehen schichtenspezifische Lernfelder: Während Ober- und Mittelschichtangehörige insbesondere über politische und gesellschaftliche Einrichtungen (Parteien, Verbände, Bürgerinitiativen) partizipieren und Handlungskompetenz ausbilden, gilt dies nicht in gleichem Maße für die Unterschichtangehörigen. Ihre Partizipationschancen finden sich in Anbetracht schichtenspezifisch angelegter Partizipationsbarrieren eher nicht im politischen, sondern im Produktionsbereich.[34]

Mit dem Qualifikationsproblem ist eine zweite Dimension des Partizipationsbegriffs aufgedeckt. Real an Rechtskommunikation partizipieren kann nur, wer weiß, wozu er partizipiert und die Entscheidungsinhalte, -methoden und -grundlagen kennt, d. h. aber: Reale Partizipation setzt ihre mentale Form voraus.

Mentale Partizipation meint sämtliche Formen der kritischen Rezeption und Auseinandersetzung mit den Themen von Rechtskommunikation. Beide Partizipationsweisen – reale und mentale Teilnahme – verweisen auf das oben behandelte Qualifikationsproblem, das im Rahmen der Sozialisationsfunktion des Rechts zu lösen ist. Sie hängen aber auch maßgeblich von der Organisationsöffentlichkeit des Rechts ab; denn diese entscheidet über die Chancen zu partizipativem Rechtshandeln in zweifacher Hinsicht:

– durch bloße Informationsvermittlung über Rechtsetzung und -anwendung gibt sie den Rechtsgenossen die Möglichkeit, sich über rechtliche Entscheidungsprozesse zu informieren und sich mental mit ihnen auseinanderzusetzen;
– durch die Institutionalisierung von innerorganisatorischen Formen der Öffentlichkeit eröffnet sie einem gesellschaftlichem Rechtspublikum Chancen zur Informationsbeantwortung und Interessenartikulation an das Recht.

Während erstere Form als Sachinformation eine eher „demonstrative" Publizität entfaltet, setzt die zweite, mit „Handlungsinformation" benennbare Form eine „kritische" Publizität frei, die die Partizipation des Rechtspublikums fördert:[35]

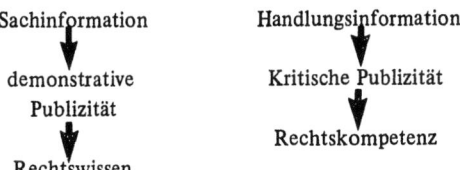

Rechtliche Sach- und Handlungsinformationen, Rechtswissen und

Rechtskompetenz bedingen einander; denn die Anhäufung von Rechtswissen als Selbstzweck zerstört die Motivationsgrundlage für das Rechtslernen auf der Grundlage der Teilnahme an rechtlichen Kommunikationsprozessen. Mit einiger Sicherheit ebnet sie den Weg zur Rechtsentfremdung. Das heißt aber: Rechtswissen muß zur Rechtskompetenz führen. Neben die Sachinformationen muß die Handlungsinformation treten; denn das umgekehrte Bedingungsverhältnis gilt eben auch: Die Entfaltung von Rechtskompetenz durch reale Partizipation setzt einen hohen Stand an Rechtswissen voraus. Wer am Recht partizipieren will, muß wissen, wie und woran er partizipiert.

Zusammenfassend heißt dies: Die Organisationsöffentlichkeit des Rechts bezeichnet auf seiten des Rechtsstabs den organisatorischen Rahmen für die mentale und reale Partizipation der Rechtsgenossen. Aber erst wo die Öffentlichkeitsangebote des Rechts auch gesellschaftlich angenommen werden, etabliert sich ein partizipierendes Rechtspublikum mit der Folge, daß die innerorganisatorische Transparenz die Qualität einer kritischen Publizität des Rechts entfalten kann. Mit anderen Worten: Die Organisationsöffentlichkeit des Rechts und die Partizipation des Rechtspublikums konstituieren Prozesse von rechtlicher Kommunikation, die nicht über den Köpfen der durch die gesellschaftliche Funktionserfüllung des Rechts (Integration, Steuerung, Innovation und Sozialisation) betroffenen Rechtsgenossen zwischen den Fraktionen des Rechtsstabs kurzgeschlossen sind. Aber umgekehrt gilt auch: Die Kommunikation des Rechts hat – wie wir oben (vgl. 3.5.3) gesehen haben – Lerneffekte: Sie transformiert die Organisationsöffentlichkeit in kritische Rechtspublizität und mentale Partizipation (Rechtswissen) in ihre reale Form (rechtskompetentes Handeln). Die gesellschaftliche Kommunikationsfunktion des Rechts besteht demnach darin, *Rechtsöffentlichkeit* in Form von Rechtspublizität und Rechtspublikum mit den Mitteln der Organisationsöffentlichkeit und der Partizipation hervorzubringen. Das Recht erstarkt in Ausübung seiner Kommunikationsfunktion zum Vehikel für eine öffentlich verfaßte Gesellschaft.

Die gesellschaftliche Aufgabe und Bedeutung der Rechtssoziologie besteht nun darin, die sozialen Barrieren für die Herausbildung von Rechtsöffentlichkeit und d.h. von Kommunikationsschranken in Rechtsetzung und -anwendung offenzulegen, kritisch auf ihre Ursachen hin zu befragen und kommunikationstiftende Problemlösungsvorschläge zu entwickeln. In Erfüllung dieser Aufgabe sichert sich Rechtssoziologie die Zukunft. Wann werden sich ihr die Rechtssoziologen stellen?

1   Zur interaktionstheoretischen Begründung vgl. A. Görlitz 1976, S. 50ff.
2   So bekennt Rehbinder (1977, S. 144f.): „Diese Funktionenlehre ist keine
    Theorie, die empirischer Überprüfung zugänglich wäre, sondern bietet ein
    Instrument für die Beschreibung von Struktur und Verhalten in sozialen
    Gruppen mit Hilfe von Idealtypen der Rechtsfunktion".
3   Vgl. dazu den Überblick über die herrschenden Positionen und zum folgen-
    den das Studienbuch von C. Böhret et al., Innenpolitik und politische
    Theorie. Opladen 1979, S. 195ff. (insbes. S. 201ff.).
4   Vgl. die Praxis-Berichte und Fallanalysen zur Partizipationswirklichkeit in
    der Bundesrepublik bei H.E. Bahr (Hrsg.), Politisierung des Alltags. Gesell-
    schaftliche Bedingungen des Friedens. Darmstadt und Neuwied 1972.
5   Theorie, tatsächlicher Befund und Reformmöglichkeiten dieses Steuerungs-
    prozesses werden grundlegend dargestellt bei L. Kißler 1976.
6   Zu weiteren Beispielen und zur Gesamtproblematik vgl. W. Däubler, Zur
    Rolle des Rechts in Reformprozessen. Einige Vorüberlegungen. In: M.
    Greiffenhagen (Hrsg.), 1978, S. 189-210 (S. 194f.).
7   H. Jhering, Der Zweck im Recht, Bd. 1, S. 434, zitiert nach H. Schelsky
    1980, S. 147.
8   Zu dieser Definition des im Rahmen der politischen Kybernetik entwickel-
    ten Lernbegriffs für Systeme, der nicht verwechselt werden darf mit dem
    Lernen von Individuen, vgl. K.W. Deutsch 1970, S. 7.
9   Die „gerichtliche Rechtspolitik" ist im Bereich des Arbeitsrechts auf hef-
    tige wissenschaftliche Kritik gestoßen: Für die Weimarer Zeit vgl. Otto
    Kahn-Freund, Das soziale Ideal des Rechtsarbeitsgerichts, wieder veröffent-
    licht bei Th. Ramm 1966, S. 149-210, und W. Däubler 1975.
10 Vgl. W. Gessenharter, Die Bedeutung der Kybernetik für das Studium poli-
    tischer und sozialer Systeme. In: D. Oberndörfer (Hrsg.), Systemtheorie,
    Systemanalyse und Entwicklungsländerforschung. Berlin 1971, S. 247-316
    (S. 298).
11 W. Gessenharter (1971, S. 298) führt dazu erläuternd aus: „Die dadurch
    bereits herbeigeführte Verminderung möglicher Alternativen wird weiter
    forciert durch Sanktionsandrohungen im Falle der Ausschüttung von Lö-
    sungsvorschlägen, die den verbindlichen Werten des umgreifenden Systems
    widersprechen".
12 Zitiert nach H. Schelsky 1980, S. 180, mit weiteren Belegen ebd.
13 Zitat aus einem Interview, abgedruckt bei R. Lautmann, Negatives Rechts-
    bewußtsein. Über Geschlechtsdifferenzen in der juristischen Handlungs-
    fähigkeit. In: Zeitschrift für Rechtssoziologie, 1. Jg. (1980), H. 2, S. 165-
    208 (S. 202).
14 Zahlreiche Belege für diese kognitive und affektive Distanz zum Recht bei
    R. Lautmann 1980, S. 182f.
15 Vgl. den historischen Überblick über die Rechtskunde in Deutschland bei
    F. Sandmann 1975, S. 13ff.
16 So hielt es G. Radbruch „für unerläßlich, die juristische Denkweise dem

allgemeinen Verständnis zu erschließen. Aus staatsbürgerlichen Gründen: die vielbeklagte Entfremdung von Recht und Volk beruht ja vielmehr als auf der Fremdheit des Rechtsstoffes auf der Fremdheit der juristischen Methode. Aber auch aus pädagogischen Gründen: neben der Mathematik und der lateinischen Sprache ist nichts so geeignet, zum logischen Denken zu erziehen, als die Rechtswissenschaft" (G. Radbruch 1926, S. 155f.).

17 Bereits 1950 ging ein wichtiger Anstoß von den Rechts- und Staatswissenschaftlichen Fakultäten aus. Gleichwohl trug in den 50er Jahren die in der folgenden Entschließung der Fakultäten angebotene Hilfe der Rechtswissenschaft für die rechtskundliche Gestaltung der politischen Bildung kaum Früchte: ,,Die westdeutschen Rechtsfakultäten vertreten übereinstimmend die Auffassung, daß bereits den Schülern der Volks-, Mittel- und Berufsschulen die grundlegenden Begriffe und wichtigsten Zusammenhänge des Rechts- und Staatslebens nahegebracht werden sollten und daß die Einführung einer entsprechenden ,Rechts- und Staatskunde als Pflichtfach auf diesen Schulen einem natürlichen Bedürfnis der Gegenwart entspricht, das die junge Generation zu selbständig und verantwortlich denkenden Staatsbürgern auf der Grundlage der westlichen Kultur erziehen will (...)" (H.M. Schäfer, Das Recht im Schulunterricht. In: Gesellschaft, Staat, Erziehung, Heft 5 (1971), S. 304).

18 Vgl. die Darstellung und kritische Würdigung dieser Ansätze bei L. Kißler 1979, S. 30ff.

19 Seine differenzierteste Ausformulierung findet dieser Ansatz in der Theorie exemplarischen Lernens, wie sie von O. Negt (1972 und 1978) entwickelt wurde.

20 Zum Diskursbegriff vgl. J. Habermas, Vorbereitende Bemerkungen zu einer Theorie der kommunikativen Kompetenz. In: J. Habermas/N. Luhmann 1971, S. 101-141.

21 J. Habermas, Wahrheitskriterien. In: Festschrift für W. Schulz zum 60. Geburtstag, 1973, S. 211-265 (S. 219). Vgl. auch die Ausführungen zum Diskurs in der Aktionsforschung oben 2.2.2.

22 Die folgenden Interviewzitate sind abgedruckt bei R. Lautmann 1980, S. 192f.

23 Kraft Argumentation soll die Verallgemeinerungsfähigkeit von gesellschaftlichen Interessen geprüft und dadurch ein consensus omnium hergestellt werden. Dazu Habermas (1973, S. 148f.): ,,Der Diskurs läßt sich als diejenige erfahrungsfreie und handlungsentlastende Form der Kommunikation verstehen, deren Struktur sicherstellt, daß ausschließlich virtualisierte Geltungsansprüche von Behauptungen bzw. Empfehlungen oder Warnungen Gegenstand der Diskussion sind; daß Teilnehmer, Themen und Beiträge nicht, es sei denn im Hinblick auf das Ziel der Prüfung problematisierter Geltungsansprüche, beschränkt werden; daß kein Zwang außer dem des besseren Argumentes ausgeübt wird: daß infolgedessen alle Motive außer dem der kooperativen Wahrheitssuche ausgeschlossen sind. Wenn unter diesen Bedingungen über die Empfehlung, eine Norm anzunehmen, argumentativ, d. h. aufgrund von hypothetisch vorgeschlagenen, alternativenreichen Rechtfertigungen, ein Konsensus zustande kommt, dann drückt dieser Konsensus einen ,vernünftigen Willen' aus. Da prinzipiell alle Betroffenen an der praktischen Beratung teilzunehmen die Chance haben, besteht

die ‚Vernünftigkeit' des diskursiv gebildeten Willens darin, daß die zur Norm erhobenen reziproken Verhaltenserwartungen ein *täuschungsfrei* festgestelltes *gemeinsames* Interesse zur Geltung bringen: gemeinsam, weil der zwanglose Konsensus nur das zuläßt, was *alle* wollen können; und täuschungsfrei, weil auch die Bedürfnisinterpretationen, in denen *jeder einzelne* das, was er wollen kann, muß wiedererkennen können, zum Gegenstand der diskursiven Willensbildung werden. ‚Vernünftig' darf der diskursiv gebildete Wille heißen, weil die formalen Eigenschaften des Diskurses und der Beratungssituation hinreichend garantieren, daß ein Konsensus nur über angemessen interpretierte *verallgemeinerungsfähige* Interessen, darunter verstehe ich: Bedürfnisse, *die kommunikativ geteilt werden,* zustande kommen kann."

24 Vgl. zum Beleg dieser These für den Bundestag L. Kißler, Der 8. Bundestag – Reform der Parlamentsarbeit? In: Gegenwartskunde, 25. Jg. (1976), H. 4, S. 397ff., und U. Thaysen 1972, S. 112ff.

25 Interviewausschnitte, abgedruckt bei R. Lautmann 1980, S. 183.

26 Sie wird im Verhältnis Parlament/Regierung theoretisch und empirisch untersucht bei L. Kißler 1976.

27 Die folgende begriffliche Differenzierung geschieht in Anlehnung an U. Thaysen 1972, S. 86ff.

28 Zum Begriff zweckrationalen Handelns vgl. M. Weber 1976, S. 34.

29 Dogmengeschichtlich wurzelt das politische Effizienzdenken in der Kritik an feudal-aristokratischer Hofhaltung und Machtausübung, wie sie sich an bürgerlich-ökonomischen Rationalitätsvorstellungen entzündete. Vgl. zum synonymen Gebrauch der Begriffe „rational", „rationell", „ökonomisch" und „sparsam" bei Th. Paine die Ausführungen zur Begriffshistorik der repräsentativen Demokratie bei D. Sternberger 1971, S. 69f.

30 Bezeichnend die „ökonomische Theorie der Demokratie" (A. Downs). Grundlegend zu diesem Demokratieansatz J. Schumpeter 1950 (amerikanisches Original 1942).

31 Vgl. den kritischen Überblick über die Diskussion zur Rechtsberatung bei E. Blankenburg, Rechtshilfebedürfnis und Rechtsberatung – Theoretische Überlegungen zur rechtspolitischen Diskussion in der Bundesrepublik Deutschland. In: Jahrbuch für Rechtssoziologie und Rechtstheorie, Bd. V, 1978, S. 231-249. Wer sich mit dem Problem der Rechtshilfe, ihren historischen Wurzeln in Deutschland, den aktuellen praktischen Erfahrungen mit verschiedenen Rechtshilfeorganisationen und ihrer theoretischen Aufarbeitung im internationalen Vergleich vertraut machen will, dem sei das zitierte „Jahrbuch" empfohlen.

32 Vgl. die Schilderung des Forschungsdefizits in diesem Bereich bei J. Falke, Zugang zum Recht – Eine Fallstudie über die öffentliche Rechtsauskunfts- und Vergleichsstelle in Hamburg. In: Jahrbuch für Rechtssoziologie und Rechtstheorie, Bd. V, S. 13-42. Dort heißt es: „(. . .) wir besitzen nur ganz spärliche Informationen über das Verhältnis der Bevölkerung zur Rechtspflege, d. h. darüber, ob das Rechtssystem und seine professionellen Diener überhaupt als Helfer in Konfliktsituationen gesehen und akzeptiert werden" (S. 9). Gewiß ist jedoch, daß ein großes Dunkelfeld von latenten, aber nicht artikulierten und damit nicht partizipativ vermittelten Rechtsbedürfnissen besteht.

33 Empirische Belege für diese Aussagen finden sich in den Beiträgen von U. Reifner, Unentgeltliche Rechtsberatung in West-Berlin, S. 43-93 (S. 51) und von E. Blankenburg, Rechtshilfebedürfnis und Rechtsberatung, S. 231-249 (S. 238f.) im zitierten Bd. V des Jahrbuches für Rechtssoziologie und Rechtstheorie.

34 Möglichkeiten und Chancen für Partizipationslernen im Betrieb werden anhand einer empirischen Fallstudie diskutiert bei L. Kißler 1980.

35 Zu den Begriffen demonstrativer und kritischer Publizität vgl. J. Habermas, Strukturwandel der Öffentlichkeit 1971, S. 274ff.

Literaturverzeichnis

Adorno, Th. W. (1965): Soziologie und empirische Forschung. In: Topitsch, E. (Hrsg.): Logik der Sozialwissenschaften. Köln, Berlin, S. 511-525.

Adorno, Th. W. (1966): Negative Dialektik. Frankfurt a. M.

Adorno, Th. W./Dahrendorf, R./Pilot, H./Albert, H./Habermas, J. (Hrsg.) (1972): Der Positivismusstreit in der deutschen Soziologie. Darmstadt und Neuwied, 2. Aufl.

Albert, H. (Hrsg.) (1964): Theorie und Realität – Ausgewählte Aufsätze zur Wissenschaftslehre der Sozialwissenschaften. Tübingen.

Albert, H. (1968): Traktat über kritische Vernunft. Tübingen.

Arbeitsgruppe Bielefelder Soziologen (1973): Alltagswissen, Interaktion und gesellschaftliche Wirklichkeit. Reinbek bei Hamburg.

Arbeitsgruppe Soziologie (1968): Denkweisen und Grundbegriffe der Soziologie. Frankfurt/New York.

Bader, V. M./Berger, J./Gaußmann, H./Knesebeck, J. v. d. (1980): Einführung in die Gesellschaftstheorie. Gesellschaft, Wirtschaft und Staat bei Marx und Weber. Frankfurt/New York, 2. Aufl.

Bickel, C. (1970): Kritische Theorie und Rechtssoziologie. Ein Beispiel positivistischer Rechtssoziologie im Lichte der kritischen Theorie betrachtet: Theodor Geigers „Vorstudien zu einer Soziologie des Rechts". In: Naucke, W./Trappe, H. (Hrsg.): Rechtssoziologie und Rechtspraxis. Neuwied und Berlin, S. 29-78.

Blankenburg, E. (1975): Einführung. Die Gewinnung von Theorien und ihre Überprüfung – Zwei Methodologien? In: Ders. (Hrsg.): Empirische Rechtssoziologie. München, S. 7-21.

Blankenburg, E. (1975): Die Aktenanalyse. In: Ders. (Hrsg.): Empirische Rechtssoziologie. München, S. 193-198.

Blankenburg, E. (1980): Rechtsbedürfnis und Rechtsberatung – Theoretische Überlegungen zur rechtspolitischen Diskussion in der Bundesrepublik Deutschland. In: Jahrbuch für Rechtssoziologie und Rechtstheorie, Bd. V. Rechtsbedürfnis und Rechtshilfe. Empirische Ansätze im internationalen Vergleich. Opladen, S. 231-249.

Blankenburg, E. (1980): Mobilisierung von Recht. In: Zeitschrift für Rechtssoziologie, 1. Jg., H. 1, S. 33-64.

Blankenburg, E. (1982): Die Praxisrelevanz einer Nicht-Disziplin: der Fall (der) Rechtssoziologie. In: Beck, U. (Hrsg.): Soziologie und Praxis. Erfahrungen, Konflikte, Perspektiven (Soziale Welt, Sonderband 1). Göttingen, S. 205-218.

Böhret, C. et al. (1979): Innenpolitik und politische Theorie, Opladen.

Brecht, B. (1973): Leben des Galilei. In: Ders.: Gesammelte Werke 3. Frankfurt a. M., S. 1229-1345.

Bubner, R. (1973): Dialektik und Wissenschaft. Frankfurt a. M.

Dästner, C./Palett, W./Wassermann, R. (Hrsg.) (1979): Die soziale Wirklichkeit in der Rechtsanwendung. Heidelberg, Karlsruhe.

Däubler, W. (1975): Das soziale Ideal des Bundesarbeitsgerichts. Frankfurt a. M./Köln.

Däubler, W. (1978): Zur Rolle des Rechts in Reformprozessen. Einige Vorüberlegungen. In: Greiffenhagen, M. (Hrsg.): Zur Theorie der Reform. Entwürfe und Strategien. Heidelberg, Karlsruhe, S. 189-210.

Das Hamburger Modell der einstufigen Juristenausbildung in der Bewährung, Dokumente zur Studien- und Prüfungsreform aus der Universität Hamburg, Nr. 13. Hamburg, August 1981.

Deutsch, K.W. (1970): Politische Kybernetik. Modelle und Perspektiven. Freiburg i. Br., 2. Aufl.

Durkheim, E. (1961 (1895)): Die Regeln der soziologischen Methode. Neuwied.

Ehrlich, E. (1967 (1913)): Grundlegung der Soziologie des Rechts. Berlin, 3. Aufl.

Engels, F. (1973): Die Entwicklung des Sozialismus von der Utopie zur Wissenschaft. In: MEW 9. Berlin, S. 189-228.

Falke, J. (1978): Zugang zum Recht — Eine Fallstudie über die öffentliche Rechtsauskunfts- und Vergleichsstelle in Hamburg. In: Jahrbuch für Rechtssoziologie und Rechtstheorie, Bd. V. Opladen, S. 13-42.

Feyerabend, P. (1976): Wider den Methodenzwang. Frankfurt a. M.

Francke, R./Hart, D./Lautmann, R./Thoss, P. (Hrsg.) (1982): Einstufige Juristenausbildung in Bremen. Zehn Jahre Bremer Modell. Neuwied und Darmstadt.

Friedrich, J. (1973): Methoden empirischer Sozialforschung. Reinbek bei Hamburg.

Fuchs, W. (1970/71): Empirische Sozialforschung als politische Aktion. In: Soziale Welt, H. 1, S. 1ff.

Geiger, Th. (1962 (1928)): Arbeiten zur Soziologie. Neuwied.

Geiger, Th. (1964 (1. Aufl. 1947)): Vorstudien zu einer Soziologie des Rechts. Neuwied und Berlin.

Georg, W./Kißler, L. (1981): Arbeitshumanisierung und empirische Sozialforschung. Baden-Baden.

Gessenharter, W. (1971): Die Bedeutung der Kybernetik für das Studium politischer und sozialer Systeme. In: Oberndörfer, D. (Hrsg.): Systemtheorie, Systemanalyse und Entwicklungsländerforschung. Berlin, S. 247-316.

Giesecke, H. (1974): Didaktik der politischen Bildung. München, 9. Aufl.

Görlitz, A. (1976): Politische Funktionen des Rechts. Wiesbaden.

Gronemeyer, R. (1973): Integration durch Partizipation? Arbeitsplatz/Wohnbereich: Fallstudien. Frankfurt a. M.

Habermas, J. (1969): Theorie und Praxis. Sozialphilosophische Studien. Neuwied und Berlin, 3. Aufl.

Habermas, J. (1971): Strukturwandel der Öffentlichkeit. Untersuchungen zu einer Kategorie der bürgerlichen Gesellschaft. Neuwied und Berlin, 5. Aufl.

Habermas, J. (1971): Vorbereitende Bemerkungen zu einer Theorie der kommunikativen Kompetenz. In: Habermas, J./Luhmann, N.: Theorie der Gesellschaft oder Sozialtechnologie — Was leistet die Systemforschung? Frankfurt a. M., S. 101-141.

Habermas, J. (1971): Theorie der Gesellschaft oder Sozialtechnologie? Eine Auseinandersetzung mit Niklas Luhmann. In: Habermas, J./Luhmann, N.: Theorie der Gesellschaft oder Sozialtechnologie — Was leistet die Systemforschung? Frankfurt a. M., S. 142-290.

Habermas, J. (1973): Wahrheitstheorien. In: Festschrift für W. Schulz zum 60. Geburtstag. Pfullingen, S. 211-265.

Habermas, J. (1973): Erkenntnis und Interesse. Frankfurt a. M.

Habermas, J. (1973): Legitimationsprobleme im Spätkapitalismus. Frankfurt a. M.

Habermas, J. (1981): Die Moderne – ein unvollendetes Projekt. In: Dezernat Kultur und Freizeit der Stadt Frankfurt a. M. (Hrsg.): Verleihung des Theodor-W.-Adorno-Preises der Stadt Frankfurt am Main an Jürgen Habermas am 11. September 1980 in der Paulskirche, Frankfurt a. M., S. 14-24.

Hartfiel, G. (1970): Einführung. In: Ders. (Hrsg.): Die autoritäre Gesellschaft. Köln und Opladen, 2. Aufl., S. 9-20.

Hirsch, E.E. (1971): Rechtssoziologie heute. In: Hirsch, E.E./Rehbinder, M. (Hrsg.): Studien und Materialien zur Rechtssoziologie. Opladen, 2. Aufl., S. 9-35.

Hobbensiefken, G. (1973): Zur Fallmethode in der politischen Bildung. In: Gegenwartskunde, H. 4, S. 435-448.

Institut für Sozialforschung (1974): Soziologische Exkurse. Nach Vorträgen und Diskussionen. Frankfurt a. M., 3. Aufl.

Kißler L. (1976): Die Öffentlichkeitsfunktion des Deutschen Bundestages. Theorie – Empirie – Reform. Berlin.

Kißler, L. (1976): Der 8. Bundestag – Reform der Parlamentsarbeit? In: Gegenwartskunde, H. 4, S. 397-410.

Kißler, L. (1979): Politische Sozialisation. Eine Einführung. Baden-Baden.

Kißler, L. (1980): Partizipation als Lernprozeß. Basisdemokratische Qualifizierung im Betrieb. Frankfurt a. M./New York.

Kißler, L. (1984): Rechtssoziologie für die Rechtspraxis. Darmstadt und Neuwied.

Klausa, E. (1981): Deutsche und amerikanische Rechtslehrer. Wege zu einer Soziologie der Jurisprudenz. Baden-Baden.

Krockow, Chr. Graf v. (1976): Reform als politisches Prinzip. München.

König, R. (Hrsg.) (1967): Handbuch der empirischen Sozialforschung (2 Bde.). Stuttgart.

Kreckel, R. (1976): Soziologisches Denken. Eine kritische Einführung. Opladen, 2. Aufl.

Krüger, H. (1983): Gruppendiskussionen. Überlegungen zur Rekonstruktion sozialer Wirklichkeit aus der Sicht der Betroffenen. In: Soziale Welt, H. 1, S. 90-109.

Kuhn, Th. (1967): Die Struktur wissenschaftlicher Revolutionen. Frankfurt a. M.

Larenz, K. (1969): Methodenlehre der Rechtswissenschaft. Berlin, Heidelberg, New York, 2. Aufl.

Lautmann, R. (1972): Justiz – die stille Gewalt. Teilnehmende Beobachtung und Entscheidungssoziologische Analysen. Frankfurt a. M.

Lautmann, R. (1975): Richterliche Strategien zum Abschluß eines Verfahrens. In: Blankenburg, E. (Hrsg.): Empirische Rechtssoziologie. München, S. 40-55.

Lautmann, R. (1980): Negatives Rechtsbewußtsein. Über Geschlechtsdifferenzen in der juristischen Handlungsfähigkeit. In: Zeitschrift für Rechtssoziologie, 1. Jg., H. 2, S. 165-208.

Llewellyn, K.N. (1971): Eine realistische Rechtswissenschaft – Der nächste Schritt. In: Hirsch, E.E./Rehbinder, M. (Hrsg.): Studien und Materialien zur Rechtssoziologie. Opladen, 2. Aufl.

Luhmann, N. (1970): Soziologische Aufklärung. Opladen.

Luhmann, N. (1972): Rechtssoziologie 1. Reinbek bei Hamburg.

Luhmann, N. (1976): Ausdifferenzierung des Rechtssystems. In: Rechtstheorie, H. 7, S. 121-135.

Maihofer, W. (1970): Die gesellschaftliche Funktion des Rechts. In: Jahrbuch für Rechtssoziologie und Rechtstheorie, Bd. 1. Düsseldorf, S. 11-36.

Mangold, W. (1967): Gruppendiskussionen. In: König, R. (Hrsg.): Handbuch der empirischen Sozialforschung, Bd. 1. Stuttgart, 2. Aufl., S. 209-225.

Marx, K. (1969): Thesen über Feuerbach (2. These). In: MEW 3, Berlin, S. 5-7.

Moser, H. (1977): Methoden der Aktionsforschung. Eine Einführung. München.

Müller, U. (1979): Reflexive Soziologie und empirische Sozialforschung. Frankfurt a. M./New York.

Narr, W.-D. (1972): Theoriebegriffe und Systemtheorie. Stuttgart, 3. Aufl.

Naschold, F.(1969): Organisation und Demokratie. Stuttgart, Berlin, Köln, Mainz.

Naucke, W. (1972): Über die juristische Relevanz der Sozialwissenschaften. Frankfurt a. M.

Negt, O. (1972): Soziologische Phantasie und exemplarisches Lernen. Frankfurt a. M., 3. Aufl.

Negt, O. (1978): Marxismus und Arbeiterbildung – Anmerkungen zu meinen Kritikern. In: Brock, A./Müller, H.D./Negt, O. (Hrsg.): Arbeiterbildung. Soziologische Phantasie und exemplarisches Lernen in Theorie, Kritik und Praxis. Reinbek bei Hamburg, S. 43-86.

Nußbaum, A. (1968): Die Rechtstatsachenforschung. Programmschriften und praktische Beispiele. Berlin.

Opp, K.-D. (1973): Soziologie im Recht. Reinbek bei Hamburg.

Paschukanis, E. (1969): Allgemeine Rechtslehre und Marxismus. Frankfurt a. M., 2. Aufl. (1. russische Aufl. 1924).

Patzig, G. (1966): Nachwort zur Neuausgabe von R. Carnap, Scheinprobleme in der Philosophie. Frankfurt a. M., S. 85-135.

Radbruch, G. (1926): Die Aufgaben des staatsbürgerkundlichen Unterrichts. In: Lampe, F./Francke, G.H. (Hrsg.): Staatsbürgerliche Erziehung, Breslau, S. 145-158.

Raiser, Th. (1972): Einführung in die Rechtssoziologie (Juristische Arbeitsblätter – Sonderheft 9). Berlin.

Ramm, Th. (1966): Arbeitsrecht und Politik. Neuwied und Berlin.

Ramm, Th. (1970): Zur Bedeutung der Rechtssoziologie für das Arbeitsrecht. In: Naucke, W./Trappe, P. (Hrsg.): Rechtssoziologie und Rechtspraxis. Neuwied und Berlin, S. 154-187.

Ramm, Th. (1975): Der juristische Studienplan für die Fernuniversität im Lande Nordrhein-Westfalen (Schriftenreihe des Ministers für Wissenschaft und Forschung des Landes Nordrhein-Westfalen 6). Düsseldorf.

Rasehorn, Th. (1981): Rechtswesen. In: Soziologie, Mitteilungsblatt der Deutschen Gesellschaft für Soziologie, H. 1, S. 29-38.

Rehbinder, M. (1966): Karl N. Llewellyn als Rechtssoziologe. In: KZfSS, H. 18, S. 532-556.

Rehbinder, M. (1970): Die Rechtstatsachenforschung im Schnittpunkt von Rechtssoziologie und soziologischer Jurisprudenz. In: Jahrbuch für Rechtssoziologie 1, S. 334-359.

Rehbinder, M. (1977): Rechtssoziologie. Berlin/New York.

Reifner, U. (1978): Unentgeltliche Rechtsberatung in West-Berlin. In: Jahrbuch für Rechtssoziologie und Rechtstheorie, Bd. V. Opladen, S. 43-93.

Rottleuthner, H. (Hrsg.) (1975): Probleme der marxistischen Rechtstheorie. Frankfurt a. M.

Rottleuthner, H. (1978): Zur Rezeptivität der Rechtswissenschaft gegenüber soziologischem Wissen. In: Soziologie, Mitteilungsblatt der Deutschen Gesellschaft für Soziologie, H. 2, S. 17-34a.

Ryffel, H. (1974): Rechtssoziologie. Eine systematische Orientierung. Neuwied und Berlin.

Sandmann, F. (1975): Didaktik der Rechtskunde. Paderborn.

Schelsky, H. (1980): Das Ihering-Modell des sozialen Wandels durch Recht. Ein wissenschaftsgeschichtlicher Beitrag. In: Ders.: Die Soziologen und das Recht. Abhandlungen und Vorträge zur Soziologie von Recht, Institution und Planung. Opladen, S. 147-186.

Scheuch, E. (1967): Das Interview in der Sozialforschung. In: König, R. (Hrsg.): Handbuch der empirischen Sozialforschung, Bd. 1. Stuttgart, 2. Aufl., S. 136-196.

Schumpeter, J. (1950): Kapitalismus, Sozialismus und Demokratie. Berlin, 2. Aufl. (1942).

Sinzheimer, H. (1976): Über die soziologische und dogmatische Methode in der Arbeitsrechtswissenschaft (1922). In: Ders.: Arbeitsrecht und Rechtssoziologie. Gesammelte Aufsätze und Reden. Bd. 2. Frankfurt/Köln, S. 33-41.

Sinzheimer, H. (1976): Die Demokratisierung des Arbeitsverhältnisses (1928). In: Ders.: Arbeitsrecht und Rechtssoziologie. Gesammelte Aufsätze und Reden. Bd. 1. Frankfurt/Köln, S. 115-134.

Sinzheimer, H. (1976): Die Aufgabe der Rechtssoziologie (1935). In: Ders.: Arbeitsrecht und Rechtssoziologie. Bd. 2. Frankfurt/Köln, S. 85-148.

Steffani, W. (1973): Parlamentarische Demokratie. Zur Problematik von Effizienz, Transparenz und Partizipation. In: Ders. (Hrsg.): Parlamentarismus ohne Transparenz. Opladen, 2. Aufl., S. 17-47.

Sternberger, D. (1971): Nicht alle Staatsgewalt geht vom Volke aus. Stuttgart, Berlin, Köln, Mainz.

Stucka, P.J. (1969): Die revolutionäre Rolle von Recht und Staat. Frankfurt a. M. (1. russische Aufl. 1921).

Thaysen, U. (1972): Parlamentsreform in Theorie und Praxis. Zur institutionellen Lernfähigkeit des parlamentarischen Regierungssystems. Opladen.

Volmerg, U. (1977): Kritik und Perspektiven des Gruppendiskussionsverfahrens in der Forschungspraxis. In: Leithäuser, Th. et al.: Entwurf zu einer Empirie des Alltagsbewußtseins. Frankfurt a. M., S. 184-217.

Wassermann, R. (1979): Die rechtlichen Grundlagen für die Einbeziehung der Sozialwissenschaften in die Juristenausbildung. In: Dästner, Ch./Palett, W./Wassermann, R. (Hrsg.): Sozialwissenschaften in der Rechtsausbildung. Bonn, S. 13-21.

Weber, M. (1964): Wirtschaft und Gesellschaft. Grundriß der verstehenden Soziologie. Zweiter Halbband. Köln, Berlin.

Weber, M. (1968): Gesammelte Aufsätze zur Wissenschaftslehre. Tübingen, 3. Aufl. (1920).

Weber, M. (1967): Rechtssoziologie (hrsg. u. eingeleitet von J. Winckelmann). Neuwied und Berlin, 2. Aufl. (1922).

Weber, M. (1976): Soziologische Grundbegriffe. Tübingen, 3. Aufl.

Winckelmann, J. (1967): Vorbericht. Max Webers Soziologie des Rechts. In: Ders. (Hrsg.): Max Weber, Rechtssoziologie. Neuwied und Berlin, 2. Aufl., S. 13-65.

Ziegert, K.A. (1975): Zur Effektivität der Rechtssoziologie: die Rekonstruktion der Gesellschaft durch Recht. Stuttgart.

Zippelius, R. (1980): Gesellschaft und Recht. Grundbegriffe der Rechts- und Staatssoziologie. München.

Register

MIX
Papier aus verantwortungsvollen Quellen
Paper from responsible sources
FSC® C105338

FSC
www.fsc.org

If you have any concerns about our products,
you can contact us on
ProductSafety@springernature.com

In case Publisher is established outside the EU,
the EU authorized representative is:
Springer Nature Customer Service Center GmbH
Europaplatz 3, 69115 Heidelberg, Germany

Printed by Libri Plureos GmbH
in Hamburg, Germany